JN300486

日本語教師のための Q&A

泉原 省二 著

研究社

まえがき

　これまで学校の内外、授業中やメールやお電話など、さまざまな場面で、日本語の先生方や学習者の方々からいただいたご質問には、2冊の辞書『類義語使い分け辞典』『日本語類義表現使い分け辞典』で、おおよそのところはお答えしたつもりでおりましたが、語彙や表現文型の類義関係とは異なったご質問があり、研究社の吉田尚志編集部長からのお勧めもあって、Q&Aを左頁に、ポイントをまとめたものを右頁にコラムとして囲い込んで、という原則で、このようなものを執筆いたしました。

　主な内容は、日本語の入門や初級レベルで必要なものから、日常生活の場における実際の会話運用力が要求される中級レベルのものまで、辞書では書き表せなかったものを含めて網羅してみました。

　特に、カリキュラムの関係で時間的になおざりにされ、日本語教師がほとんど手をつけず、したがって苦手意識のある音声について、ほんのわずかな時間でできる矯正法を、我流ではございますが、ご紹介いたしました。

　語彙や文法の本は、専門書店に行きさえすれば、選ぶのが難しいほどの数が並んでいますが、音声に関する本は数も少ない上に、あまりに専門的すぎて、理解できなかったり、理解しても実際の授業に使えなかったりするものが多いというのが現状です。

　日本語教育は、いわゆる「標準語」で行なわれ、アクセントやイントネーションといった音声面には、一応のガイドラインがありますが、標準語が完璧に使える日本語教師というものは、おそらく存在しないように思えます。ややもすれば方言に傾きがちな教師の話すのも間違いなく日本語ですが、何をどう教えればいいのか、わからなくなって自信のもてないものが音声です。

　また、中国の学習者には中国の人なりの、韓国やベトナムの人にも、英語圏の人にも、それぞれ独特の音声的な癖があり、教師がお手上げ状態になるものですが、このようなものを中心にとりあげました。ご参考にしていただければ幸いです。

　なお参照として、先ほどの2冊の辞書が随所に出てまいります。お手元になくても理解できるようになっておりますが、より詳しくとお考えでしたら、ご参照ください。教案づくりなど、授業の準備にお役に立てることを願っております。

　最後になりましたが、編集の労をとってくださいました研究社の吉田編集部長と、鎌倉彩さんに、心より感謝の意を表したく存じます。

泉原省二

目　次

まえがき　iii
凡例　x

§1　文法編 —————————————————————— 1

Q1　「5番バスは来ました」と「5番バスが来ました」とは、どう違いますか…………… 2
Q2　「私は田中です」と「私が田中です」の違いを、どう説明すればいいですか…… 4
Q3　「×どこがお花見をするのはいいですか」と言う学習者がいるのですが ………… 6
Q4　「×母は作った料理がおいしかったです」という言い方は、おかしいですよね？ … 8
Q5　「父が来るのが遅れました」という言い方は、間違っていますか ………………… 10
Q6　「×課長は帰ってくれば呼んでください」は、どこが間違っているのですか……… 12
Q7　「×雨を降る／花を咲く／出張を行く」と言う学習者がいるのですが ………… 14
Q8　「どこに間違いがあるかを知らないふりをする」は、どこがおかしいのですか … 16
Q9　対象を表わす「〜を／〜が／〜に」の使い分けが難しいのですが …………… 18
Q10　「タバコが吸えない」と「タバコを吸えない」は、どう違いますか ……………… 20
Q11　「相手の申し出や質問などに応じた取り扱いをする」を表す動詞は何ですか… 22
Q12　「街をあげて、エコ対策に取りくむ」の「あげる」は、どんな意味ですか ……… 24
Q13　「プールで泳ぐ」と「プールを泳ぐ」の違いが、よくわかりません ……………… 26
Q14　「×ご都合はいつでよろしいですか」は、どこが間違っていますか …………… 28
Q15　「A＋あとで＋B」と「B＋まえに＋A」は、どう違いますか ……………………… 30
Q16　「今も覚えています」を「今まで覚えています」にする人が多いのですが …… 32
Q17　「遅くなる」と「遅れる」との違いが、わかりません ……………………………… 34
Q18　どういう場合に「〜には」から「〜に」がドロップするのでしょうか ………… 36
Q19　「親の愛情の独り占めをする」は「親の愛情を独り占めする」でしょうか …… 38
Q20　「組織や臓器になれるとされるiPS細胞」の「〜とされる」は、何ですか …… 40
Q21　「いろいろ／いろいろに／いろいろと」には、違いがありますか ……………… 42
Q22　「疑問に思う」と「疑問と思う」は、どう違いますか ……………………………… 44
Q23　「不幸の鏡」と「不幸な鏡」とは、どちらが正しいのですか …………………… 46
Q24　「て形」の覚え方を教えてください …………………………………………………… 48

Q25 「見える」と「見られる」は、どう違いますか……………………50
Q26 「始まった」と「始められた」は、どう違いますか…………………52
Q27 「子どもを車に乗せた」と「子どもを車に乗らせた」は、同じ意味ですか……54
Q28 「水を流す」と「水を流させる」の違いは、どのように説明すればいいですか……56
Q29 「起こされた」と「起きさせられた」は、どう違いますか……………58
Q30 「もうお昼ですから、ご飯を食べたいです」は、どう言い換えればいいですか……60
Q31 どうして「可愛い」には「様態」の「〜そうだ」がつかないのですか………62
Q32 咲いている桜を見ながら「とても美しそうです」とは、なぜ言えないのですか…64
Q33 「行く？」と聞かれて「ん、行く」と答えるのは、親しみを表すのですか……66
Q34 「あの、田中さんでございますか」は、間違っているのでしょうか………68
Q35 「返事」には「お」がつくのですか。それとも「ご」がつくのですか……70
Q36 「召し上がる」のかわりに「お食べになる」を使ってはいけないのですか……72
Q37 訪問先を辞去するとき、どうして「×お帰りします」が使えないのですか……74
Q38 社内での上司に対する敬語を、なぜ取り引き先には使えないのですか………76
Q39 「父に家を売った人は、遠くに住んでいた」は、おかしくありませんか……78
Q40 「喜んでくれるでしょう」を「喜んでもらう」にする学習者が多いのですが……80
Q41 「ご馳走して＋くれました／もらいました」は、どう違いますか……………82
Q42 「来て＋いただけ／いただき＋ますか」の違いは、どう説明すればいいですか……84
Q43 「休んでもらっていい」というのは、どんな意味ですか………………86
Q44 「忙しいですか」と「忙しいのですか」は、どう違いますか………………88
Q45 「朝ご飯を＋食べる／食べた／食べている＋とき」は、どう違いますか……90
Q46 「梅田へ行くなら地下鉄です」を「行ったら」に換えると、どうなりますか……92
Q47 「よく見える＝見やすい」なのに、なぜ「よく見る≠見やすい」なのですか……94
Q48 「〜に対して」と「〜について」の違いを、どう説明すればいいですか………96

✐COLUMN
◆「〜は」と「〜が」3　◆対比の「〜は」と特定の「〜が」5
◆「〜は」と「〜が」の配列 7　◆文と名詞修飾 9　◆例外的な「〜が」の連続 11
◆「〜は」と「〜が」のタブー 13　◆一対の自他動詞（I–Ⅲ）15,17,19
◆「〜ができる」と「〜をできる」21　◆処理の「〜を」＋「余儀なくする」23
◆結果を表す三人称専用の「〜を喜ぶ」25　◆「場所＋に／で／を」27
◆「時間＋に／Φ／で」29　◆「B＋までに／まえに／うちに／ように＋A」31
◆「〜まで(に)」と「〜ている」33　◆「接近／方向」の「〜に／〜へ」とダイクシス 35
◆「〜に」の使い方 37　◆変化の「〜に／〜と＋なる／する」39
◆「〜と」の使い方 41　◆「自然／自然に／自然と」43　◆「誰もに」と「誰にも」45

v

- ◆「多くの人」と「多い人」47　◆不規則五段動詞 49
- ◆話し言葉の受身「（〜を）＋〜（ら）れる」51
- ◆書き言葉の受身「（〜が）＋〜（ら）れる」53
- ◆自動詞の使役「〜を／〜に＋〜（さ）せる」55
- ◆他動詞の使役「〜に＋〜を＋〜（さ）せる」57
- ◆使役受身「〜に＋（〜を）＋〜（さ）せ＋られる」59
- ◆本能的な欲望を表す「〜たい／〜ほしい」61　◆第一人称形容詞 63
- ◆「よさそうだ／なさそうだ」65　◆文体について 67　◆超敬体について 69
- ◆敬意の表し方 71　◆敬語不規則動詞 73　◆受け手尊敬における動詞の制限 75
- ◆聞き手基準：第三者への敬意 77　◆感謝の気持ちを表す「〜てくれる」79
- ◆要求を表す「〜てもらう」81　◆恩を着せる「〜てあげる」83
- ◆聞き手に向かわない「〜ていただきますか」85
- ◆皮肉に聞こえることがある「〜てくれていい」87　◆「〜のだ」の意味 89
- ◆「〜とき」の使い方 91　◆「〜（の）なら／〜たら／〜ば／〜と」の使い方 93
- ◆「〜やすい」と、反対の意味の「〜にくい」95
- ◆多様なパートナーをもつ「〜に対して」97

§2　語彙編 ―――――――――――――――――――― 99

- Q49　「この子、何、考えてるんだろう」を「あの子…」に換えることができますか……100
- Q50　「そんなに急いで、どこ行くんです」は「こんなに」でも、いいのでしょうか……102
- Q51　「送料はそちらの負担」と「あちらの負担」には、どんな違いがありますか……104
- Q52　読解問題に出題される「こそあ」系が指すものは何ですか……………………105
- Q53　「あのー」と「ええーと」の違いを、どう説明すればいいですか……………106
- Q54　話し言葉で使われる「彼」や「彼女」の説明の仕方がわかりません…………108
- Q55　同義語を説明するとき、どんな点に注意しなければなりませんか……………110
- Q56　「温度計」と「寒暖計」には、どんな違いがあるのでしょうか…………………112
- Q57　「会議」と「ミーティング」には、どんな違いがありますか……………………114
- Q58　「エアコン」と「クーラー」は、どう違いますか…………………………………118
- Q59　「外国の人」と「外国人」と「外人」は、どう違いますか………………………120
- Q60　「氏名」と「名前」の違いを、どう説明すればいいですか………………………122
- Q61　「おにぎり」と「おむすび」には、どんな違いがあるのでしょうか……………124
- Q62　「おとうさん」と「とうさん」の違いを、どう説明すればいいですか…………126
- Q63　「あっさり」と「さっぱり」の違いを、どう説明すればいいですか……………128
- Q64　「自分」と「自ら」には、どんな違いがありますか………………………………130
- Q65　「うしろ」と「あと」は、どう違いますか…………………………………………132

Q66	「せっかく」と「わざわざ」と「わざと」は、どう違いますか	134
Q67	「急に」と「突然」の違いは、どのように説明すればいいですか	136
Q68	「きちんと」と「ちゃんと」は、どう違いますか	138
Q69	「同じ」と「等しい」は、どう違いますか	140
Q70	「気遣い／心遣い／気配り／心配り／心配／配慮／気配」は、どう違いますか	142
Q71	「セール」と「バーゲン」は、どう違いますか	146
Q72	「酒屋」と「居酒屋」は、どう違いますか	148
Q73	「下りる」と「下がる」と「下る」は、どう違いますか	150
Q74	「知る」と「わかる」の違いを、どう説明すればいいですか	152
Q75	「つつむ」と「くるむ」の違いが、よくわかりません	154
Q76	「虚しい」と「儚い」は、どう違いますか	156
Q77	「はっきり」と「しっかり」は、同じ文脈のなかで使えないのでしょうか	158
Q78	「きついめ」と「きつめ」は、同じですか。違うなら、どう違いますか	160
Q79	「重い」と「重たい」は、どう違いますか	162
Q80	「痛さ」と「痛み」は、どう違いますか	164
Q81	一般的に「-さ」と「-み」の違いを、どう説明すればいいですか	166
Q82	「安い」と「安っぽい」は、どう違いますか	168
Q83	「汚い」と「汚らしい」は、どう違いますか	170
Q84	「面倒だ」と「面倒臭い」は、どう違いますか	172
Q85	「あまり」と「あんまり」は、どう違いますか	174
Q86	「気持ちが悪い」と「気分が悪い」は、どう違いますか	176
Q87	肯定の「～極まる」と否定の「～極まりない」が、なぜ同じ意味になるのですか	178
Q88	「事故が起きる」と「事故が起こる」は、どう違いますか	180
Q89	「もったいないことをした」と「惜しいことをした」とは、どう違いますか	182
Q90	「いつもの」と「例の」の使い分けを教えてください	184
Q91	「午前中」はあるのに、どうして「午後中」がないのですか	186
Q92	「ありがとうござい＋ます／ました」の違いを、どう説明すればいいですか	188
Q93	「失礼します」と「失礼しました」の違いを、どう説明すればいいですか	190
Q94	「元気がありませんね」の意味を、どう説明すればいいですか	192
Q95	「負けず嫌い」ですか「負け嫌い」ですか。どちらを使うのですか	194

✎COLUMN

◆指示代名詞「こそあ」系 103　◆会話で使われる「前触れ」107
◆話し言葉における主な人称代名詞 109　◆同義語：漢語と漢語 113
◆同義語：外来語のいろいろ 117　◆同義語：外来語と外来語 119

◆同義語：漢語と和語 121, 123　◆「おにぎり」と「おむすび」125
◆その他の同義語 127　◆「あっさり」と「さっぱり」の違い 129
◆「自分」と「自ら」の使い分け 131　◆「うしろ」と「あと」の違い 133
◆「せっかく」と「わざわざ」の使い分け 135　◆「急に」と「突然」の使い分け 137
◆「きちんと」と「ちゃんと」の使い分け 139　◆「同じ」と「等しい」の使い分け 141
◆類義語使い分けメモ（I－VIII）145, 147, 149, 151, 153, 155, 157, 159
◆「〜目」の使い方 161　◆主観的形容詞「形容詞語幹＋たい」163
◆便宜上の形容詞の分類 165　◆形容詞語幹につく「－さ」と「－み」167
◆「－っぽい」のつく形容詞 169　◆「－らしい」のつく形容詞 171
◆「－くさい」のつく形容詞 173　◆程度を強める特殊音 175
◆「気持ちがいい」と「気分がいい」177　◆「〜極まる」と「〜極まりない」179
◆「おきる」と「おこる」と「おこす」181　◆「もったいない」の意味の広がり 183
◆双方既知情報「あの」と類義関係にある「いつもの」と「例の」185
◆「〜中」の読み方 187　◆誤解のある挨拶言葉（I－V）189, 191, 193, 195, 196

§3　音声編 —————————————————————— 197

Q96　「おげんき、でーすか」と言われて困っています……………………198
Q97　「初めまして」が、うまく言えない人が多いのですが………………200
Q98　「いってらっしゃい」の言い方が不自然なのですが…………………202
Q99　「病院」が「美容院」になるのですが…………………………………204
Q100　「アイスクリーム」や「コーヒー」は、どう読みますか……………208
Q101　「⓪いっしょに」が「①いしょうに」になって「⓪一生に」に聞こえます………210
Q102　「簡単／かんたん」が、縮こまって「かんたン」となるのですが…………212
Q103　「おじいさん／おばあさん」と「おじさん／おばさん」は、どう区別しますか…214
Q104　「花」と「鼻」のアクセントは、どう違いますか……………………216
Q105　「②食べる」の「て形」は「①食べて」になりますが、どうしてですか………220
Q106　形容詞「いい」の「た形」は「①よかった」ですか「②よかった」ですか……226
Q107　「食べてしまった」は上手なのに「食べちゃった」の発音がおかしいのです……230
Q108　1語である「いやらしい」と、2語になる「いやらしい」の区別の仕方は？……232
Q109　「①食べたそうだ」と「④食べたそうだ」は、どう違うのですか………234
Q110　「①パーティー＋⓪会場」が、なぜ「⑤パーティー会場」になるのですか……236
Q111　「李志強」は「②」アクセントなのに、なぜ「李強」は「①」になるのですか…238
Q112　「来て」が「きって」になるのですが……………………………………240
Q113　「お疲れさまでした」が「おちゅかれさまでした」になってしまいます………242
Q114　「画家」が「加賀／かが」に聞こえるのですが…………………………243

Q115 「韓国」と「中国」は、どうして「国」の読み方に違いがあるのですか……244

📎COLUMN
◆日本語の音声の特徴 199　◆アクセント・パターン 201
◆日本語のアクセントの特徴 203　◆アクセントの練習：片手を使って 206
◆長音「ー」のいろいろ 209　◆促音「っ」のいろいろ 211
◆「⓪いっしょに」の練習 211　◆撥音「ん」のいろいろ 213
◆「⓪かんたん」の練習 213　◆「②おじいさん」の練習 215
◆「⓪おじさん」の練習 215　◆マイナスのアクセント記号 219
◆活用形のアクセント：動詞 221–225　◆活用形のアクセント：形容詞 227–229
◆「て形動詞＋動詞」のアクセント 231　◆文末になれる語のアクセント 235
◆複合語のアクセント 237　◆日本語学習者名の日本語式読み方 239
◆母音無声化の例 241　◆連濁の不思議 245

主要参考文献　　247

凡　例

　本書では、次のような記号を用いて説明しています。動詞・形容詞の例としては「行く・食べる」と「大きい」を挙げておきます。

- ～　　名詞・状態名詞
  　　　動詞・形容詞の活用部分：行か・行き・行っ・行け・食べ・食べれ
  　　　　　　　　　　　　　　大きく・大きかっ・大きけれ
  　　　　　　　　　　　　　「～ない／～て／～た／～ば」などと使われる
- -　　動詞・形容詞の語幹部分：行・食べ／大き
  　　　　　　　　　　　　　「-る／-い」として使われる
- ( )　省略可能：可能形「食べ(ら)れる・こ(ら)れる」など
- →　　置き換え／書き換え可能：不自然ではない文になる
- ×　　非文：置き換え不能で、置き換えると、不自然な文になる
- △　　境界例：置き換え可能とはいえ、不自然に響くことがある
- Φ　　空集合：挿入すべきものがない
- (↑)　上昇イントネーション
- (↓)　下降イントネーション
- (〜)　下降→上昇イントネーション：疑いを表す
- ☆　　注釈
- ☞　　参照先を示す（※本文以外に、『類義語使い分け辞典』や『日本語類義表現使い分け辞典』の関連頁を参照先として示す場合もあります。辞典をお持ちの方はぜひご覧ください。）

　そのほか、§3 音声編に出てくる「⓪、①、②…」などの丸数字は「アクセント記号」です。

§1 文法編

　もし日本語の語彙や文法事項それぞれに、学習者の母語が対応してくれていれば、何の問題も起こらないのですが、同じものを指しているはずの名詞でも、両言語の間に意味のズレが存在するということは、よく知られています。例えば「太陽」に相当する名詞は、地球上にあるどの言語にも存在し、朝になると東の空から昇ってくるものを指しているはずです。ところがその色は、日本では「赤」と決まっていますが、多くの国では「黄色」ですし、太陽が象徴するものとなると、それはもう千差万別ということになります。

　名詞でこんなふうなら、他は「推して知るべし」ですね。特に学習者の母語と異なる文法的なことは、まず「何をどう教えればいいのかわからない」というのが語学教師の本音ではないでしょうか。まして、学習者と教師との間に相手の母語への理解も、媒介言語も存在しない場合、使用中のテキストにないことを授業中に質問された教師は、しばしばパニックに陥ってしまいます。さらにまた、学習者を満足させられない答え方を続けていると、そのうち学習者は「あの先生の説明、全然わからない。聞いても無駄」と言わんばかりに質問してこなくなることがあります。こういったとき、まるで「教師失格」と無言の烙印を押されたかのような不安に襲われるものです。

　授業での説明がうまくいったかどうかは、どんな教案を作って、どのような準備をしたかにあるというより、むしろ学習者が満足し、目を輝かせる授業ができたかどうかにあります。そのあと、いろんな方法を考え、教案を作って授業に臨むと、学習者が話に「乗って」きて、とんでもない質問をしてくるかもしれません。でもそんなときは、慌てず急がず「ちょっと考えさせて、次まで待って」と答えてください。そして約束通り、学習者が微笑んで、首を肯かせるような説明ができれば、パニックも不安も怖くありません。

　つまり学習者は、質問によって「何をどう教えるべきか」を教師に教えてくれているわけです。目の輝きによって「説明の仕方が正しい」ことを伝えてくれています。いわば教師は、学習者の質問を通じて、日本語を教えられ、信頼される教師の資格を得ていくことになります。

― Q1:「〜が」と「〜は」 ――――――――――――
「5番バスは来ました」と「5番バスが来ました」とは、どう違いますか。

A 「5番バスは来ました」は、次の「1」と「2」の場合に使われます。また右頁に「〜は」と「〜が」の違いをまとめましたので、確認してください。

1. 「5番バスは来ましたか」と聞かれて「イエス」と答える。
   この場合「ええ、5番バスは来ました」が答えですが、既知情報である主題「5番バスは」が省略され、簡潔に「ええ、来ました」になります。
2. 3番バスに乗りたいのに、5番バスが来た場合。
   この場合は「あ、5番バスは来ましたけど」といった言い方になります。

「1」と「2」は、それぞれ右頁「X+は」の「1.主題」と「2.対比」です。もうひとつの「5番バスが来ました」が使われるのは、次の「3」と「4」の場合ですが、それぞれ右頁「X+が」の「1.発見」と「2.特定」です。

3. 5番バスが来たのを見て、まだ気づいていない聞き手に知らせる。
   この場合は「あ、ほら、5番バスが来ました」といった言い方になります。
4. バスが来たことに気づいた聞き手に「何番バスが来ましたか」と聞かれる。
   この場合の答えは「5番バスが来ました」ですが、すでに双方が知っている既知情報「が来ました」が省略され、簡潔に「5番バスです」となります。

「5番バス+は／が+来ました」を上のように考えた場合、おそらく「1」と「3」との混同は起こりえませんから、問題は「2」と「4」です。というのは「4」の質問「何番バスが来ましたか」に対して「2」も答えになるからです。これを避ける方法は「既知情報をダイエット」して簡潔にすることです。学習者が真面目に、フルセンテンスで答えようとすると、必ずエラーが起こります。

「イエス／ノー」で答える質問「XはYか」には、文末部分「Y」だけ、疑問詞のある質問には、疑問詞の答え「Z」を使って「Z+です」にします。

☞『日本語類義表現使い分け辞典』p.21 以下

COLUMN

〈「〜は」と「〜が」〉

　「X+が／の／を／に」などの機能を兼ね、文末と呼応する「X+は」は、しばしば「X+が」と互換性をもち、どちらを使うかで学習者を悩ませる。話し言葉では耳をかすめていくだけなので、あまり気にならないが、書き言葉ではエラーが目立つ。

　エラーが生じるのは、Xが話し手と聞き手、双方がすでに知っている情報「双方既知情報」なのか、話し手か聞き手の一方が知っていて、他方が知らない情報「一方既知情報／一方未知情報」なのかの判断ができなくなるときである。

「双方既知情報X+は」の使い方
1. 主題：ほとんどの「X+は」は「双方既知」という理由で省略されてしまう。
　　　　日本語は「簡潔第一／ダイエットできる語はダイエット」が原則。
2. 対比：ほとんど場合「Xは」だけが使われ、もう一方の「Yは」は省略。
　　　　プラスのXだけが明示され、マイナスのYは暗示されることが多い。
3. 躊躇：主に「Xではない／Xは…ない」か「XはXだが…」で使われる。

　「X+は」が「X+の／を／に」などを兼用しているか、上の「3」になる場合は「X+が」との混同は起こらない。起こるとすれば「1」か「2」で、しかも「1」のダイエット法が身につけば、問題は「2」の場合だけということになる。

「一方既知情報X+が」の使い方
1. 発見：五官で受けとめただけで、何もマークされていない無標の情報が、五感の「見た／聞いた／嗅いだ／味わった／触れた」まま言葉にされる。
2. 特定：ほかと区別され、特にマークされた有標の情報「ほかでもなく、このX」として、聞き手に伝えられる。

　「1.自分の周りにある現象の発見」の場合は間違わない。つまりエラーは「双方既知情報：対比」と「一方既知情報：特定」との混同によるものが最も多い。

☞『日本語類義表現使い分け辞典』p.2

Q2:「私は〜です」と「私が〜です」

「私は田中です」と「私が田中です」の違いを、どう説明すればいいですか。

A　「私は田中です」といった言い方は、日本語をはじめた最初に習いますし、自分の名前を相手に教える最もスタンダードなものですから、多くの学習者は自己紹介専用と考えています。しかし日本人が自己紹介するのを見れば、すぐにわかるのですが、誰も「私は田中です」と言って自己紹介しません。聞き手の目の前にいるため、当然、既知情報である「私は」は省略され、ただ「田中です」と言います。

　「私+は／が+田中です」といった言い方が自己紹介で使われないのは、既知情報である「私+は／が」を加えると、聞き手に向かって「私が誰だか知っていますか、私は田中っていうんですよ」と言っているように聞こえるからです。まるで「有名人である私を知らないのですか」といった生意気な響きになってしまいます。

　「私は田中です」が使われるのは、例えば、部屋にいる人たちに、誰かが次々と「お名前は何ですか」と尋ねているときです。自分の番になると、多くの人が「私は田中です」と答えるはずです。もちろん「田中です」とだけ言う人もいます。

　この場合の「私は」は、先ほどの「生意気」な「主題」を表す「私は」ではなく、その場にいるほかの人たちと比べたことを示す「私は」です。つまり「私」を、ほかの誰かから区別する必要を感じたとき、日本人はごく自然に「対比」の「私は」を使っています。ですから、日常生活で「私は田中です」といった言い方をするのは、非常に珍しい特殊な場合ですね。

　これに対して「私が田中です」という言い方は、例えば、空港や駅、デパートなどのアナウンスで「田中幸子さま、お連れ様がお待ちでございます。お近くの案内所までお越しください」といった呼び出しに答える場合に使われます。

　もともとは、双方既知情報である「場内アナウンスで呼んでいた田中幸子」を「〜は」で受けて、フルセンテンスでは「今、場内アナウンスで呼んでいた田中というのは私です」になるところですが、双方既知情報を省略して「私です」と言っても聞き手には「誰が私なのか」理解できません。

　この場合「ほかでもなく私が、今、場内アナウンスで呼んでいた田中幸子というものです」といった言い方をします。双方既知情報を省略すると「私が田中です」になります。これは「AはBだ⇔BがAだ」の交換を表しています。

☞『日本語類義表現使い分け辞典』p.17

COLUMN

〈対比の「〜は」と特定の「〜が」〉
　p.3 に示した「双方既知情報 X ＋は」の「2. 対比」と「一方既知情報 X ＋が」の「2. 特定」には、公式的に「A は B だ ⇔ B が A だ」という交換律がある。

　例）業務課は、京都へお花見に行くのですが、営業課は、奈良です。
　　→京都へお花見に行くのは、業務課ですが、奈良は、営業課です。

　上の2つの例は「A（業務課）＝B（京都へお花見に行く＋の／課）」と「C（営業課）＝D（奈良）」という等式を利用して、対比の「A は B だが、C は D だ」を、同じ対比の「B は A だが、D は C だ」に書き換えたものである。
　上のほうの例は、業務課も営業課も「花見に行く」ことは知っているが、どちらも「京都」と思い込んでいる聞き手に、営業課は「奈良」だと訂正している場面。
　下のほうは、お花見に行くのは「京都」と「奈良」の2か所であり、京都へは「業務課が行く」ということは知っているが、奈良へは「（営業課ではなく）宣伝課が行く」と思い込んでいる聞き手に、奈良へ行くのは「営業課」だと訂正している場面。なお、もし話し手が業務課と営業課との行き先をとり違える聞き手に苛立った場合、次のような言い方になる。

　　→業務課がお花見に行くのは、京都ですが、営業課が行くのは、奈良です。
　　→業務課が京都で、営業課が奈良です。

　上の例で使われている「業務課／営業課」は、社内の2つの課で、話し手も聞き手も知っている双方既知情報なので、p.3 の「一方既知情報 X ＋が」の「1. 発見」にはならない。この場合が「2. 特定」で「ほかでもなく＋業務課／営業課」ということを表している。
　上のほうの「業務課」は「お花見に行く＋の／ところ（名詞）」という名詞修飾のなかなので、鉄則「名詞修飾内は『X ＋は』ではなく『X ＋が』」が適用されて「業務課が」になっている。下のほうは、鉄則外の典型的な「特定」の使い方である。

☞『日本語類義表現使い分け辞典』p.2

― Q3:「～は＋疑問詞＋～が」――――――――――――――――
「×どこがお花見をするのはいいですか」と言う学習者がいるのですが。

A　「～は」と「～が」の並べ方がおかしいのですね。まず右頁をご覧ください。次に並べ替えを考えてみます。

　　お花見をするのは、どこが、いいですか。
　　どこで、お花見をするのが、いいですか。
　　お花見はどこが／どこでお花見が＋いいですか。
　　どこが、お花見／お花見をするの＋に、いいですか。

　どの場合も、疑問詞を挟んで、前には「～は」が、後ろには「～が」が来ています。決して逆にはなっていませんね。はじめに「疑問詞＋～が」があると、あとに「～は」が使えないことに注目してください。次のような場合も同じです。

　　×いつが、ご都合は、よろしいですか
　　　ご都合は、いつが、よろしいですか。
　　　いつ、ご都合が、よろしいですか。
　　　いつが、ご都合、よろしいですか。

　「あの人は＋誰ですか／何をしていますか／どこですか／いつ来ますか／なぜ休んだのですか」や「誰がいますか／どれが先生のですか／どこから猫が入ってきたんでしょう／いつ雨がやんだのかな」などもそうなのですが、疑問詞を使った疑問文というのは、話し手が「知らないので知りたい」と思う情報を疑問詞にして、聞き手に答えを求める文です。
　つまり「聞き手は答えを知っている」という前提で疑問詞が使われますから、話し手の知りたい情報は、一方的な「聞き手既知情報／話し手未知情報」になって、必ず「疑問詞」の後ろには「～が」が続きます。
　いったん「疑問詞＋～が」が文頭に出ますと、あとには「主題／対比」を表す「～は」が来ないという「配列の決まり」がありますから、使わないで、何かほかの工夫をするか、いっそのこと「～は」を省略してしまうことになります。

COLUMN

〈「～は」と「～が」の配列〉

　p.3に示した「双方既知情報X＋は」は、ひとつの文のなかに、3つ「主題／対比／躊躇」の「～は」が、同時に3つとも、すべて顔をそろえる可能性がある。この場合、次のような「主題→対比→躊躇」の順に並んでいるのが一番わかりやすい。

例）今日は（部長は来ないが）課長は、来ることは来ますが、午後からです。
　　課長は（明日は来ないが）今日は、来ることは来ますが、午後からです。
　　主題「は」　　他との対比「は」　躊躇「は」　＋が／けど

　ただ、ひとつの文に、同時に2つ以上の「～は」が姿を見せると、それぞれが文末と呼応して自己主張をするので、聞いているほうは煩わしくなる。というより、自己主張が相殺されて、話のポイントが不鮮明になるので、話し手が何を言おうとしているのか、わからなくなってしまうことがある。

　また「～は＋疑問詞＋～が」のほかに、ひとつの文に「主題／対比」の「～は」と「特定」の「～が」が同時に顔を出す場合も、次のような「主題→対比→特定」の配列が一番わかりやすい。

例）お食事の用意「主題／対比」は、何時ごろ「特定」が、よろしいですか。
　　天気予報では、今日の午後は晴れで、雨＋が／は＋降らないらしい。
　　　主題「は」　　対比「は」　特定「が」／躊躇「は」　～ない

例）父の誕生日に母が作った料理は散らし寿司で、野菜がふんだんに使われていた。
　　名詞修飾内の「が」　主題「は」　　　特定の「が」

　ただ「特定」の「～が」が「主題／対比」の「～は」に先行することがあるとすれば、上のような「名詞修飾内は『X＋は』ではなく『X＋が』が使われる」という鉄則が左右するときである。

☞『日本語類義表現使い分け辞典』p.15

Q4: 名詞修飾の「〜が」

「×母は作った料理がおいしかったです」という言い方は、おかしいですよね？

A おかしいのは、まず「誰が料理したのかわからない」こと、次に「誰がおいしいと思ったのかわからない」ことです。もし「母が作った料理」とすれば、自分で作った料理を食べて「おいしい」と言っていることになり、いわば社会的常識に反する「自画自賛」をしていることになります。

　また、料理をした人が対話の背景や文脈から、例えば「話し手」とわかっていれば「母は私が作った料理がおいしかったです」となりますが、日本語では「第三者の感覚や感情は、話し手には感じとれない」という決まりがありますから、例えば「おいしい／痛い／うれしい／寂しい」などは、一人称「私」専用で、三人称「母」の場合は「おいしい／痛い／うれしい／寂しい＋の／よう／みたい／そう＋だ」や「おいし／痛／うれし／寂し＋そうだ」にする必要があります。

　つまりこの文は、あまりにも不明瞭な「メッセージ」を伝えていることになりますから、文として成り立っていないのです。次の5つが自然な「文」です。

1. 母が作った料理はおいしかったです。
    「主題／対比」の「母の作った料理」は「おいしい」と私が思った。
2. 母が作った料理がおいしかったです。
    ほかでもなく「特定」の「母の作った料理」が「おいしい」と私が思った。
3. 母の作った料理がおいしかったです。
    「〜が」が連続しないように、名詞修飾内の「〜が」が「〜の」へ転換。
4. 母は私の料理がおいしかったのです。
    ほかでもなく「特定」の「私の作った料理」が「おいしい」と母が思った。
5. 母は私の料理はおいしかったのです。
    ほかと「対比」された「私の作った料理」は「おいしい」と母が思った。

　原則-1　「〜は」は「文末と呼応」する。ときに「〜が」も呼応する。
　原則-2　「〜が」は名詞修飾内で使われる。絶対「〜は」は使えない。

　上の原則と、配列法がわかれば、基本的に「〜は」と「〜が」は卒業です。

COLUMN

〈文と名詞修飾〉

　「文」というのは、言語による「メッセージ」なので、それを発信する話し手のほかに、それを受けとる聞き手と、メッセージの「働きかけ／問いかけ／述べ立て／情意表出」といった形式とを必要とする。ただの音「くしゃみ／げっぷ／あくび／おなら／ノックの音／わめき」などは、メッセージをもつとしても「文」とは言わない。

　通常「文」には、ひとつの述語と、それと「主述」の関係でペアを組む語が存在するが、日本語では、主格を表す語はしばしば省略される。明示する場合は「〜が」または「〜が」を兼用する「〜は」を伴う。ただ「〜が」も「〜は」も省略されて、例えば「これ、誰の？／どっち、好き？」といった使われ方になることも多い。

　また「あ、火事／雨／バス＋！」といった、述語すら存在しないものも、言語による「メッセージ」であり、そばに誰もいなくても、自分自身を聞き手として感情を表したものなので、やはり「文」ということになる。

1. 頭が＋痛いので／痛いものですから、お先に失礼します。
2. 頭が＋痛いのに／痛いのですが、最後まで頑張るそうです。

　上の例で「〜ので／〜のに」を使ったほうは、文末「〜ます／です」までを、ひとつの文とし、文頭の「頭が痛い」は「名詞修飾」で、あとに続く名詞的な「〜の」を修飾すると考えたほうがわかりやすい。一方「〜から／〜が」を使ったほうは、そのまえの「〜です」までを、ひとつの文とし、文全体としては、2つの文からできていると考えるほうがわかりやすい。

　これは「〜から／〜が／〜けど／〜し」といったものは、文末と同じものを受けるからである。上の例で言えば、文末が「〜ます／です」なら、これらも「〜ます／です」を受けるので、2つの文末があるような形になる。

　「名詞修飾」では「一方既知情報Ｘ＋が」が使われて、文末とは関係しない。これに対して「双方既知情報Ｘ＋は」は、ときに「名詞修飾」の「〜が」を兼ねることがあっても、狙いは文末にまで影響して、文を終了させることである。

☞『日本語類義表現使い分け辞典』p.1123 以下

― Q5: 例外的な「～が」の連続 ―
「父が来るのが遅れました」という言い方は、間違っていますか。

A 「ひとつの文に『～が』はひとつ」という原則からすれば、間違いですね。ただ、原則には例外がつきものですから、上の文がp.3の「特定」の「～が」を使った「ほかの誰でもなく、まさしく父が(来るのが)遅れた」であれば、間違いではありません。異様に感じるのは、通常「～が」は文末とは呼応しませんから、この「父が」の「～が」が「名詞修飾」の「～が」に響くからです。

これを「対比」の「～は」を使った「ほかの人は間に合いましたが、父は来るのが遅れました」にしたほうが、ほとんど同じ意味ですから、すっきりします。

p.3の「一方既知情報X+が」は、例えば「あ、雨が降ってきました／花が咲いてる／月がきれいよ／鳥が飛んだ／バスが来ました」といった「1. 発見」の場合、ほとんど「あ、雨／花／月／鳥／バス+(が)」と同じですから、2つ重なるほど長い文に使われることはありません。原則通りです。

1. このクラスでは、誰が一番、人気がある／音感がいい+んですか。
2. 江戸川の花火を見に行くのは、いつがご都合がいいのですか。
3. 立ったり座ったりするより、寝ているほうが頭が痛くなるんです。
4. あの小さくて可愛らしかった子が、背が伸びて、すっかり大人になって。

上の例の「1」や「2」の「疑問詞」は、話し手の知らない「未知情報」として、聞き手に問いかけますから、もちろん「～が」が使われます。さらに「3: ～より～ほう」や「4: Xが変化してYになる」なども、聞き手の知らない「未知情報」として、聞き手に提供されますから、やはり「～が」が使われます。

これらに続く「音感／都合+がいい」や「頭が痛く／背が伸び」などは、ほかとの「対比」を暗示しているとは考えられませんから、置き換え可能な「双方既知情報X+は」は使えません。つまり例外として、ひとつの文に「～が」が連続することになります。

特に「対象となるY+が+いい／安い／軽い／好き／嫌い／上手／下手／得意／怖い／面白い／欲しい／かかる／要る／わかる／見える／聞こえる」などのまえに「疑問詞が／～ほうが／変化するXが」がくると、連続します。

✎ COLUMN

〈例外的な「〜が」の連続〉

　ひとつの文には、ひとつの「述語」に対して、省略されたものを含めて、ひとつの「主格」となる語が存在する。この機能を示すのが「一方既知情報X＋が」と、この「〜が」を兼用する「〜は」である。

　「双方既知情報X＋は」は、ひとつの文に3つ連続することがあるが、これは3つすべてが同時に「主格」を示すことはないからである。

1. 今日は(部長は来ないが)課長は、来ることは来ますが、午後からです。
　　主題／修飾　　　　　　対比／主格　躊躇／修飾
　→今日、課長が来ますが、午後からです。
2. 課長は(明日は来ないが)今日は、来ることは来ますが、午後からです。
　　主題／主格　　　　　　対比／修飾　躊躇／修飾
　→課長が今日、来ますが、午後からです。

　これらの「X＋は」は、文末の述語「来ます」と呼応している。書き換え「→」の例でもわかるように、中心的な役割を果たす「主格」の「〜は」は「〜が」と置き換わるが、ほかの2つの「〜は」は任意的で、あってもなくても文は成立する。

1. キリンではなく、象が鼻が長い。→象の鼻が長い。
2. こちらのほうが風通しがいいのですが。→こちらの風通しのほうがいいのですが。
3. いったい誰が田中さんが好きなの。田中さんのどこが格好がいいというの。
　→いったい誰が田中さんを好きなの。田中さんのどこが格好いいというの。

　ひとつの述語に対して、主格の「〜が」が2つ存在するのは異常であるが、上のような場合、例外的に使われる。通常は「主述：鼻が長い／風通しがいい／田中さんが好き／格好がいい」が、主格「象／こちらのほう／田中さん／どこ＋が」の述語を表すが、やはり異様な響きなので、書き換えて使うほうがわかりやすい。

☞『日本語類義表現使い分け辞典』p.16

--- Q6:「〜は」と「〜が」のタブー ───────────

「×課長は帰ってくれば呼んでください」は、どこが間違っているのですか。

A この文を作った学習者は、おそらく次のように考えたのかもしれません。

×(部長ではなく)課長は帰って+くれば／きたら、呼んでください。
→(ほかの人ではなく)課長が帰って+くれば／きたら、呼んでください。

なぜ非文「×」になってしまうかというと、p.9で述べた「〜から／〜が／〜けど／〜し」とは異なり、文末と同じものを受けない「〜なら／〜たら／〜ば／〜と／〜て／〜ても」では、名詞修飾として扱われることになり、文末と呼応する「〜は」は使えないからです。

(部長ではなく)課長は帰ってきました+から／が／し、お呼びしましょうか。
(ほかでもなく)課長が帰ってきました+から／が／し、お呼びしましょうか。

上のように「〜から／〜が」などであれば、文末を受けていることになりますから、文末と呼応する「〜は」も、名詞修飾の「〜が」も使うことができます。
この場合の「〜は」は、前半の文末の「帰ってきました」と呼応していますが、名詞修飾の「〜が」は、前半の文末前の「帰ってき」にかかり、全体であたかも名詞であるかのような「ました」を修飾していると考えるといいでしょう。

社長が、帰って+きて／くると、食事にした。
→社長は、帰って+きて／くると、食事にした。

上のほうの「社長が」は「き(て)／くる(と)」にかかるだけで、文末とは呼応しませんから、後半の「食事にした」のは、話し手の「私／私たち」か「社長も含めたみんな」ということになって、文脈がないと意味不明瞭な文になります。
下のほうは「〜が」を兼用する「〜は」が文末まで影響しますから、すぐあとの「帰って+き(て)／くる(と)」も、文末の「食事にした」も「社長」です。

☞『日本語類義表現使い分け辞典』p.499

§1 文法編

📝 COLUMN •

〈「～は」と「～が」のタブー〉
　「双方既知情報X+は」と「一方既知情報X+が」には、こういった場合は使わなければならないとか、こういった場合は使ってはいけないとか、いわゆる 'Do' と 'Don't' が多くあって、学習者は言うまでもないが、教師のほうが混乱して、とんでもないことになる。
　'Do' のほうはp.3にまとめておいたので、ここでは「～は／～が」の「タブー／Don't」のほうをまとめてみる。

「双方既知情報X+は」
1. 名詞修飾内で使うことができない。
　　☆「～なら／～たら／～ば／～と／～て／～ても」は名詞修飾扱い。
　　　文末を受ける「～から／～が／～けど／～し」では、使うことができる。
2. 疑問詞のあとに使ってはいけない。
　　☆通常「～は+疑問詞」になる。ただ「問い返し：あなたが誰ですって？！」では「～が+疑問詞」になる。
　　☞『日本語類義表現使い分け辞典』p.23
3. 発見の「～が」の代わりに使ってはいけない。
　　☆「あ、雨+が／は+降ってる」は「発見／判断」になって意味が異なる。

「一方既知情報X+が」
1. 疑問詞のまえに使ってはいけない。
　　☆問い返しの場合は、例外的に「～が+疑問詞」になる。
2. 例外的な場合を除き、2つ以上、連続させてはならない。
　　☆例外とは「疑問詞が／～ほうが／変化するXが」のあとに「対象X+が+いい／安い／好き／上手／わかる」などが続く場合である。
3. 躊躇や「～の／～を／～に」を兼用する「～は」の代わりに使ってはいけない。
　　☆主題や対比の「～は」と置き換わるが、文末とは呼応しない。
• •

☞『日本語類義表現使い分け辞典』p.295、p.508

― Q7:「〜が＋自動詞」と「〜を＋他動詞」―
「×雨を降る／花を咲く／出張を行く」と言う学習者がいるのですが。

A 「降る／咲く／行く」といった動詞は自動詞です。初級のとき「自動詞は『〜を』を受けない」と習った学習者に、じゃ「どういうときに『〜を』を受けるのか」と聞かれると、教師は「他動詞のときだ」と答えます。それじゃ「他動詞というのは何か」と聞かれて、もし「他動詞は『〜を』を受ける動詞だ」と答えたとすれば、教師失格ですね。何の説明にもなっていませんから。

例のような間違いは、ごくまれに中国語を母語にする学習者に見られます。中国語やベトナム語、英語には「〜を」に相当するものがありませんから、日本語の「名詞A＋を＋動詞」は、ただ「動詞＋A」という語順を使って表します。中国語では「雨が降る／花が咲く」も「動詞＋A」になりますから、混乱が起きます。英語の 'Here comes the sun' や 'There is a book' も同じですね。

こうした場合、日本語では「名詞A＋が＋動詞」になる、ということを学習者が納得してくれれば、難しい「〜は」と「〜が」の識別をするのに役立ちます。

「出張を行く」は、韓国語を母語にする学習者にも見られます。韓国語には、日本語の「〜を」に相当する語がありますが、動作を表す名詞の場合は、例えば「旅行／散歩／ハイキング／ピクニック＋を行く」といった言い方をします。

英語の 'walk' は自動詞のはずですが、例えば 'I walk the beach' では他動詞です。他動詞の 'wash' は、逆に 'I wash on Sundays'（毎週日曜日に洗濯をする）では自動詞です。

「日本語ではどうか」といえば、自動詞にも他動詞にもなるごく少数の動詞を除けば、動詞によって自動詞か他動詞かが決まっています。中国語や英語とは異なり、同じ動詞が自動詞になったり他動詞になったりはしないのです。

p.15、17、19にあげた「一対の自他動詞」が、最も典型的な自動詞と他動詞です。このペアには「A＋を＋他動詞」つまり「Aに他動詞で働きかけ、何らかの処理をする」と、結果「Aが自動詞」になるという関係があります。

日本語の「歩く」は自動詞で、たとえ「道／浜辺／廊下＋を歩く」という使い方があっても、他動詞とはいいません。日本人は「歩く」という動作で「道／浜辺／廊下」に働きかけ、何らかの処理をするとは考えられないので、この場合の使い方は「A＋を＋他動詞」とは違うといいます。p.27もご覧ください。

COLUMN

〈一対の自他動詞 (I)〉

処理を表す「〜を」を受けないのが「自動詞」で、受けるのが「他動詞」である。

他動詞の語尾が「す」にならないもの

1. 語尾「ウ段→エ段＋る」：自動詞・Ⅰグループ (五段) 動詞
   例）開(空)く　痛む　叶う　沈む　従う　揃う　立(建)つ
   　　あける　痛める　叶える　沈める　従える　揃える　たてる
   　　違う　付(点)く　届く　整う　抜く　歪む　入る
   　　違える　つける　届ける　整える　抜ける　歪める　入れる

2. 語尾「ア段＋る→エ段＋る」：自動詞・Ⅰグループ (五段) 動詞
   例）上がる　終わる　掛かる　変(換／代)わる　加わる　下がる　漬(浸)かる
   　　上げる　終える　掛ける　かえる　　　　　加える　下げる　つける
   　　繋がる　広がる　曲がる　儲かる　横たわる
   　　繋げる　広げる　曲げる　儲ける　横たえる

3. 語尾「まる→める」：自動詞・Ⅰグループ (五段) 動詞
   例）温／集／埋／埋／極／鎮／閉／締／狭／高／留／止／泊／始／は／早＋まる
   　　温／集／埋／埋／極／鎮／閉／締／狭／高／留／止／泊／始／は／早＋める
   　　広／深／丸＋まる
   　　広／深／丸＋める

4. 語尾「れる→る」：自動詞・Ⅱグループ (一段) 動詞
   例）売れる　折れる　切れる　破れる　割れる
   　　売る　　折る　　切る　　破る　　割る

5. 語尾「える／こえる→ウ段」：自動詞・Ⅱグループ (一段) 動詞
   例）煮える　見える　聞こえる
   　　煮る　　見る　　聞く

6. そのほか：自動詞・Ⅰグループ (五段) 動詞
   例）こもる　積もる
   　　こめる　積む

--- Q8: 省略される「〜を」 ---
「どこに間違いがあるかを知らないふりをする」は、どこがおかしいのですか。

A おかしいのは「どこに間違いがあるかを＋知らないふりを＋する」となって、まるで「日本語を勉強をする」といった感じになっているからです。次のどちらかに書き換える必要があります。

1. どこに間違いがあるか知らないふりをする。
   →（どこに間違いがあるか知らない）＋ふりをする。
   （名詞修飾）＋名詞「ふり」＋をする

2. どこに間違いがあるか(を)知らないというふりをする。
   →「どこに間違いがあるか(を)知らない」という「ふり」をする。
   「AというB／A⊂B／下位小概念⊂上位大概念」をする

「1」の（ ）のなかは、独立した完全な文ではありませんから、これを「×どこに間違いがあるか知りません＋ふり」という言い方はできません。しかし「2」の「 」は、いわば引用文で、独立した完全な文ですから、これを「どこに間違いがあるか知りません＋というふり」という言い方ができます。

文中にある「〜か」は、文末をもつ完全な文では「何をするか／行くかどうか＋を／が＋確かめる／わかる／彼が決める」など、あとに「〜を／〜が」の続く場合があります。しかし、これらは省略することができます。

ところが、こうした文が名詞修飾になり、修飾された名詞に「〜を／〜が」が続いて「部長が行くかどうかを確かめることを忘れないでください」などになると、語と語の関係が複雑になりますから、省略したほうが賢明です。

特に「A＋を＋X」は、前後にあるAとXの結びつき、つまり「共起制限／コロケーション」が強く働きますから、例えば「ご飯／ビール／本」と言って、そのまま「〜を」を省略して「食べる／飲む／読む」と続けても大丈夫です。

ですから「花を買った店を覚えている人を探しています」なども「花、買った店、覚えている人、探しています」のように、会話ではダイエットされます。

☞『日本語類義表現使い分け辞典』p.79

COLUMN

〈一対の自他動詞 (II)〉

他動詞の語尾が「す」になるもの

1. 語尾「エ段＋る → ア段＋す」: 自動詞・Ⅱグループ（一段）動詞
    例） 明ける　遅れる　枯れる　肥える　透ける　出る　溶ける　慣れる　逃げる
    　　 明かす　遅らす　枯らす　肥やす　透かす　出す　溶かす　慣らす　逃がす
    　　 生える　剥げる　化ける　果てる　晴れる　冷える　増える　震える　燃える
    　　 生やす　剥がす　化かす　果たす　晴らす　冷やす　増やす　震わす　燃やす
    　　 漏れる　揺れる　甘える　　埋もれる　　寝る
    　　 漏らす　揺らす　甘やかす　埋もれさす　寝かす

2. 語尾「イ段＋る → オ段／ア段／ウ段＋す」: 自動詞・Ⅱグループ（一段）動詞
    例） 起きる　過ぎる　落ちる　下りる　活きる　伸びる　満ちる　尽きる
    　　 起こす　過ごす　落とす　下ろす　活かす　伸ばす　満たす　尽くす

3. 語尾「エ段／ア段＋る → す」: 自動詞・Ⅱグループ（一段）動詞
    例） 隠れる　消える　崩れる　こなれる　壊れる　倒れる　潰れる　流れる
    　　 隠す　　消す　　崩す　　こなす　　壊す　　倒す　　潰す　　流す
    　　 外れる　離れる　ほぐれる　乱れる　汚れる　なくなる　癒える
    　　 外す　　離す　　ほぐす　　乱す　　汚す　　なくす　　癒す

4. 語尾「る → す」: 自動詞・Ⅰグループ（五段）動詞
    例） 移／起こ／返／転が／散らか／通／直(治)／残／回／戻／渡＋る
    　　 移／起こ／返／転が／散らか／通／直(治)／残／回／戻／渡＋す

5. 語尾「ウ段 → ア段／オ段＋す」: 自動詞・Ⅰグループ（五段）動詞
    例） 動く　怒る　驚く　乾く　腐る　曇る　凝る　湿る　済む
    　　 動かす　怒らす　驚かす　乾かす　腐らす　曇らす　凝らす　湿らす　済ます
    　　 立つ　照る　飛ぶ　鳴る　濁る　太る　減る　沸く　減ぶ
    　　 立たす　照らす　飛ばす　鳴らす　濁らす　太らす　減らす　沸かす　減ぼす
    ☆人を使役化する「人＋を／に＋(さ)せる」とは異なった使い方をする。

☞『日本語類義表現使い分け辞典』p.1139

── Q9: 対象を表す「～を／～が／～に」──────────────
対象を表わす「～を／～が／～に」の使い分けが難しいのですが。

A 辞書では、およそ次のような説明になっていて、先生方を困らせます。

　　A＋を＋X1：Aは動詞X1の示す動作や作用が向けられる対象
　　　　例）資料を読む／映画を見る／車を買う／友だちを誘う
　　B＋が＋X2：Bは動作主や作用主ではなく、X2の対象
　　　　例）資料がわかる／映画が好き／車が要る／友だちがほしい
　　C＋に＋X3：CはX3の動作や作用が及ぶ位置や時間、場所や対象
　　　　例）資料に詳しい／映画に行く／車に乗る／友だちに貸す

　困るのは、すべてに「対象」という言葉が使われていることです。先生方が時間と場所をかえて、これをこのまま同じ学習者に説明したとすれば、いつかとんでもない質問に襲われるのは目に見えています。ベストなのは「対象」という言葉を使わずに、次のような説明を試みることではないかと思います。

　　A＋を＋X1：動態的対象。動詞X1はAに働きかけて、Aを処理する。Aは動詞
　　　　　　　X1によって、新陳代謝のような作用を受ける。
　　　　例）資料を読む：「読む」動作によって、資料が頭に入る。
　　B＋が＋X2：静態的対象。p.3「特定／～が」で「B＋X2」は結果。
　　　　例）映画が好き：あれこれしてみた結果、映画を趣味にする。
　　C＋に＋X3：所在的方向的対象。CはX3の存在点か接近点を示す。
　　　　例）車に乗る：車に近づいて、中に入る。（☞p.27）

　ただ「A＋を＋X1」は、例えば「小説を書く／湯を沸かす／家を建てる／餃子を作る／キムチを漬ける／セーターを編む／タペストリーを織る」など、AはX1の結果を表しています。これを「B＋が＋X2」にできないのは、X1が積極的に素材の「想像／水／建材／餃子の皮や具／白菜や調味料／糸」に働きかけて、それらを処理したという「動態的努力／代謝作用」が感じられるからです。
　右頁と同じで、原因は「～を」で能動使役的、結果は「～が」で受身的です。

✎ COLUMN

〈一対の自他動詞（Ⅲ）〉

自他動詞同形：
　例）張る：板に布を張って洗い張りにする → 布が板に張って洗い張りになる
　　　開く：海に面した窓を開く → 海に面して窓が開く
　　　増す：台風が川の水かさを増す → 台風で水かさが増す

一対の自他動詞となる「～なる」と「～する」：
　形容詞-く＋なる／する
　　例）スープを＋温かくする／温める → スープが＋温かくなる／温まる
　　　　ビールを＋冷たくする／冷やす → ビールが＋冷たくなる／冷える
　名詞など＋に／と＋なる／する
　　例）部屋を床暖房に＋する／かえる → 部屋が床暖房に＋なる／かわる
　　　　掃除をして部屋をきれいにする → 掃除をして部屋がきれいになる
　　　　机の上を整理してきちんとする → 机の上が整理されてきちんとなる
　　　　☆古くは「なる」と「なす」がペアを組む一対の自他動詞。

形は似ているが自他動詞にならないもの：
　例）ドラムをたたくのをやめる → ドラムをたたくのがやむ
　　　仕事を辞める → ×仕事がやむ　×雨をやめる → 雨がやむ
　　　人形を抱かす → ×人形が抱く　荷物を持たす → ×荷物が持つ
　　　山を越す → ×山が越える　～を＋抱く／持つ／越える

視点動詞：同じ動作を動作主への視点を変えて表現するペア
　例）AがBに＋～を＋あげる／売る／貸す
　　　BがA＋に／から＋～を＋もらう／買う／借りる
　　　AがBに＋～を＋教える／授ける／預ける／言いつける
　　　BがA＋に／から＋～を＋教わる／授かる／預かる／言いつかる

☞『日本語類義表現使い分け辞典』p.568 以下、p.760

― Q10:「〜ができる」と「〜をできる」 ―――――――――
「タバコが吸えない」と「タバコを吸えない」は、どう違いますか。

A　2つの違いをまとめると、以下のようになります。右頁もご参照ください。

　ここではタバコが吸えませんよ：
　　　　　　聞き手が喫煙者であることを知っている話し手が、今は吸おうとはしていない聞き手に対して、あらかじめ「ここは禁煙だ」と注意している。

　ここではタバコを吸えませんよ：
　　　　　　今、タバコを吸おうとしている聞き手に対して「ここは禁煙だ」と注意している。

　つまり「〜ができない」は、一般的な状況として、聞き手に「不可能／不許可／できない」ということを伝えています。これに対して「〜をできない」は、具体的状況や場面で、聞き手に対して「不可能／不許可／できない」ということを伝えています。

　ここではタバコが吸えますよ：
　　　　　　聞き手が喫煙者であることを知っている話し手が、今は吸おうとはしていない聞き手に対して、あらかじめ「ここは喫煙室だ」と教えている。

　ここではタバコを吸えますよ：
　　　　　　禁煙かと思って、手にしたままのタバコに火をつけようとしない聞き手に対して「ここは喫煙室だから大丈夫だ」と教えている。

　肯定でも同じですが、これらは「〜が」を使う人が多いという気がします。

COLUMN

〈「〜ができる」と「〜をできる」〉

　昔は、可能形のまえは「〜が」と決まっていたが、最近では「〜を」を使う人も増えてきている。原因としては、次の3つが考えられる。

1. p.11の〈「〜が」の連続〉を避けるため
　　例）このクラスでは、誰が一番、上手に歌＋が／を＋歌えるんですか。
　　　　ジョンさんのほうが、お酒＋が／を＋たくさん飲めますよね。
2. 「〜をすることができる」を「〜をできる」に縮めてしまう
　　例）日本語を話すことができますか。
　　　　→日本語＋が／を＋話せますか。
3. 「〜が」と「可能形」との距離が長いため、まず「〜を」と言ってしまう
　　例）このクラスでは、歌＋が／を＋誰が一番、上手に歌えるんですか。
　　　　日本語を、もうずいぶん習いましたが、まだ流暢に話せないんです。
　　　　→もうずいぶん習いましたが、日本語＋が／を＋まだ流暢に話せないんです。
　　　　本当ですか。中国料理＋が／を＋本当に作れるんですか。

　おそらく「〜が＋可能形」と「〜を＋可能形」は使い分けされていて、最後の例では「〜を」と使う人のほうが多いかもしれない。両者の違いは、次のようになるのではないかと思う。

　　〜が＋できる：一般的な状況で。
　　　　　　　　　対比の「〜は」より、特定の「〜が」がふさわしいとき。
　　　　　例）日本に来て1年もすれば、誰でも日本語が話せますか。
　　　　　　　一般ごみと一緒に、プラスチックが捨てられるのですか。
　　　　　　　こちらの水が飲めますよ。そちらは飲用水ではありません。
　　〜を＋できる：具体的状況で。特に不可能や不許可を表す場合に。
　　　　　例）日本に来て1年になるのですが、まだ日本語を話せません。
　　　　　　　こちらの水を飲めるなんて、思わないでください。

― Q11: 処理の「～を」が受けるもの ―
「相手の申し出や質問などに応じた取り扱いをする」を表す動詞は何ですか。

A このご質問は、選択問題で、解答の「受け付ける」を「受け入れる」にした学習者が多くて説明に困った、という韓国の先生からのものです。韓国語では、この2つを、同じひとつの動詞で表すそうです。
　こうした場合、動詞が自動詞か他動詞かという違いのほかに、どんなものを受けるかといったことを学習者が知らないと、エラーが出ます。

X	荷物	申込書	質問	電話	要求	抗議	誘い	宗教	死
X＋を受け付ける	○	○	○	○	○	○	×	×	×
X＋を受け入れる	○	×	×	×	○	○	○	○	○

　「受け付ける」は「相手の話を聞いて、それに応じた処理をする」という意味です。これに対して「受け入れる」は「運ばれてきた荷物を受けとる／引きとってきた人の世話をする」というほかに、上とよく似た「相手の話や気持ち、申し出や要求などを承諾する」という意味があります。
　また「受け付ける」は、面会を申し込んだり、何かを問い合わせたりするところとして、会社や組織の玄関や窓口に「受付」が設けられているように、相手の話を事務的に扱うことです。なお、通常「承諾」か「否認」かの決定は、受け付けた人の職権外の場合が多いものです。逆に「受け入れる」は、相手の話に対して「承諾／わかりました／OK」を出しますから、事務的というよりは、むしろ受け入れた人の個人的な判断です。
　ある言葉は上のように、他の別の語との結びつきがあって、はじめて生かされており、ある語は受け入れ、ある語は排除してしまいます。こうしたことを「共起制限／コロケーション」といいますが、特に動詞では重要なことです。
　「助ける」と「役に立つ」も、韓国語では同じ言葉で表します。ただ日本語では「人＋を＋助ける／人や物＋の＋役に立つ」になり、前者「助ける」は、積極的に体を動かして、困難な状態にある誰かを、手伝ったり救出したりしますが、後者は「世の中／実験／科学進歩／調査＋の役に立つ／に役立つ」と使って、何かに対して有用で、価値や利益のある静的な状態を表しています。

COLUMN

〈処理の「〜を」+「余儀なくする」〉

　日本語能力試験の文法項目のひとつ。硬い書き言葉で、普段の生活で使われることがなく、使役や受身の形で出題される。

　「する」は「人影／チャイムの音／いい匂い／甘い味／すべすべした肌触り＋がする」など、まれに自動詞で使われるが、他動詞になった場合は、まえの「〜を」で受けたものに働きかけて「意欲的に処理する」ということを表す。

　「余儀なく」は、意欲的な処理を表す「する」を修飾して、どのような方法で行われるかを示すが、次のような意味を表して、矛盾した感じを与える。

　　　　余儀ない：何かをする余裕や余地がない／何かできる方法が何も思いつかない
　　　　余儀なく：ほかに方法がなく／仕方なく／どうしようもなく＋あきらめて

例）耐乏生活が私を余儀なくする → 私をどうしようもなくする。
　　耐乏生活が私を余儀なくさせる → 私をどうしようもなくさせる。
　　耐乏生活を（私は）余儀なくする → 私はどうしようもなくする。
　　耐乏生活を（私は）余儀なくされる → 私はどうしようもなくされる。
　　耐乏生活を（私に）余儀なくさせる → 私をどうしようもなくさせる。
　　耐乏生活を（私は）余儀なくさせられる → 私はどうしようもなくさせられる。

　最初2例は「母の病気が私を悲しく＋する／させる」と同じ。3つめが「余儀なく私は耐乏生活をする」で、4つめが難しく「誰かが私の財布を盗む → 私は財布を盗まれる」と同じ「神が私の耐乏生活を余儀なくする → 私は耐乏生活を余儀なくされる」になる。残り2つは「誰かが私に酒を飲ます／私は誰かに酒を飲まされる」と同じになり「神が私に耐乏生活を余儀なくさせる／神に私は耐乏生活を余儀なくさせられる」ということになるが、混乱しないほうがおかしいといった感じがする。

　出題されるのは「吹雪のために下山を余儀なく＋された／させられた」が最も多いが、ときに「吹雪がひどく下山を余儀なくさせた」のこともある。

☞『日本語類義表現使い分け辞典』p.1092

Q12: 結果の「〜を」+「あげる」

「街をあげて、エコ対策に取りくむ」の「あげる」は、どんな意味ですか。

A　「街全体＋で／が、総力／全力＋をあげて、エコ対策に取りくむ」という意味なのですが、よく考えてみると「街」のような大きいものを、どのようにして「あげる」のか、不思議ですね。もちろん「総力／全力＋をあげる」というのも不思議な感じがするかもしれません。

　中国語には「吃(喫)食堂／食堂で食べる」という言い方があって、文字通りですと「食堂を食べる」なので、びっくりしてしまいますが、この「街をあげる」や「風呂を沸かす」も同じで、どの言語にも不思議な言い方はあるものです。

　p.18でも触れましたが、こういった不思議な、よく考えると理屈に合わない言い方を生みだすのは、多く結果を表す「〜を」です。例えば「A＋を＋V」とすると、他動詞Vで意欲的に何かをすると、結果としてAが現れることを表しています。まるで一対の自他動詞「花火を上げると花火が上がる／風呂を沸かすと風呂が沸く」を連続させたようなのですが、困ったことに「×街をあげると街があがる」という言い方はできません。

　「〜をあげる」の例をあげておきましょう。

1. 物や動作を与える。
   例）プレゼントを＋(買って)＋あげる／もらう／くれる
2. 下 (目立たない低いほう) から、焦点である上 (目立つ高いほう) への移動。
   例）腰／国旗／手／幕／食べたもの／スピード／給料＋をあげる
3. 焦点となっている問題点や条件、人物などを示す。
   例）長所／名前／理由／犯人／証拠／契約内容＋をあげる
4. 望ましい結果を得る。
   例）成果／業績／利益／収穫／効果＋をあげる
5. はっきり目立つような姿や形を現す。
   例）花火／波しぶき／兵／悲鳴／総力／結婚式／経＋をあげる
6. 完了や終了。
   例）飲み代をひとり2千円であげる

☞『類義語使い分け辞典』p.14、p.22

COLUMN

〈結果を表す三人称専用の「～を喜ぶ」〉

　感情を表す「喜ぶ」という動詞は、ちょっと変わっていて、下の例のように、三人称専用で使われる他動詞である。同じ他動詞でも「～を＋楽しむ／悲しむ／恐れる」などは、一人称にも、疑問文にして二人称にも使うことができる。

　しかし、感情を表す自動詞の「～に＋驚く／びっくりする／退屈する／うんざりする／おびえる／とまどう」などは、感情形容詞と同じように一人称専用で、三人称に使われると「彼は＋驚いた／寂しい＋のだ／ようだ／らしい」になる。

　または、一人称専用の「～と＋思う／考える」と同じように、三人称では「彼は＋驚いている／ドイツに行こうと思っている」になる。しかし逆に「喜ぶ」は、一人称に使われると「(私は)～を喜んでいる」になる。

例）お時間がございます折りに、お越しくださいますと、父が喜びます。
　　お越しくださいますと＋×私は喜びます→うれしい／幸甚(こうじん)＋です。
　　お越しいただいて、父が＋喜びました／喜んでいました／喜んでいます。
　　お越しいただいて＋×私は＋喜びました／喜んでいました→喜んでいます。
　　　　　　　　　→うれしかった／楽しかった＋です。
　　お越しくださったことを＋父が／(私が)＋喜んでいます／×喜びます。
　　田中さん／私＋は家族と週末を＋楽しみます／楽しんでいます／楽しみました。

　一人称にも使える「喜んでいる」は、何か「うれしい／楽しい」経験をしたあとの感情が消えずに持続していることを表し、再変化「うれしく／楽しく＋なくなる」以前の状態を表している。これは「会社に行っている／会社から帰っている」が「会社に行った／会社から帰った」あとの状態の持続、再変化「帰る／行く」以前の状態を表すのと同じである。これに対して「楽しんでいる」は「今ご飯を食べている」と同じで、現在における動作の継続「動作開始後と動作終了前のあいだ」を表している。

　「訪問を喜ぶ」と「週末を楽しむ」の「～を」は異なっており、それぞれp.18の「結果」と「処理」を表していると考えられる。

☞『日本語類義表現使い分け辞典』p.627

— Q13:「場所＋に／で／を」 ──────
「プールで泳ぐ」と「プールを泳ぐ」の違いが、よくわかりません。

A　「プールで泳ぐ」は、小さな子どもが、水のなかを行ったり来たり、浮いたり沈んだり、バシャバシャ曲線を描いて遊んでいるイメージです。これに対して「プールを泳ぐ」は、試合で選手たちが水を切って直線コースを泳いでいる場面です。

　「〜で」は「滑り台やブランコで遊ぶ／包丁で肉や野菜を切る／辞書で単語を調べる／自転車で会社へ行く／携帯で時刻表を見る／パソコンでメールを出す／スカイプで話をする／シャンプーで頭を洗う／モップで床を拭く」など、手段になる「滑り台やブランコ／包丁／辞書／自転車／携帯／パソコン／スカイプ／シャンプー／モップ」などを受けて、それらを利用することを表しています。

　同じように「場所」を受ける場合も、その場所を「手段として利用する」と考えてください。何かをするのに利用する場所ですから、例えば「公園で遊ぶ／食堂で料理する／図書館で資料を調べる／スーパーで買い物する／友だちの家でゲームをする／オフィスの2階でパーティがある」など、日々の生活をしたり、社会生活を営んだり、人や動物の活動する場所を表しています。

　「〜を」は「テレビを見る／音楽を聞く／ケーキを食べる／紅茶を飲む／電気をつける／エアコンを切る／部屋を掃除する／機械を動かす／子どもを連れていく／友だちを誘う／DVDを借りてくる」など、ターゲットにした「テレビ／音楽／ケーキ／紅茶／電気／エアコン／部屋／機械／子ども／友だち／DVD」に対して、あとに続く動詞「見る／聞く／飲む／食べる／つける／切る／片付ける／動かす／連れていく／誘う／借りてくる」などで働きかけ、それらを始めたり終わらせたりして、処理することを表しています。

　同じように「場所」を受ける場合も、その場所を「処理する／終わらせる」と考えてください。その場所を処理するということは、その場所にいる必要がなくなって「離れる」ことなので、例えば「地下鉄を降りる／山を下りる／家を出る／東京を発つ／大学を卒業する／故郷を離れる」といった使い方ができます。

　もし、その場所が長いものであれば、その場所を終わらせる、つまり「通過する」ことなので、例えば「道を歩く／川を下る／大陸を横断する／橋を渡る／廊下を走る／土手を散歩する／空を飛ぶ／海を泳ぐ」といった使い方ができます。

　処理のターゲットに続く動詞は他動詞ですが、場所に続く動詞は自動詞です。

COLUMN

〈「場所＋に／で／を」〉

「〜に」を中心に比較してみると、次のようになる。

〈存在点＋に〉
蚊帳にホタルが
　眠っている。
公園にブランコが
　あります。
プールにパラソルが
　並んでいます。
交差点に立つ。

〈活動点＋で〉
蚊帳でホタルが
　遊んでいる。
公園で演奏会が
　あります。
プールで子どもたちが
　泳いでいます。
交差点で止まる。

〈前進直線＋を〉
蚊帳をホタルが
　飛び交っている。
公園をブラスバンドが
　行進します。
プールを選手たちが
　泳いでいます。
交差点を歩いて渡る。

〈進入点＋に〉
バスに乗ります。
庭園に入ります。
駅に到着します。
ソファに座ります。
学校に入学する。

〈利用点＋で〉
バスで行きます。
庭園で食事します。
駅で新聞を買います。
ソファで寝ます。
学校で合宿する。

〈退出点＋を〉
バスを降ります。
庭園を出ます。
駅を出発します。
ソファを離れます。
学校を卒業する。

〈目的地＋に〉
図書館に行きます。
会社に出勤する。

〈利用点＋で〉
図書館で本を読みます。
会社で仕事する。

〈目的物＋を〉
図書館を利用します。
会社を設立する。

「存在／基準／目的／到着点」を表す「〜に」は、ときに「あまりのうれしさ＋に／から＋飛び上がる」や「友だち＋に／から＋本を借りる」など「出発点」になる。
「手段」を表す「〜で」は、時空間の利用や利用範囲、原因や理由を表す。
「目的語」を表す「〜を」は、目的物を「処理／通過／退去」することを表す。

☞『日本語類義表現使い分け辞典』p.365、p.403

--- Q14:「時間＋で」 ---
「×ご都合はいつでよろしいですか」は、どこが間違っていますか。

A p.6もご覧ください。やはり「ご都合はいつ／いつご都合＋がよろしいでしょうか」が最も適切です。このエラーをした学習者は、おそらく以前、次のような会話を聞いたか、交わしたことがあるのではないかと思います。

A: もしもし、あ、先生ですか。あのう、ちょっとご相談したいことがあって、お会いしたいのですが。お時間、とっていただけませんか。
B: ええっと、そうですね。
A: いつ（なら）、ご都合がよろしいでしょうか。
B: 来週の火曜日で、よろしい／いい／いかが／どう＋ですか。
A: あの、来週の火曜日は、ちょっと。一日、授業があるものですから。
B: じゃ、木曜日は？
A: 木曜日なら大丈夫です。では、木曜日でお願いします。何時ごろ、お伺いすればよろしいでしょうか。

まず「よろしい／いい＋でしょうか」は、上の会話でもおわかりのように、聞き手に「お願いする／依頼する／許可を求める」場合に使われるものです。これに対して「よろしい／いい＋ですか」は、命令や許可のあとに使われて、聞き手に「命令や許可の確認をする」場合に使われます。

ですから「いつがよろしいですか」は許可を与える側、これを「いつがよろしいでしょうか」は、許可を求める側が使うのが原則、ということになります。

次に「時間＋で」ですが、例えば「お話はこれでおしまい／食堂は8時で終了します／レポートの提出は明日で締め切ります／夜は11時で消灯します／正門は6時で閉鎖されます／教室を5時半で退出してください」など、何かが終了する「時間範囲の最終点／時間の限界／期限」や、上の会話のような「最終決定時間」を表します。ですから、未決定の「いつ」には使えません。

また、この最終決定は、例えば「集合／待ち合わせ／食事＋は＋駅前／ホテル／いつもの店＋で＋お願いします／いいですね」など、場所にも使われます。

☞『日本語類義表現使い分け辞典』p.172、p.822

COLUMN

〈「時間＋に／Φ／で」〉

「～に」を中心に比較してみると、次のようになる。

時間＋に＋開始／終了	時間＋Φ＋継続	時間＋で＋最終
10時までに開店。	10時まで開店中。	10時までで閉店。
→10時以前に開店中。	→10時に閉店。	→10時に営業終了。
10時までに閉店。	10時まで閉店中。	同上
→10時以前に閉店中。	→10時に開店。	
朝の6時に起きた。	朝の6時はまだ寝ていた。	朝6時で仕事完了。
午前中に会議を始める。	午前中はずっと会議だ。	午前中で会議終了。
来週には出張に行く。	来週は出張している。	来週で出張を終える。
来週、出張に行く。	来週、出張している。	来週、出張を終える。
来年には定年する。	来年は定年している。	来年で定年になる。
来年、結婚する。	来年、結婚している。	来年で離婚する。

「時間＋に／Φ」の「時間」は、動作が開始したり終了したり、変化したりする瞬間を表す「時刻／時間の点」にも、ある期間や継続時間を表す「時間帯／時間の線」にもなる。違いは「時間＋に」のあとには「時間の点」を表す動作や変化が、もうひとつの「時間＋Φ」のあとには「時間の線」を表す継続中の動作が来ることである。

ただ「来週／来年」など、長い時間になると、上のように「～に」がなくても、この時間帯に「開始／終了／変化」が起こることも表せるようになる。さらに「6時起床／9時集合／午前中会議開始／来週出張」など、簡潔でシャープな書き言葉や口頭伝達には、蛇足的な「～に」がダイエットされてしまう。

時間の「点」と「線」を厳密に区別する場合は、それぞれ「～には」と「～は」が使われ、例えば「午前中には会議／午前中は会議」は「会議開始／会議中」を表す。

「時間＋で」の場合は、どんな「時間」であっても、あとに来るものは、必ず「終了」を表す動詞である。

☞『日本語類義表現使い分け辞典』p.168、p.402

―― Q15:「〜のあとで」と「〜のまえに」 ――――――――――――
「A+あとで+B」と「B+まえに+A」は、どう違いますか。

A まず、次の例の置き換え「／」と書き換え「→」を比べてみてください。あとの「2」の書き換えが、おかしな感じを与えます。

1. 手を+洗ったあとで／洗って／洗ったから、食事をします。
   →食事するまえに／食事するために、手を洗います。
2. ご飯を+食べて／食べたあとで／食べたから、薬を飲みます。
   △薬を+飲むまえに／飲むために、ご飯を食べます。

「薬を飲むまえ」は、まるで「ご飯よりも薬のほうが大切」のようですね。これは「A+あとで+B」が、時間的継起「Aの終了後→Bの開始」を表すのに対して、書き換えた「B+まえに+A」が、目的と手段「目的Bの達成←手段Aの終了」を表すからです。次の例では、互換性がありません。

3. 子どもが触ってけがをするまえに、この危険な工具はしまっておこう。
   ×この危険な工具をしまったあとで、子どもが触ってけがをするだろう。
4. 会議が終わったあとで、急にめまいがして立っていられなくなった。
   ×急にめまいがして立っていられなくなるまえに、会議が終わった。

「3」は「未実現B+まえに+予防A」を、あとの「4」は「きっかけA+あとで+予想外な結果B」を表します。まとめると、次のようになります。

A+あとで+B／時間の流れ：Aを+終えて／契機にして+B
　あと+で（「利用点」☞p.27）：A終了後に残された時間を利用してB
B+まえに+A／目的と手段：Bが実現+する／しない+ようにAをする
　まえ+に（「時間の点」☞p.29）：目的B達成までの時間にAを終了

☞『日本語類義表現使い分け辞典』p.250

§1 文法編

✎ COLUMN ••

〈「B＋までに／まえに／うちに／ように＋A」〉
　　上の４つの使い分けを鮮明にするため、置き換えの例を示して、まとめてみる。

1. ご飯を食べる＋までに／まえに、手を洗いましょう。
　→ご飯を食べない＋×うちに／×ように、手を洗いましょう。
2. 寝る＋までに／まえに、お風呂に入って、歯を磨くのよ、いいわね？
　→寝ない＋うちに／×ように、お風呂に入って、歯を磨くのよ、いいわね？
3. 社長が来る＋までに／まえに、打ち合わせをしておこう。
　→社長が来ない＋うちに／×ように、打ち合わせをしておこう。
4. 課長が酔いつぶれる＋まえに／×までに、カラオケで歌を歌わせよう。
　→課長が酔いつぶれない＋うちに／ように、カラオケで歌を歌わせよう。
5. コーヒーを飲む＋まえに／×までに、電話があって、すぐ飛びだした。
　→コーヒーを飲まない＋うちに／×ように、電話があって、すぐ飛びだした。
6. 食事はもう始めているけど、食べる＋までに／×まえに＋来られるだろう？
　→食事はもう始めているけど、食べない＋×うちに／×ように＋来られるだろう？
7. 遅れない＋うちに／ように、タクシーを拾った。
　→遅れる＋×まえに／×までに、タクシーを拾った。
8. 長生きする＋ように／×うちに、毎朝ラジオ体操とウォーキングをしている。
　→早死にする＋×まえに／×までに、毎朝ラジオ体操とウォーキングをしている。

　　　　B＋までに＋A：B終了以前に、A＋開始／終了／変化
　　　　B＋まえに＋A：Bの実現非実現を問わず、B開始以前にA＋開始／終了／変化
Bない＋うちに＋A：Bの即時実現以前に処理A／Bの実現以前にAの実現
　　　　B＋ように＋A：目標Bの実現に向けて、Aという努力

　「〜まえに」にも「Bの『非実現／実現』のために」という意味はあるが、わざわざ「Aで処理する／Aという努力をする」という苦労まではしない。
••

☞『日本語類義表現使い分け辞典』p.169、p.212

---- Q16:「〜までに」と「〜まで」 ----

「今も覚えています」を「今まで覚えています」にする人が多いのですが。

A 英語は 'by＋時刻' や 'by the time＋文' で「時刻／文＋までに」を、また 'till／until＋時刻／文' で「時刻／文＋まで」を表して区別しますから、英語圏の人は問題ないのですが、そうでなければ「〜までに」と「〜まで」は混乱します。
　次のように、違いを説明してください。

A＋まで／以前＋に＋時間の点／動作の開始か動作の終了を表す動詞
　例）7時までに＋起きる／出かける／学校へ行く／会社に着く／帰る（終了）
　　　　　　　＋寝る／歩く／仕事する／待つ／食べる／飲む／遊ぶ（開始）

A＋まで＋時間の線／動作開始後の継続状態や動作終了後の持続状態がAで終了
　例）7時まで＋寝る／料理する／食べる／飲む／家にいる／走る／待つ／遊ぶ
　　＝7時に＋起きる／料理や食事をやめる／家を出る／止まる／帰る／勉強する
　　　10時まで＋起き／入っ／出かけ／会社に行っ／家に帰っ／開店し＋ている
　　＝10時に＋寝る／出る／戻る／会社を離れる／出かける／閉店する

　瞬間動詞や継続動詞という違いは、日本人に教える場合は有効でも、動詞の捉え方が異なる言語を母語にする学習者には、混乱を招くだけです。
　「一時帰国のお知らせ。この3月末まで帰ります」というメールをもらいましたが、本当は「3月末までに帰る」でした。ただ、このままでも「メール送信日から3月末まで帰国」といった理解は可能です。
　「A＋までに＋X」は「A以前の時点で、Xが始まるか終わる」ですが、これに対して「A＋まで＋X」は「野菜は火が十分に通るまで煮込んでください」など、A「野菜に火が十分に通る」ときが、X「野菜を煮込む」の終了する時点です。p.28の「3月末で締め切り」など「時間＋で＋P」と同じなのですが、こちらは「P＝終了を表す動詞」という制限があって、わかりやすいのですね。
　Aが変化のターニングポイントになる「A＋まで＋X」は「Aになると＋Xが終わる」ですから、もし「今まで覚えています」というと「今から忘れる」ことを表します。やはり「今までもこれからも」という「今も」がピッタリです。

COLUMN

〈「～まで(に)」と「～ている」〉

〈7時＋まで(に)＋ご飯を食べている〉

　　　7時までに食べる　　　　　7時まで食べる　　　　7時までに食べる
　　　7時までに食べている　　　7時まで食べている　　7時までに食べている
　　　7時以前に食べはじめる　→　　食事中　　→　7時以前に食べおわる
　　　　　　　　　　　　　　　7時に食べおわる

例）開始：7時までに(は)＋食べる／食べている＋けど、一緒に食事しよう。
　　終了：7時までに(は)＋食べる／食べている＋から、一緒に映画に行こう。
例）継続：7時まで(は)＋食べる／食べている＋から、一緒に食事しよう。
　　終了：7時まで(は)＋食べる／食べている＋けど、一緒に映画に行こう。

〈7時＋まで(に)＋起きている〉

　　　朝7時までに＋起きる／起きている　　（朝7時から）夜12時まで起きている
　　　7時以前に起床　　　　　　　　　　　（7時に起床）12時に就寝
　　　朝7時まで＋寝る／寝ている　　　　　夜12時までに＋寝る／寝ている
　　　7時に起床　　　　　　　　　　　　　12時以前に就寝

例）変化：早く出かけるから、7時までに(は)＋起きて／起きていて＋くれ。
　　持続：明日の朝は急がないから、7時まで(は)＋寝て／寝ていて＋くれ。

〈～ている〉

［開始］	［開始後／継続］	［終了］	［終了後／持続］
ご飯を食べる	今、ご飯を食べている	ご飯を食べた	ご飯は食べている
［変化］	［変化後／持続］	［再変化］	［再変化後／持続］
行く／行った	行っている	帰る／帰った	帰っている

☞『日本語類義表現使い分け辞典』p.176、p.631

Q17: 基準の「〜に」

「遅くなる」と「遅れる」との違いが、わかりません。

A 「遅くなる」は、もともと「早い／速い」とペアを組む相対形容詞「遅い」を、変化を表す自動詞「遅く＋なる」に変えたものですから、まず「何に続くか」という次のような違いがあります。

1. 起きるの／電車 (の来るの)／仕事 (をするの)／回転＋が＋遅い／遅くなる
2. 飛行機／電車／仕事／会議／開発／成長／時計／食事／勉強＋が＋遅れる
   飛行機／時間／仕事／会議／納期／時代の流れ／行進／授業＋に＋遅れる

「遅れる」は「後れる」とも書き、他動詞「遅らす／後らす」と一対になる自動詞ですが、これも変化を表します。形容詞の派生形「遅くなる」は「〜が」にしか続きませんが、変化自動詞の「遅れる／後れる」は「〜が」だけでなく、基準を表す「〜に」にも続きます。

「Aが＋遅くなる」は、常識や社会通念として一般的に認められている標準的な時間や速度と比較して、Aが「遅い」状態に変化したことを表しています。

「Aが＋Xに＋遅れる」は、AがXという「時間的距離的順位的な基準」よりも後ろに位置することを表し、X「時刻表にある出発時間／仕事や会議の開始時刻／あらかじめ決められた時期／同時代／進行状況」に「間に合わない／落伍する」状態に変化したことを表しています。

例えば「授業＋が＋遅くなる／遅れる」は、それぞれ「授業の終わる時間がいつもより遅い／授業の進め方がカリキュラムより遅い」を表します。学生が「授業に遅れる」といえば、授業の開始に間に合わず「遅刻」したこと、これを「授業に後れる」に換えれば、授業の内容についていけなくて「落ちこぼれた」ことを表すようになります。

「遅れてごめんなさい」は約束の時間に間に合わなかったこと、これを「遅くなってごめんなさい」にすると、いつもよりも「家に帰る／待ち合わせ場所に来る」のが遅いだけで、あらかじめ何時と決めなかった可能性があります。

あらかじめ時間を取り決めて返信するわけではないメールや手紙の場合は、後者の「ご返信が遅くなって申し訳ございません」を使うことになります。

✎COLUMN ••

〈「接近／方向」の「～に／～へ」とダイクシス〉
　「家＋に／へ＋行く／来る／帰る／戻る／やってくる／飛んでくる」の「～に／～へ」は、識別不可能で「コンビニへ買い物に行く」といった場合だけ使い分けられる。これが「家＋に／×へ＋帰ってくる」となると、ターゲットにした話し手への移動という目的が明白になるので、方向しか表さない「～へ」では不自然になることがある。
　日本語の「行く／来る」は、話し手のいる位置とは関係なく目的とするところへの移動を 'come' で表す英語とは異なり、話し手の位置「から離れる／に近づく」ことを「行く／来る」で表し、次のような対話が成り立つ。

A: そちら＋に／へ＋行きたいのですが。　　A: これ、差し上げましょうか。
B: こちら＋に／へ＋来るのですか。　　　　B: それ、くださるのですか。
A: ええ、いいですか。　　　　　　　　　　A: ええ、どうぞ。
B: どうぞ、来てください。　　　　　　　　B: じゃ、遠慮なく、いただきます。

　対話で使って、はじめて意味が明確になることを「ダイクシス」というが、どの言語でも共通しているものに、時間の「昨日／今日／明日」や、指示の「こ系／そ系／あ系」がある。動詞では「行く／来る」であるが、日本語には「あげる／くれる」がある。さらに「もらう」を加えて、同じひとつの動作を3つの動詞で使い分ける。
　「A＋に」は、非常に多様な使い方をされるが、基本的には「Aに近づいて＋いく／くる」「Aに動かずに＋いる／ある」「Aから出て＋いく／くる」を表す。英語の前置詞を使えば、それぞれ 'to / in / from' で使い分けることになるが、英語から日本語へ移しかえるとき、学習者だけではなく、翻訳する日本人にも混同が起こる。
　例えば「洗濯物を片付けにとりかかった」といった文に出くわすことがある。逐語的には「洗濯物を片付ける」と「片づけにとりかかる」ではあるが、おそらく「～を処理しはじめる」を表す「～を＋連用ます形＋にかかる／部屋を片づけにかかる／資料を読みにかかる／財務表を作りにかかる／ビルを壊しにかかる」と混同したものと思われる。もとの動詞を使えば「洗濯物の片付けにとりかかる」である。
••

☞『日本語類義表現使い分け辞典』p.748

── Q18:「〜には」と「〜は」 ──
どういう場合に「〜には」から「〜に」がドロップするのでしょうか。

A まず、右頁の〈「〜に」の使い方〉に即して検討してみましょう。長い例は簡略化し、重複するものや慣用表現は省略しました。

1. 昼の休憩時間＋に／には／は、お弁当を食べて、バドミントンをする。
2. 寮の部屋＋に／には／は、ベッドと机があります。
3. 図書館＋に／には／は＋行って、本を借りてきました。
   バス＋に／には／×は＋乗って、スーパーへ買い物に行きます。
   雪が雨＋に／には／×は＋かわりました。
   シャツ＋に／には／は＋アイロンをかけました。
4. 兄＋に／には／×は＋本を貸してもらいました。
5. 1日＋に／には／×は＋2回だけ、食事をします。
   誕生日のお祝い＋に／には／は、マウンテンバイクをくれました。
   紅茶＋に／には／は＋ケーキをつけて、出してくれないかな。
   乾燥肌のお手入れ＋に／には／は、この化粧水がいいみたいよ。
   このカップ、子どもが使うの＋に／には／×は、大きすぎない？

　「〜に」は、すべて「〜には」になって、p.3の「主題／対比」になります。しかし「〜には」が「〜は」になるには制限があります。まず「誰かに」が「誰かが」にかわってしまう「人＋は」はダメです。
　次は「X＋に」のXと、あとにくる語との結びつきです。例えば「時間／場所／目的地＋に」の場合、あとにくる語とは宿命的な赤い糸で結ばれていますが、この糸が強ければ強いほど、Xと動詞のあいだに立つ「〜に」はドロップしても大丈夫です。この糸が弱いと、逆に「〜に」はドロップできません。
　そして最も重要なのは「〜には」は、まだ「〜に」を引きずっていますから、文末と呼応しなくても許容されますが、主題か対比になり「〜が／〜の／〜を／〜に」を兼用する「〜は」は、必ず文末と呼応するということです。

COLUMN

〈「～に」の使い方〉

1. 時間＋に
   例）お昼の休憩時間に、お弁当を食べて、公園でバドミントンをしています。
2. 場所＋に
   例）寮の部屋に、友達はいませんでした／ベッドと机があります。
3. 目的／到着点＋に
   例）図書館＋に／まで＋行って、本を借りてきました。
   バスに乗って、スーパーへ買い物に行きます。
   雪が雨にかわりました。
   毎日、友だち＋に／へ＋メールします。
   高校に入った弟に、ご馳走して／本を買って＋あげました。
   シャツにアイロンをかけました。
4. 出発点／原因＋に
   例）兄＋に／から＋本を貸してもらいました。
   母に日記を見られてしまいました。
   あまりの悲しさに、自殺しようかと思った。
5. 基準＋に
   例）1日に2回だけ、食事をします。
   誕生日のお祝いに、マウンテンバイクをくれました。
   子どもは、お父さんに似ているそうです。
   紅茶にケーキをつけて、出してくれないかな。
   乾燥肌のお手入れに、この化粧水がいいみたいよ。
   このカップ、子どもが使うのに、大きすぎない？
6. その他
   例）飲みに飲んで、酔ってしまった。
   外食せずに、家で食べよう。

☞『日本語類義表現使い分け辞典』pp.401–407

― Q19: 意志変化の「～を～にする」 ―
「親の愛情の独り占めをする」は「親の愛情を独り占めする」でしょうか。

A どちらでもかまわないと思いますが、文法的に言えば「親の愛情を独り占めにする」というのが普通です。この「独り占め」は、いかにもⅢグループ動詞「食事／仕事／散歩＋する」の語幹部分のように見えますが、実際は「～を独りで占める」を圧縮して連用名詞形にしたものです。つまり名詞にすぎないのですが、動作を表した名詞ですから「独り占めをする」は可能になっています。

だからといって「独り占めする」というⅢグループ動詞になるわけでもありません。例えば「片付ける」が「片付け」という名詞に変化し、これに「～をする」をつけて「片付けをする」ということはできますが、さらに一歩進んで「片付けする」というⅢグループの動詞にならないのと同じです。

しかし、p.16でも申しましたように、名詞のあとにくる「～を」は、あとに続く動詞と密接な関係があれば省略されてしまいますから、いわば「独り占めする／片付けする」がⅢグループ動詞のふりをしている、と言えそうです。

しかも「儲けの独り占めをする／部屋の片づけをする」が言えますから、ちょうど「日本語の勉強をする／ノートのコピーをする／促音の練習をする／豚肉の料理をする／部屋の掃除をする」が「日本語を勉強する／ノートをコピーする／促音を練習する／豚肉を料理する／部屋を掃除する」になるのと同じように、これを「儲けを独り占めする／部屋を片づけする」にしたとしても不思議ではありません。特に「～を独り占めする」は異様な響きではありません。

もともと「独り占め」は、みんなでシェアすべきもの「A」を、自分独りのもの「B」にするという意味ですから、自分の意志でAをBに変化させる「AをBにする／Aを独り占めにする」という文型を使います。親の愛情をシェアする人のない一人っ子なら「親の愛情を独り占めする」のほうがいいかもしれません。

「お会いできるのを楽しみにしています」も、文型「AをBにする」を使っていますが、ときに「先生をお待ちする」などと混同して「×お会いできるのをお楽しみにしています」という学習者に出くわします。これは完全なエラーです。

特に「（仕事時間を）＋お昼／食事／休憩＋にする」や「髪＋を＋パーマ／角刈り／スキンヘッド＋にする」なども、AからBへの意志変化を表しています。

☞『日本語類義表現使い分け辞典』p.598

✎COLUMN

〈変化の「～に／～と＋なる／する」〉
　「Aが＋B＋に／と＋なる」は、AからBへの「自然変化」や変化の「結果」を表すが、これに対して「Aを＋B＋に／と＋する」は、意志のあるものが「原因」となり、AをBへと変化させることを表し、両者は一対の自他動詞のような関係にある。

〜に

〈提案／選択／意志決定〉
ハイキング、どこにしますか。
奈良の山の辺(やまのべ)の道(みち)にしようよ。
ぼく、ケーキセットにするよ。
インテリアは豪華にしてください。
今年の売り上げを10億円にしたい。
水を氷にする。

〈結果／決められた予定／達成〉
ハイキング、どこになりましたか。
奈良の山の辺の道になったよ。
注文がケーキセットになる。
インテリアは豪華になる。
売り上げが10億円になった。
水が氷になる。
大雨(おおあめ)／雪／嵐(あらし)／吹雪(ふぶき)＋になる。

する

〈最終決定／規則／仮定／等式〉
ライオンの名前をアスランとした。
会長の任期を5年とした。
孤独な老人の世話を天職とする。
過去を鑑み不戦を憲法の条項とする。
この世を仮の宿として仏道に生きる。
温暖化の原因を排気ガスとしよう。

なる

〈結果報告／結末／慣習／予言〉
ライオンの名前がアスランとなった。
会長の任期が5年となった。
孤独な老人の世話が天職となる。
戦争放棄が憲法第9条となっている。
仏道に生きこの世が仮の宿となった。
温暖化の原因が排気ガスとなろう。

〜と

　「A＋Bに＋なる／する」は、キーワード「～に」の意味から、AからBへの変化「A→B」と、再変化「A←B」の可能性を示し、一方「A＋Bと＋なる／する」は、キーワード「～と」の意味から、再変化しない「A＝B」ことを示唆している。

☞『日本語類義表現使い分け辞典』p.580

---- Q20: 仮定の「〜を〜とする」 ----

「組織や臓器になれるとされる iPS 細胞」の「〜とされる」は、何ですか。

A 意志変化の「〜を〜とする」や、仮定を表す「〈文〉+とする」の「〜とする」を受け身にしたものです。ただ、この「〜とされる」は、省略しても意味が通じますし、むしろ省略したほうがわかりやすいですね。

  iPS 細胞＋は／が＋組織や臓器になれる。　　　　　自然変化「AがBになる」
  iPS 細胞＋は／を＋組織や臓器になれるものとする。仮定「AをBとする」
  iPS 細胞＋は／が＋組織や臓器になれるとする。　　仮定「〈文〉とする」
  iPS 細胞＋は／が＋組織や臓器になれるとされる。　受け身
  組織や臓器になれるとされる＋iPS 細胞　　　　　　名詞修飾
 ＝組織や臓器になれると＋言われている＋iPS 細胞　　　伝聞

仮定を表す「AをBとする／〈文〉とする」というのは、次のような例で理解してください。

  彼を犯人＋に／と＋しても、アリバイがあるんじゃなかったですか。
 →彼が犯人だ＋としても、アリバイがあるんじゃなかったですか。
  状況を「今ここで地震が起こった」＋に／と＋します。どうしますか。
 →今ここで地震が起こった＋とします。どうしますか。
  二酸化炭素が地球温暖化の原因だ＋と＋しても／されていますが、言われている
   ほど、そんなに急速に悪影響が出るのでしょうか。
 →二酸化炭素が地球温暖化の原因だと言われていますが、
 →地球温暖化の原因だと＋されている／言われている＋二酸化炭素

もとの「B／〈文〉+とする」は、話し手の意志が働いた仮定ですが、これを「B／〈文〉+とされる」とすると、まるで「スペイン語はキューバで話されている」と同様、不特定多数のことになり、誰の意志も働かなくなった噂や伝聞のようになりますから、結局「〜と言われる」と理解するほうがわかりやすいでしょう。

☞『日本語類義表現使い分け辞典』p.579

COLUMN

〈「～と」の使い方〉

1. 並列／A＋B：対等関係／A＝B
   例）母と子／タオルと手袋とお弁当／聞くと見るとは大違いだ
   参考）母に子／×子に母／お弁当にタオルに手袋
   　　　　A＋に＋B：添加／A＋B　非対等関係／A←B
2. 動作の相手：対等関係／A＝B
   例）友だちと会う／課長と相談する／クラスメートと一緒に行く／子どもと遊ぶ
   参考）友だちに会う／課長に相談する
   　　　　Xが＋A＋に：目的　非対等関係／X→A
3. 比較の基準：対等関係／A＝B
   例）友だちと似ている／実験結果と比べる／左と右とを照合する
   参考）父に似ている／仮説を実験結果に比べる／左に右を照合する
   　　　　X＋A＋に：基準　非対等関係／X→A
4. 変化：再変化しない／A＝B
   例）結婚式は5月5日と決定／子どもを太郎と名づける／一丸となって働く
   参考）小学3年生になる／式は5月5日に決定／子どもの名前を太郎にする
   　　　　X＋A＋に：再変化の可能性　非対等関係／X→A
5. あとの動詞の内容や様子：「引用文／連用修飾＋と＋動詞」など
   例）「今日は」と言う／「おめでとう」と祝う／「火事だ」と叫ぶ／「やだ」と泣く
   　　花びらが雪と降る／しっかりと固定する／にこにこと笑う／楽々と勝つ
6. あとに続く動詞「言って／いう」などの省略：慣用的
   例）「泥棒」と追いかける／二度とない／何百何千となく／何千何万と売られている
   　　カードが何百枚とある／2回3回と回を重ねて会わずにはいられなくなる
   　　一人、二人と（いった人数で）いなくなり、最後はとうとう誰もいなくなった
   　　会場に何百何千人と押しかけてきた／何ヶ月何年と（いう歳月が）過ぎていく
   　　部長とくれば日本酒／新曲のお披露目と行く／チャンピオンの発表と行こう

☞『日本語類義表現使い分け辞典』p.405、p.652

— Q21: 3つの「いろいろ」 —

「いろいろ／いろいろに／いろいろと」には、違いがありますか。

A　「いろいろ／いろいろに／いろいろと＋P」としますと、次のような違いがあります。Pというのは動作や状態を表す言葉です。

　　いろいろに：　Pの仕方、あり方が、どのように変化するかを表し、その変化の仕方、あり方が多様性に富んでいることを示す。
　　いろいろと：　Pという動作や状態にあるものをXとすると、Xがどのようであるかを表し、その種類が多様性に富んでいることを示す。
　　いろいろ：　上の2つの場合、どちらにも使える便利な言葉。

　例えば「いろいろと＋咲く／ある／食べる／持ってくる／相談する／ありがとうございます／お世話になりました」などは、今そこに「咲いている／ある／食べる／持ってくる／相談する」花やものの種類がたくさんあり、お礼に「ありがとうございます／お世話になりました」と言うべきことが1種類ではなく、あれこれ数えきれないほどの出来事があったということを表し、全体で数も多く多様性もある印象を与えています。

　これを「いろいろに」に換えると、例えば「朝顔」の咲き方が、上を向いたり下を向いたり、首を傾(かし)げたり俯(うつむ)けたりしているさまざまな様子が目に浮かんできます。また「いろいろに食べる」は、箸だけをもったり、箸とスプーンであったり、ナイフとフォーク、フォークとスプーン、そして手であったり、食べ方がまちまちで多様性のあることを表しています。ですから「相談する」やお礼には使えないことになります。

　「春になって花が、野の連翹(れんぎょう)も木立ちの木蓮(もくれん)やこぶしも」とくれば「いろいろと咲き乱れる」になりますが、逆に「群生した連翹が陽光を浴びて」ということになれば「いろいろに咲き乱れ、いろいろに変化する鮮やかな黄で春の訪れを告げる」といったふうになります。

　どちらにも「いろいろ」が使えますが、例えば「いろいろ食べる」は「いろいろな食べ方」ではなく「いろいろな食べ物」で、常識や社会通念に従います。

☞『類義語使い分け辞典』p.108

COLUMN

〈「自然／自然に／自然と」〉
　ごくわずかにすぎないが、あとに「～に」と「～と」の続く語がある。

1. 自然／自然に／自然と
　　共通して使えるのは「そうなる／わかる／消える／行くようになる」など。
　　　　☆「変化を表す自動詞」または「変化を表さない動詞」+「ようになる」。
　　「自然に」には「自然体で／自然のままに」という意味もあり、例えば「立つ／座る／歩く」に使うと、体のどこにも力を入れない姿勢を表している。
　　「自然と」は変化しか表せないので、例えば「立つ／座る／歩く」に使うと、赤ちゃんの成長を表し「立つ／座る／歩く＋ようになる」ことを表している。

2. 案外＜案外に＜案外と
　　「案外」は予想と結果に差のあることを示すが、驚きはない。例えば「知っている」が続くと、予想「少しくらいなら知ってるとは思った」けど、結果「ある程度は知ってた」という差で、予想の外れた「なーんだ、知ってたのか」といった「つまらなさ」を表す。これが「案外に／案外と」とかわっていくと、予想と結果の差が開いていき、ある程度の驚きがこめられてくる感じがする。

3. 意外にも＞意外に＞意外と
　　「意外に」は「知らないと思っていたのに知っていた」という驚きを表す。これに「～も」のついた「意外にも」は、予想と結果の差が「意外に」よりも大きいことを表す。しかし「意外と」は、差が小さくなって「案外と」よりも差が大きいといった程度の驚きしか表さない。

4. 不意に／不意と
　　「不意に」は「現れる／姿を消す／地震が来る／車が止まる」など、予想外の出現と消失を表し、一方「不意と」は、勝手気まぐれな人間の出現と消失になる。

☞『類義語使い分け辞典』p.69、p.284、p.611

― Q22:「疑問に思う」と「疑問と思う」 ―――――――――――――――
「疑問に思う」と「疑問と思う」は、どう違いますか。

A ちょっと複雑ですが、まず形態的な違いを示せば、次のようになります。

1. X＋が／は＋B＋に思う
   例）（私＋が／は）不審に思う／（あなた＋が／は）不思議に思いますか
      参考）課長＋が／は＋不審／不思議＋に＋思っている／思っていますか
2. X＋が／は＋A＋を＋B＋に思う
   例）古里を静か／先生を勝手／受賞を光栄／返信のないのを不思議＋に思う
      参考）古里のこと／愛する古里／古里の母／愛する人＋を思う
3. X＋が／は＋A＋が／は＋B（だ）＋と思う
   例）（私が）それは不思議（だ）と思う／（あなたは）彼が先生（だ）と思いますか
4. X＋が／は＋A＋を＋B（だ）＋と思う
   例）（私は）それを不思議（だ）と思う／（あなたは）彼を先生（だ）と思いますか

「1」は「2」から「A＋を」を省略したように見えますが、実は「それを＋不審／不思議＋に思う」と「それを＋静か／勝手＋に思う」とでは違いがあります。前者は、おおよそ「それが＋不審／不思議＋（だ）＋と思う」と同じですが、後者は「それが＋静か／勝手＋（だ）＋と思う」にはなりません。

「疑問に思う」は前者の使い方で、おおよそ「AをBのように思う」を表し、例えば「それを疑わしく／それを信じることができないように／姉を母のように／昇進をうれしく／友の旅立ちを寂しく＋思う」などと同じです。つまり「Aのことをどのように思うか」の「どのように」の部分をBで表しています。

ところが後者は、他動詞「〜を思う」が、愛する人やものを心に思い浮かべて「懐かしい／慕わしい／会いたい／帰りたい＋と思う」という気持ちを表していますから、その気持ちや思い方が「静かだ／勝手だ」ということになります。

「3」と「4」も同じように見えますが、例えば「彼女＋が／を＋知っていると思う」では、知っているのが「彼女」か「私」かという違いが現れます。違いは「AをBと思う」のほうが、p.40で示した「AをBとする」がもつ仮定や変化の意味を含んでいることです。

COLUMN

〈「誰もに」と「誰にも」〉

　「誰もが」という言い方はあるが、付属部分の順序を逆にした「×誰がも」という言い方はない。反対に「誰でも」はあるが「×誰もで」はない。また「誰もの＋本」と「誰の(本)も＋読んでいない」とでは意味が異なる。

　ところが「誰も＋に／を／から／より」には「誰＋に／を／から／より＋も」という言い方があり、意味の違いはあるが、識別が困難である。例えば「誰もに／誰にも＋与えられるチャンス」の違いを示すと次のようになる。

1. 誰もに：すべての人を表す「誰も」＋「～に」
　　　＝すべての人＋に与えられるチャンス
　　参考）誰(で)も(が)知っている／誰も(が)知らない／ここにいる誰も知らない
2. 誰にも：「Aさんに」も「Bさんに」も「Cさんに」も、そして「誰に」も
　　　＝誰にでも／すべての人に＋与えられるチャンス

　こうした違いは「兄だけに話す／ほかの人に話す必要はない」と「兄にだけ話す／ほかの人には話したくない」や、また「登録は運転免許証だけでできる／ほかのものは不要」と「登録は運転免許証でだけできる／ほかのものではできない」などにも見られるが、上の「誰もに／誰にも」の違いは、この「～だけに／～にだけ」や「～だけで／～でだけ」の違いほど大きくはない。

　また「父なんかに買ってほしくない」と「父になんか買ってほしくない」とがあるが、Aに対する軽蔑を表す「A＋なんか」に「～に」がつく場合と、逆に「A＋に」に「～なんか」がつく場合とを比べると、直接「～なんか」が「A／父」を受ける分だけ、前者のほうが強い軽蔑を表している。これに対して「父に＋なんか」は「母には買ってほしいが、父に＋は／なんか(は)＋買ってほしくない」を表している。

　「父なんかに」は「父なんか」という「主題」があるだけで、特に「対比」の意味をもたないので「母」は意識にのぼっていないが、これを「父なんかに＋は」にすると、対比の「～は」が効いて「母」が浮上し、父への侮蔑が強烈なものになる。

☞『日本語類義表現使い分け辞典』p.60、p.1084

---- Q23：「不幸の」と「不幸な」 ----------------------------
「不幸の鏡」と「不幸な鏡」とは、どちらが正しいのですか。

A どちらも正しいのですが、ただ「形態が異なるのに意味がまったく同じ」というものは存在しませんから、次のように違いがあります。

　　不幸の鏡：不幸を招く／不幸が映し出される＋鏡
　　不幸な鏡：不幸な＋性質をもつ／状態にある＋鏡

　ということは「どちらも存在しない」というか、ファンタジーの世界になりますね。名詞Aのあとに「〜な＋名詞B」がくる場合は、Bの性質や状態がAで表されますから、わかりやすいのですが、問題は「A＋の＋B」のほうです。
　例えば「子どもの＋本／玩具／喧嘩／いじめ／虐待／教育／天才／親」は「子ども＋が使う／のために作られた＋本／玩具」や「子どもがする喧嘩／子どもに対する虐待や教育／子どもである天才／子どもと血縁関係のある親」を表し、AとBとの関係は、常識や社会通念に左右されます。
　特に「子どものいじめ」というのは「子どもが動物をいじめる／親や兄弟が子どもをいじめる／子どもが子どもをいじめる」といったことが考えられ、前後の文脈がないと意味不明になることがあります。
　ですから「〜の」か「〜な」かという問題は、基本的には「A＋の」のほうが古くからある使い方ですが、Aが状態や性質を表すと感じると、意味が鮮明になる「〜な」にかわり、最近はこちらのほうが多用される傾向にあります。
　次のような言い方では、個人的な選択の問題なのかもしれません。

　　手頃／手近／間近／大柄／縞々／具だくさん／いろいろ＋な／の
　　盛況／悲惨／正規／正気＋な／の　　　動脈硬化＋な／の＋血管
　　正義＋の／×な＋人　　　　　　　　　日ごろ＋の／×な＋ご愛顧
　　馬鹿＋の／な＋ふり／真似＋をする　　（馬鹿な：真似の仕方が馬鹿げている）

　保健所で「動脈硬化な血管」を見たときは、目が丸にも点にもなりましたが、いわれれば「動脈硬化」は血管の性質を表していますから問題はないのですね。

COLUMN

〈「多くの人」と「多い人」〉

　英語 'many people' や中国語「很多人」や韓国語「많은 사람」などでは、日本語に置き換えて、ただ「多い人」といえば「数が多い＋人」を表すことができる。しかし日本語では「多くの人／たくさんの人」としなければならず、学習者を困らせる。

　　　多くの図書館はまだ多文化サービスというものの捉え方を模索中である。
　　　×多い図書館はまだ多文化サービスというものの捉え方を模索中である。
　　→蔵書の多い図書館はまだ多文化サービスというものの捉え方を模索中である。

　　　近く／遠く＋のデパートへよく買い物に行く。
　　　×近い／×遠い＋デパートへよく買い物に行く。
　　→家から＋近い／遠い＋デパートへよく買い物に行く。

　　　少し／わずか＋のお金をみんなで分ける。
　　　少ない／わずかな＋お金をみんなで分ける。
　　　少し／わずか＋の時間も無駄にしない。
　　　わずかな／×少ない＋時間も無駄にしない。

　最後から2つめの「少しの〜も〜ない」は全面否定の言い方で、数の多少を表しているわけではないが、ほかの「多い／近い／遠い」の3つは「述語専用形容詞」と呼ばれて、使い方に制限がある。
　例えば「A＋は／が＋多い／近い／遠い」は言えるが、名詞修飾にした「多い／近い／遠い＋A」にする場合は、必ず「Xが＋多い／近い／遠い＋A」にするか「多く／近く／遠く＋の＋A」とする必要がある。
　しかし「多い」と言えば数量だし、また「近い／遠い」は距離ということに決まっているのに「なぜ面倒なことをするのか」といったご質問には、言語習慣としか言いようがないので、残念ながらお答えすることができない。

☞『類義語使い分け辞典』p.154、p.425、p.428

┌─ Q24:「て形」の覚え方 ─────────────────────────
│「て形」の覚え方を教えてください。
└─────────────────────────────────────

A 「て形」は、次のように「ます形」から作られ、発音しやすいように変化させたものです。発音しやすいような変化を「音便(発音に便利)」ともいいます。

書き+ます／て → 書い+て　　-kite → 子音脱落 → -ite
泳ぎ+ます／て → 泳い+で　　-gite → 子音脱落 → -ite → 音便 → -ide
話し+ます／て → 話し+て　　-shite → 無変化 → -shite
待ち+ます／て → 待っ+て　　-tite → 母音脱落 → -tte
死に+ます／て → 死ん+で　　-nite → 母音脱落 → -nte → 音便 → -nde
遊び+ます／て → 遊ん+で　　-bite → 母音脱落 → -bte → -mde → -nde
読み+ます／て → 読ん+で　　-mite → 母音脱落 → -mte → -nde
帰り+ます／て → 帰っ+て　　-rite → 母音脱落 → -rte → -tte
買い+ます／て → 買っ+て　　-ite → 母音脱落 → -te → -tte

ただ、上のような理屈がわかっても仕方ありませんから、韓国では「お手て、つないで」のメロディにのせて、次のような歌詞を覚えるそうです。

I.　류동사「-く」는「-いて」,「-ぐ」는「-いで」,「-ぬ／-ぶ／-む」,「-んで」,
　　「-う／-つ／-る」,「-って」,「-す」는「-して」,
II.　류동사「-る」빼고「-て」,
　　「くる」는「きて」,「する」는「して」,「いく」는 예외로「いって」입니다.

日本語訳:
I 類動詞の「-く」は「-いて」、「-ぐ」は「-いで」、「-ぬ／-ぶ／-む」、「-んで」、
　「-う／-つ／-る」、「-って」、「-す」は「-して」、
II 類動詞の「-る」をとって「-て」、
　「来る」は「来て」、「する」は「して」、「行く」は例外で「行って」です。

どんな方法であれ、こういったものは、ともかく「覚えたもの勝ち」ですね。

COLUMN

〈不規則五段動詞〉

「いる」や「かえる」は「Ⅰグループ動詞／五段動詞」にも「Ⅱグループ動詞／一段動詞」にもなる。これをどのように区別するか、その基準となるのは、次のようなものであるが、例外的なものは覚えるよりほかない。

1. 不規則変化の「Ⅲグループ動詞／カ変動詞とサ変動詞」を除き、語尾が「-る」で、語尾のまえが「あ段／う段／お段」になる次のような動詞は、すべて規則変化をする「Ⅰグループ動詞／五段動詞」である。漢字は代表的なものをあげた。

    ある　終わる　刈る　頑張る　去る　触(さわ)る　足(た)る　なる　貼る　回る　やる
    渡る　割る　曲がる　売る　被る　潜(くぐ)る　潜(もぐ)る　する　ずる　釣る　塗る
    降る　折る　凍る　凝る　剃(そ)る　取る　乗る　掘る　盛る　寄る

2. 同様に、語尾が「-る」で、語尾のまえが「い段／え段」になる動詞は、ほとんどが規則変化をする「Ⅱグループ動詞／一段動詞」である。

3. 語尾が「-る」で、語尾のまえが「い段／え段」の動詞であるが、例外的に「Ⅰグループ動詞／五段動詞」となるものがある。これらの動詞は「例外／不規則＋Ⅰグループ動詞／五段動詞」と呼ばれることがある。

    嘲(あざけ)る　遮(さえぎ)る　焦(あせ)る　弄(いじ)る　要る　帰る　返る　限る　齧(かじ)る　切る　くねる　蹴(け)る　しくじる　茂(しげ)る　湿(し)る　しゃべる　知る　滑る　千切(ちぎ)る　散る　抓(つね)る　詰(つめ)る　握(にぎ)る　煮(に)る　捻(ね)じる　入る　走る　捻(ひね)る　侍(はべ)る　減る　参る　混じる　野次(やじ)る

「不規則五段動詞」は、上にあげたもので全てと思われるが、数えてみれば、30余りもあり、これでは「例外」とは言えないかもしれない。

--- Q25:「れる」と「られる」 ---
「見える」と「見られる」は、どう違いますか。

A 「見える」は、p.15 の「一対の自他動詞」に示したように、他動詞「見る」とペアを組む自動詞です。これに対して「見られる」は、Ⅱグループ（一段）動詞「見る」の「ない形」に「受身／可能／自発／尊敬」を表す「〜(ら)れる」の「〜られる」のほうがついたものです。

この「〜(ら)れる」は「人や物が、ほかの人や物から、作用や影響を受ける」というのが基本の意味です。そして人が、その意志とは無関係に、他者の動作や作用を受けることを「受身」といい、人が環境などの影響によって、自然に能力や技術を身につけたことを「可能」といいます。

最も理解しにくい「自発」というのは、ある考えや感情が自然に「発する／湧き出る／出てくる」という意味を表し、例えば「〜が＋思われる／思い出される／思いやられる／偲ばれる／感じられる」や「〜(か)と＋思われる／感じられる／考えさせられる」などと使われます。

歴史的に最も新しい意味が「尊敬」ですが、これも確かに他者から影響は受けていますが、意志と無関係か、自然にかといえば、判断に苦しむところです。

「見られる」は上の4つのうち、尊敬は「ご覧になる」がありますから、受身と可能を表します。自発は「見た」結果を表す「見える」が受けもちますが、この「見える」には、もし障害がなければ「誰にでも見るという能力は、自然と身に備わっている」という可能の意味があります。次の例に互換性はありません。

　　ここに来れば、向こうの景色がよく見えますよ。
　　このごろ目が悪くなって、黒板／新聞＋の字が、よく見えないのです。
　　「見えるか」だって？　あの前の人が邪魔になって、よく見えないんだ。
　　狼が見たければ、安いツアーを探して、旭山動物園へ行けば見られるよ。
　　それは国宝ですから、年に一度の御開帳のときにしか見られませんね。
　　これは非常に珍しいもので、めったなことでは見られないものですよ。

つまり「見える」は視覚の問題として、目を開ければ網膜に映ることを指し、一方「見られる」は、視覚よりも、努力とチャンスの問題になります。

☞『類義語使い分け辞典』p.656

COLUMN

〈話し言葉の受身「(〜を)+〜(ら)れる」〉

　この受身は「迷惑／被害」の受身とも呼ばれるが、およそ状態を表す動詞「そびえる／できる／優れる／秀でる／ある／ございます／いらっしゃる」などでなければ、他動詞だけではなく、自動詞にまで「〜(ら)れる」がついて、学習者を驚かせる。

　　　　　　　　雨が降る → (散歩の途中、私／彼+は) 雨に降られる
　　　　　　隣の花が咲く → (私／彼+は競争相手の) 隣の花に咲かれる
　　　　タダでバスを降りる → (私は) タダで (客に) バスを降りられる
　　　　赤ちゃんが+泣く／寝る → (私は) 赤ちゃんに+泣か／寝ら+れる
　　知らない人が目のまえに立つ → 知らない人に (私は) 目のまえに立たれる
　子どもが手伝いもせず遊びに行く → 手伝いもせず、子どもに遊びに行かれる
　勉強しているところへ友だちが来る → 勉強しているところへ友だちに来られる
　　弟が+ピザ／酒+を+食べる／飲む → 弟に+ピザ／酒+を+食べら／飲ま+れる
　　母が+日記／音楽+を+読む／聞く → 母に+日記／音楽+を+読ま／聞か+れる
　　審査員が作品を+ほめる／けなす → 審査員に作品を+ほめら／けなさ+れる
　　　　内容を詳しく書くと+困る／いい → 内容を詳しく書かれると+困る／△いい
　　　　陛下が (私に) 敬意を払う → (私は) 陛下に敬意を払われる
　李さんが張さんに王さんを紹介する → 張さんは李さんに王さんを紹介される

　この受身は、p.3「発見／特定」の「A+が」が、p.37「出発点」の「A+に」になるが、p.27「処理」の「〜を」が変化しないところに特徴がある。そして、受身になったとたん、それまで存在しなかった「X+は」が登場し、XがAから「迷惑／被害」を受けたことを表す。文脈や会話の前後関係で被害者Xが明示されない場合、隠されているのは、双方既知で省略可能な「X=私+は」である。
　「ほめられる」は恥ずかしいことでもあるので「被害」を表すが、プラスイメージの言葉では、必ずしも「迷惑／被害」を表しているわけではない。しかし「内容を詳しく書かれるといい」の「書かれる」は「尊敬」を表す可能性がある。例を出すまでもなく「殺す／盗む／壊す」など、被害を含む動詞の受身は、どの言語にも見られる。

---- Q26：自動詞と他動詞の受身 ----

「始まった」と「始められた」は、どう違いますか。

A このご質問は、次のような日本語の文章が解答になる問題を出して、学生たちの母語から日本語への翻訳能力を試された先生からのものです。

> お月見の習慣は、平安時代から始められました。その頃から、満月の夜は月見の宴を開いて、詩や歌を作ったり音楽を楽しんだりして遊んできました。

上の文章はテキストにあったもののようですが、半分の学生が「始まりました」と訳し、半分の学生が「始められました」と訳したそうです。先生は、どちらも「間違い」とは言えませんし、いったい「昔からの習慣」というのは「はじまる」が自然なのか、それとも「はじめられる」が自然なのか、学生たちへの説明に困られたそうです。

p.15 と p.17、p.19 に示した一対の自他動詞というのは、自動詞に「可能／受身／自発」の意味がこめられ、語尾が「〜(ら)れる」と同じ「-れる」になる自動詞は、特にその意味が濃厚です。一方、他動詞のほうには、軽い「使役」の意味がこめられることがあり、語尾が「〜(さ)せる」の古形「〜(さ)す」と同じ「-す」になる他動詞は、特にそうです。

「お月見の習慣は、平安時代から始められました」は、右頁に述べましたように〈書き言葉の受身〉です。翻訳調で、むしろ硬い書き言葉にふさわしいものですから、上のような「〜ます／〜です」を使って、やさしく話し言葉ふうに表現した文章では、あまり相応しくないかもしれません。

〈書き言葉の受身〉は、フォーマルな場面や、オフィシャルな場では、話し言葉としても使われますが、日常の会話ではありえませんから、日本語の初級から中級のテキストとしてなら、素朴で自然な「お月見の習慣は、平安時代から始まりました」とするほうが、わかりやすいように思えます。それに、風俗や慣習、伝統的な行事というものは、確かに最初は人間が「始めた」ものであっても、後世の者には自然に「始まった」感じのするものです。

一般的に一対の自他動詞の場合、たとえ表している意味は同じでも、自動詞を使うほうが、他動詞を受身にしたものより自然な響きになります。

§1 文法編

✏️ COLUMN •

〈書き言葉の受身「(〜が)＋〜(ら)れる」〉

　「〜(ら)れる」のつく日本語の受身には、かつて欧米語の資料などを翻訳するときに生みだされた、主に書き言葉に使われる「(〜が)〜(ら)れる」がある。この受身は話し言葉の「(〜を)〜(ら)れる」とは異なり、迷惑や被害は表さない。

　　　　　They speak English in Canada → English is spoken in Canada
　　　カナダでは(彼らは)英語を話す → カナダでは英語が話される
　　オリンピック／入学式＋を＋開く → オリンピック／入学式＋が開かれる
　　音楽会／バーゲンセール＋を＋催す → 音楽会／バーゲンセール＋が＋催される
　　それ以来、世の中は変わったという → それ以来、世の中は変わったといわれる
　　　その考えは間違っていると思う → その考えは間違っていると思われる

　上のような「誰がする→誰にされる」が、一般的な人「A／彼ら／私たち」であれば、受身のほうも話し言葉で使われる。しかし最後の例は、一般的な人ではなく、明らかに「私／話し手／筆者」なので、受身のほうが話し言葉で使われるということはない。受身の「〜と思われる」が「〜と思う」より書き言葉で多用されるのは、自発の意味が働いてAが曖昧になり、翻訳調で書き言葉らしくなるからであろう。

　しかし、次のAが明らかで日常的な内容の受身は、書き言葉でも使われない。

　　　　　　　　He wrote a letter → A letter was written by him
　　　　　彼は手紙を書いた → 手紙＋は／が＋彼に(よって)書かれた
　　弟が＋ピザ／酒＋を＋食べる／飲む → ピザ／酒＋が＋弟に＋食べら／飲ま＋れる
　　母が＋日記／音楽＋を＋読む／聞く → 日記／音楽＋が＋母に＋読ま／聞か＋れる

　書き言葉では「手紙は彼が書いた／ピザは弟が食べた／日記は母が読んだ」といったものが使われる。また「敬意を払われた陛下／内容を詳しく書かれた手紙」や「食べられたピザ／読まれた日記」など、名詞修飾では、Aが不明である限り、迷惑も被害も表さない。この本の説明に使われているほとんどは、書き言葉の受身である。

• •

Q27: 他動詞と自動詞の使役

「子どもを車に乗せた」と「子どもを車に乗らせた」は、同じ意味ですか。

A 「子どもが車に乗る」という意味では同じですが、どのような子どもが、どのように車に乗ったか、という点では大きな違いがあります。

　　　子どもが車に乗る → (私は) 子どもを車＋に／へ＋乗せる
　　　　　　　　　　　→ (私は) 子ども＋を／に＋車＋に／へ＋乗らせる

　「乗る」と「乗せる」は「子どもを車に乗せると、その結果、子どもが車に乗る」という関係にある一対の自他動詞で、例えば「車に＋乗りたい／乗りたくない＋子ども」が「喜んで／いやいや＋車に乗る」といった感情の色彩はなく、いわばニュートラルに「子ども＋が／を＋車に＋乗る／乗せる」という事実を述べているだけです。

　しかし、自動詞に使役を表す「〜(さ)せる」がついた「乗らせる」は、例えば「車に＋乗りたい／乗りたくない＋子ども」を「いやいやながら／無理やり＋車に乗せる」といった感情が色濃く反映されています。いわば「子どもを車に乗せたくないと思う自分」または「車に乗るのをいやがる子供」を「強制」しているイメージがつきまといます。

　「子どもを車に乗らせる」は、処理の「〜を」が「子ども」を受けますから、いやがる「子どもを強制して」車に乗せるという意味になります。これに対して「子どもに車へ乗らせる」は、動作の「出発点」つまり動作主を表す「〜に」が「子ども」を受けますから、乗りたがる子どもを「乗せたくないと思う自分を強制して」車に乗せるという意味になります。

　しかし、両者の違いはそれほど明確に区別されているわけではなく、右頁にも記しましたが、処理の「〜を」か「出発点」の「〜に」かの選択は、あとに続くものとの重複を避けるように働きますから、上に述べたような違いは意味をなくしてしまうことのほうが多いようです。

　「起こす」と「起きさせる」など、一対の自他動詞の他動詞と、自動詞を使役化したものとの違いは、他動詞がニュートラルな処理を表すのに対して、使役には、処理の仕方に「強制力」が働くことです。

✎COLUMN

〈自動詞の使役「〜を／〜に＋〜（さ）せる」〉

　日本語の使役は、目下の者に禁止や反対をせずに、または不注意で「〜するのを許す／〜させてしまう」という英語の 'let' の意味で使われるより、本人の意思に反して「無理やり／いやいや＋させる」という 'make' の意味で使われることが多い。
　自動詞を使役にする場合、次の２通りがあり、およそ英語の違いが対応している。

　　　子どもが学校に行った→子どもを学校に行かせた／子どもに学校へ行かせた
　　　　　　　　　　　　I made my child go to school ／ I let my child go to school
　　　妹がバスを降りる→（兄は）妹＋に／×を＋バスを降りさせる
　　　子どもが遊びに行く→（私は）子ども＋を／×に＋遊びに行かせる
　　　弟が＋道を歩く／家に帰る→弟に道を歩かせる／弟を家に帰らせる
　　　足の悪い祖父が車椅子に座る→足の悪い祖父を車椅子に座らせる
　　　赤ちゃんが＋泣く／寝る→赤ちゃん＋を／×に＋泣か／×寝さ＋せる

　しかし p.27「処理」の「〜を」と、p.37「出発点」の「〜に」の使い分けは、意味の違いよりも、重複の回避を優先させている。ただ最後の例は、赤ちゃんを無理やり泣かせているのか、不注意で泣かせているのかわからないが、好きなように勝手に泣かせているわけではないので、やはり「〜に」を使うと不自然になる。
　また「赤ちゃんを寝させる」が不自然なのは、赤ちゃんに周囲の状況を判断する能力があり、眠くなくても無理やり自分を寝るように仕向ける意志が存在しているかのように響くからである。使役「寝させる」の代わりに、自動詞「寝る」とペアを組む他動詞「寝かす／寝かせる」を使って「赤ちゃんを寝かす」にすると、自然と寝るように子守唄でも歌いながら、あやしているような場面になる。
　「兄は妹にバスを降りさせる」も、いやがる妹の背中を押す薄情な兄をイメージするが、他動詞にして「妹をバスから降ろす」にすると、妹を助ける優しい兄になる。
　一対の自他動詞の他動詞には、強制的な 'make' の使役を、許容的な 'let' の使役にかえる働きがあるので、特に「強制」の意味を前面に押しだす必要がある場合を除けば、たとえ実際は強制的であっても、言語習慣として好んで他動詞が選ばれる。

── Q28: 他動詞と他動詞の使役 ──────────────
「水を流す」と「水を流させる」の違いは、どのように説明すればいいですか。

A 「水が流れる」という意味では、どちらも同じなのですが、動詞に「〜(さ)せる」をつけて使役にかえると、この「〜(さ)せる」と呼応して「強制力」を行使する「X＋は／が」が新しく登場してくることに注意してください。

(子どもが) 勉強する → (母親が子どもに) 勉強させる
(姉が) 部屋の掃除をする → (母が姉に) 部屋の掃除をさせる
水が流れる → (妹が) 水を流す → (母が妹に) 水を流させる
(兄が) 起きる → (父が兄を) 起こす → (母が父に兄を) 起こさせる
(弟が車に) 乗る → (父が弟を車に) 乗せる → (母が父に弟を車に) 乗せさせる

　自動詞の使役では「兄が起きる → 父が兄を起きさせる」や「弟が車に乗る → 父が弟を車に乗らせる」まではできますが、これを「母が父に＋兄／弟＋を＋×起きさせさせる／×乗らせさせる」といったダブルの使役にはできません。
　一対の自他動詞の場合は、まず自動詞を他動詞にかえ、他動詞を使役化しますが、この順で登場人物が、1人ずつ増えていきます。ただ最後2例のように、登場人物が3人になると、日本語の双方既知情報をダイエットしてしまう言語習慣では、いったい「誰が誰に誰をどうするのか」日本人でもわからなくなります。機械的に他動詞を使役化できますが、人間関係が煩雑になる場合は、使う人がほとんどいません。
　通常は「母が父に＋兄／弟＋を＋起こす／乗せる＋ように＋させる」か「母は父が＋兄／弟＋を＋起こす／乗せる＋ように＋する」にして、あいだにp.31の努力目標を示す「〜ように」を挟んでわかりやすくしますが、最もよく使われるのは「母が＋父に＋兄／弟＋を＋起こす／乗せる＋ように＋言う／頼む／お願いする」か「母が＋父に＋兄／弟＋を＋起こし／乗せ＋て＋もらう」にしたものです。
　ちなみに、自然変化を表す 'That makes me happy' という英語は、p.39の「〜を〜にする／それが私を幸せにする」を使って訳されることもありますが、使役には絶対にしません。ただ、この訳も意志変化で不自然ですから、むしろ「〜が〜になる／それで私が幸せになる」から、省略可能なものをすべてダイエットした「だから幸せなの」くらいが自然な日本語なのかもしれません。

§1 文法編

✏️ COLUMN

〈他動詞の使役「～に＋～を＋～(さ)せる」〉

　使役や迷惑の受身では、変換前の文と比べると、登場人物が増えて、プラス1人となる。しかし双方既知情報である登場人物たちは、ダイエットされて隠れてしまう。たとえ双方既知の登場人物たちであっても、代名詞を使って明示する言語を母語とする学習者にとって、いったい「誰が誰に何をさせる」のか、わからなくなって困ってしまうことがある。なお、他動詞の受身では 'let' と 'make' の違いは出せない。

　　　　赤ちゃんがミルクを飲む → 赤ちゃんにミルクを飲ませる
　　　　　　　　　　I let my baby drink milk
　　　　子どもがご飯を食べた → 子どもにご飯を食べさせた
　　　　　　　　　　I made / let my child have a meal
　　　　妹がピアノを習う → (母は) 妹にピアノを習わせる
　　　　(弟が) ゴミを捨てる → (父は弟に) ゴミを捨てさせる
　　　　(妹が) ビールを冷やす → (母は妹に) ビールを冷やさせる
　　　　(兄が) 妹をバスから降ろす → (父が兄に) 妹をバスから降ろさせる
　　　　(姉が) 赤ちゃんを寝かす → (母が姉に) 赤ちゃんを寝かさせる

　他動詞の使役における「出発点」の「～に」と「処理」の「～を」との使い方は、自動詞の使役の場合と異なり、紛らわしさを排除するために厳格に区別されている。

　もとの文の「A＋が」が「A＋に」になるが、この「A＋に」は、Aが目下でない場合に使われる「A＋に＋動詞て形＋ほしい／もらう／いただく」の「A＋に」と同じもので、動詞の動作主が「動作の出発点」Aであることを表している。

　また「B＋を」は、他動詞によって処理されるものがBであることを表している。したがって「妹がバスを降りる」という場合の自動詞「降りる」が受ける「退出点／バス＋を」は、他動詞に変換した「妹をバスから降ろす」時点で、すでに「処理／妹＋を」に優先権を与えて「バス＋から」に姿をかえている。

　そして、文末が「他動詞＋(さ)せる」にかわり、これと呼応して「X＋は」が新しく文頭に登場すれば、使役文の出来上がりである。

── Q29: 使役受身の「起きさせられた」──────────
「起こされた」と「起きさせられた」は、どう違いますか。

A　「起きさせられた」は、次のように作ることはできますが、変化させるのが面倒な上に、両義的で意味不明になる可能性がありますから、日本人でも使う人はほとんどいないと思います。なお「起こされた」の構造は、右頁をご覧ください。

　　（兄が起きる）→｛父が（兄を起き）させる｝→［兄は｛父に（起き）させ｝られる］
　　（弟が起きる）→｛兄が（弟を起き）させる｝／（兄が弟を起こす）
　　　　　　　　→｛父が（兄に弟を＋起こ／×起きさせ）させる｝
　　　　　　　　→［兄は｛父に（弟を＋起き／起こ）させ｝られる］
　　　（弟が乗る）→｛兄が弟を乗（ら）せる｝→［父が｛兄に弟を乗せ｝させる］
　　　　　　　　→［兄は｛父に（弟を＋乗せ／×乗らせ）させ｝られる］

　「使役受身」だけでなく、pp.51–57 に述べた「受身／使役」でさえも、非常にわかりにくくしている元凶は、動作の出発点としての「動作主Ａ」を表す「Ａ＋に」です。この「～に」は、動作の出発点だけでなく、到着点「Ａにメールする」も表しますから、２つ以上続くと混乱が起こります。ですからＡが双方既知情報の場合、いわば「～に」もろともダイエットされて、隠れてしまいます。
　つまり「飲まされる／待たされる／聞かされる／止まらされる／止めさせられる／食べさせられる／勉強させられる／来させられる」といった動詞部分だけが耳に入ってくることになります。
　特に「使役受身」は「強制されて被害を受ける」ことを表しますから、誰かが強制して被害を与えるわけですが、日本語には「マイナスは暗示する」という習慣がありますから、なおさら複雑な人間関係は省略されて、聞いてわからなくなります。いわば「身内の陰口／内輪の悪口」として使われ、他人に理解されないほうが、むしろ好都合といった面があります。
　受身で「迷惑／被害」を表すのは、韓国語にさえなく、例えば「雨に降られた日／母に死なれた父／彼女にいかれている兄／振られた妹」などは、特に難しいようです。過剰反応して「友だちがテロリストに＋殺された／×死なれた」というエラーが出ますから、決まった言い方以外は、使わないほうが無難ですね。

COLUMN

<使役受身「～に＋(～を)＋～(さ)せ＋られる」>

　「使役受身」という形態は、構造的に日本語と似ていると言われる韓国語にさえない。また中国語では、例えば「お酒を飲まされた」は、次のように作ろうと思えば作れそうであるが、意味不明になるか、不自然すぎてピンとこないと言われる。

　　酒を飲む　　→　　酒を飲ませる　　→　　酒を飲まされる
　　我喝酒　　　→　　他使我喝酒　　　→　　我被他使我喝酒
　　I drink　　　→　　He made me drink　→　I was made to drink by him

　英語の機械的な変形では、意味不明にも不自然にもならないと聞くが、日常の会話に使われることはないと言われる。また、英語の使役受身は、日本語の使役受身のもつ「強制＋迷惑／被害」という感情の色彩を表すことができない。
　迷惑や被害を与える他動詞の受身であれば、どの言語でも迷惑や被害を表すが、むしろ快楽を表す「酒を飲む」が、使役「飲ませる」で「強制」になり、受身「飲まされる」にして「迷惑／被害」を表すというのは、学習者を戸惑わせる。
　さらに、双方既知情報をダイエットしてしまう日本語の使役受身が学習者を困らせるのは、いったい「誰が誰に強制して、誰が迷惑や被害を受けたのか」判断できなくなることである。日本語の使役受身は、次のような構造をしている。

　[Aは｛Xが(Aが＋動詞)させる／(さ)す｝られる]
　　(Aが食べる) →｛Xが(Aに食べ)させる｝→[Aは｛Xに(食べ)させ｝られる]
　　(Aが飲む)　 →｛Xが(Aに飲ま)す｝　 →[Aは｛Xに(飲ま)さ｝れる]
　　(兄が起きる) →｛父が(兄を起こ)す｝　→[兄は｛父に(起こ)さ｝れる]
　　(弟が車に乗る) →｛父が(弟を車に乗)せる｝→[弟は｛父に(車へ乗)せ｝られる]
　　☆「飲む」は「飲ませる／飲ます→飲ませられる／飲まされる」になる。

　一対の自他動詞の場合は、自動詞が他動詞になって使役化し、他動詞が受身化して使役受身になるが、動作をする「Aが強制されて被害に遭う」構造になる。

── Q30: 困った言い方の「〜たいです」 ──────────
「もうお昼ですから、ご飯を食べたいです」は、どう言い換えればいいですか。

A 右頁にも説明しましたが、職場で「食べたいです」と言うのはタブーですから、避けるほうがいいでしょう。次のような言い方に換えてください。

　　もうお昼ですから、ご飯＋を／が＋食べたいんです＋けど／が。
　　もうお昼ですから、ご飯を食べに行き＋ましょう／ましょうか／ませんか。
　　もうお昼ですから、食事に＋しましょう／しましょうか／しませんか。
　　もうお昼です＋が／けど、食事に＋しましょう／しません＋か。
　　もうお昼です＋が／けど、おなか、空きませんか。

　「ご飯を食べたい」は「ご飯が食べたい」よりも、本能的な「食べたい」という欲望を露わにした響きがしますが、上の例は、行(ぎょう)が下がっていくほど、婉曲的な言い方になります。
　最後の例は、対比される「自分の空腹」を言わないところが、いかにも日本語らしい言い方になっています。日本人は休みたいときや、もう家に帰りたいときには、よく「疲れませんか／休まなくても大丈夫ですか／もう遅くありませんか／家族の人が心配していませんか」といった言い方をします。
　聞き手のことを気遣(きづか)った言い方ですが、多くは話し手の「希望／欲望」を婉曲的に表現したものです。まだ日本に来て日の浅い外国の人に、こうした言い方をして「いえ、大丈夫です」と答えられると、ちょっとがっかりしてしまいます。やっぱり「ダイレクトに言ったほうがわかりやすい」と反省したりします。
　「お昼です＋から」は、あとの内容の「原因／理由」を表しますが、これを「＋が／けど」にすると、話題を提示するための「前触れ／前置き」になります。
　この「前触れ／前置き」というのは、例えば「あの、すみませんが、そのCDを見せてください／郵便局はどこでしょうか」など、聞き手に働きかけたり問いかけたりするときに使われる「すみませんが」が代表的なのものですが、話し手のことに気づいていない聞き手の注意を引くためのものです。聞き手に「突然、話しかけて、驚かすことを避ける」という配慮が示されています。

☞『日本語類義表現使い分け辞典』p.515

✎ COLUMN

〈本能的な欲望を表す「〜たい／〜ほしい」〉

　技術研修生から「風邪を引きましたから、休みたいです」と言われて、ムッときたり、日本の企業に勤めてもう何年にもなる、それほど親しくない人から「来週から出張で一時帰国しますから、お土産ほしいですか」と聞かれて、目が点になったりすることがあるが、これらのエラーの原因は「〜たい／〜ほしい」が欲望ではなく、希望を表すと勘違いしていることである。

　　風邪を引いたのですが、休んでもよろしいでしょうか。
　　ちょっと風邪を引いたものですから、休み／休ませていただき＋たいのですが。
　　来週から出張で一時帰国しますが、お土産、何がいいですか。
　　来週から出張で一時帰国しますから、お土産に何か買ってきましょうか。
　　ちょっとご相談があるんですが、そろそろ国から妻を呼びたいと思っています。
　　電子辞書が欲しいんですが、どこかいいお店、ご存知ありませんか。

　母親が「今晩、何が食べたい？／お小遣い、まだ欲しくないの？」と子どもに聞いたり、子どもが「トンカツが食べたい／まだ欲しくない／頭痛いから、学校、休みたい／誕生日にデジカメほしい」と言ったりはするが、身内や内輪ではない「近所の人／勤務先の上司や同僚／お店の人や見知らぬ人」といった「ソトやヨソの人／赤の他人／人さま／世間の人」に対して、たとえ文末に「〜です」をつけた「〜たい／〜ほしい＋です」であっても、まず使われることはない。

　しかし、教師と学習者の関係は一応「内輪」なので、教室での癖を職場にまで引きずってしまう人も多い。使うとすれば、上に示した「〜たい／〜ほしい＋のですが／と思っています」など、いわば本能的な欲望をオブラートやハンカチで包みこんだ言い方か、まったく「〜たい／〜ほしい」を使わない婉曲的な表現になる。

　「〜たい／〜ほしい」は、相手が小さな子どもであれば、そのまま使われることがあるが、成人した大人の場合は、相手から「人をバカにしている」と思われるか、逆に「なんだ子どもっぽい言い方をして」と相手にバカにされてしまう。

☞『日本語類義表現使い分け辞典』p.513、p.904 以下

― Q31：「可愛い」には使えない「〜そうだ」 ―
どうして「可愛い」には「様態」の「〜そうだ」がつかないのですか。

A　ご質問をされた方の母語では「おいしい」を「おいしそうだ」に変換するのとまったく同じ方法で、この「可愛い」を「可愛いそうだ」に変換できるそうです。

　日本語では、まだ口には入れていないけれど、見た目や匂い、人からの話などから「おいしい」と感じることができれば、動詞の連用ます形や形容詞の語幹などに接続する「〜そうだ」をつけます。ところが免税店などでは、日本の女の子が、試してもみないで、それが「可愛いかどうか、似合うかどうか」確かめてみもしないで、ただ「わー可愛い‼」と言うだけで「〜そうだ」をつけません。

　言葉の世界では、形態が同じで、同じ文脈に現れる可能性のあるものは、どちらかが淘汰されて死語になるか、違いを示す言い方にかえます。同じ場面で使われますが、どちらも死語にできない「科学と化学／想像と創造／広州と杭州」などは、それぞれ「サイエンスと化け学／イマジネーションとクリエーション／広い広州と杭の杭州」といって使い分けたりします。

　しかし、同じように「哀れな可哀そうだ」と「キュートな可愛そうだ」と言うと、気持ちを表すことができませんから、後者が淘汰されたとも考えられます。ただ「かわいい」は、もとの古語での形が「かはゆし」で、その語源が「顔映ゆし」と言われ、意味も「気恥ずかしい／面映ゆい」から「気の毒だ／不憫だ／可哀そうだ」に転じ、最後に「可愛い／愛らしい」になったと言われていますから、淘汰されたというより、順番からいって「×可愛そうだ」のできる余地がなかったのかもしれません。これが「×可愛そうだ」が存在しない理由のひとつです。

　もうひとつは、口に入れた上で味わったものなら「おいしい」と言うように、状況から第三者のことを推測や予測したものでなく、話し手自身の気持ちや判断なら「楽しい／まぶしい」と言って「〜そうだ」をつけません。免税店での「可愛い‼」も、自分の目で何かを見た上での判断ですから、つけないのです。

　もっとも右頁のように、第三者の判断を推測した場合でも、つけると不自然になります。また「可哀そうだ」も、話し手が第三者の様子を見た上で判断した場合でも、第三者の気持ちや判断を推測した場合でも、つけることはできません。

☞『日本語類義表現使い分け辞典』p.924

📖 COLUMN

〈第一人称形容詞〉

　語彙編 p.165 にあげた形容詞のうちで、5番目の「感情形容詞」の特徴は、話し手「一人称／私」とダイレクトに呼応し、直接的な関係を結ぶことである。

　例えば「(私は)+うれしい／寂しい／怖い／憎い／おかしい」などは、このような心の動きを生みだす「友だちに会ったこと／父がいないこと／蛇／あの人／同僚の冗談」といった「〜が」で受ける対象がなくても成立する。

　しかし「感情形容詞」に近い位置にある「感覚判断形容詞」や「評価判断形容詞」の場合、例えば「(私は)+まぶしい／渋い／痛い／可愛い／憎たらしい／美しい」などは、このような感覚や評価を生みだす「夏の日差し／お茶／頭／子ども／あの人／夕日」といった「〜が」で受ける対象がなくては成立しない。

　もっとも、上の3つの形容詞群は、互いに連続し交錯し合って、際立った境界が存在するわけではなく、次のような共通した使い方から「一人称形容詞」と呼ばれる。

〈一人称／二人称〉　　　　　　　〈三人称〉

うれしい／うれしいか？　　　彼／彼女+は、うれしい+らしいよ／のか？
寂しい／寂しい(の)か？　　　　寂しい+ようだ／んじゃないか？
怖い／怖い？／何が怖いの？　　怖い+そうだ／みたいね？
まぶしい／どこがまぶしいんだい？　まぶし+そうだ／そうだろう？
頭が痛いん+ですよ／ですか？　　頭が痛そう+ですね／ですか？
子ども、可愛いですね／可愛くない？　子どもが+×可愛そうですね。
彼女は笑窪(えくぼ)が可愛い(と思う)。　　妹の笑窪が可愛いと思っている。
見て、あの夕陽、美しいね。　　　あの夕陽が美しいと思っている。

　日本語では、第三者「三人称」の「感覚／判断／感情」は、話し手「一人称」に理解できないという前提にたち、文末に「〜のだ(一人称も可)／〜ようだ／〜みたいだ／〜らしい／〜そうだ(伝聞／様態)／〜と思っている(一人称も可)」などをつける。理解できず判断放棄したことを、聞き手「二人称」に尋ねる場合も区別する。

☞『日本語類義表現使い分け辞典』p.1157 以下「形容詞」

── Q32:「美しそうだ」の使い方 ──────────────
咲いている桜を見ながら「とても美しそうです」とは、なぜ言えないのですか。

A　「野原にポツンとひとつ咲いている花を見て『とても寂しそうです』とは言えるのに、おかしい」という質問です。

　p.62でも少し触れましたが、この場合の「美しい」は、咲いている桜の花を見た上での話し手の判断と、桜の花に対する評価を表しています。これに対して「寂しそうだ」は、話し手が擬人法的に「ひとり野に咲く花は、きっと寂しいだろうな」と、花の気持ちを推測したものです。

　「美しそうだ」は、人から女性や絵画、音楽の話をあれこれ聞かされ、まだ見ていない、聞いていないけれどイメージをふくらませ、ため息まじりに「その＋女性／絵画／音楽、美しそうだな」と、芸術的感動にひたる場合は使えます。

　「様態」を表すといわれている「～そうだ」には、次のような使い方がありますが、どの場合でも、話し手が「五感＋第六感」を使って、周囲の状況や第三者の様子をキャッチし、その成り行きや気持ちを「予測／推測」したもので、話し手自身の「感覚／評価／感情」を表したものではありません。

1. 現在の様子：ほら、楽しそうに遊んでる。やらせなんかじゃないだろう？
　　　　　　　あの二人、幸せそうでしょう？来月、離婚するんだって。
2. 近未来予測：雨、降りそうよ。はい、傘。降らなくても、持って帰ってね。
　　　　　　　あいつ、見るからに食べそうだな。でも、見かけ倒しかも。
　　　　　　　イラついてきた。せっかくやめた煙草、また吸っちゃいそう。
　　　　　　　すごい雪だったでしょう。もう少しで滑って転びそうだった。
　　　　　　　もう来そうなもんだ。事故でも起こしてるんじゃないだろう？

　この「～そうだ」は、伝聞の「～そうだ」が聞いた話を伝えて、過去を志向しているのに対して、たとえ現在の様子を推測していても、その真偽は当人に聞くまでは確定しないという意味で未来志向をしています。

　咲いている桜を見ながらの推測なら「この桜、とっても＋美しいみたい／美しく咲いているようだ＋よ。ちょっと来て、見てごらん」になります。

☞『日本語類義表現使い分け辞典』p.920

§1 文法編

📝 COLUMN ••

〈「よさそうだ／なさそうだ」〉

　説明に窮してしまうが、通常「大きい／明るい」などは、語尾の「-い」を「〜そうだ」にかえて「大き／明る＋そうだ」にするが、なぜ「いい／よい」と「ない」は「よさ／なさ＋そうだ」になって「-さ」が入るのかという質問を受ける。

　「そうなっていますから」で済ますことができればいいが、ただの言語習慣では、学習者を納得させられるはずもないので、何とか理屈を考えなければならない。

1. 日本語では、特殊な場合を除き、1モーラでは意味の伝達が不可能になる。
次のような1モーラの語は、前後関係、または「尾っぽ／子ども／背中／田んぼ／菜っぱ／葉っぱ／お日さま／目ん玉」などの言い換えで、理解可能になる。

　　胃／鵜／絵／尾／木／具／子／詩／字／痔／酢／背／田／血／手／戸／菜／荷／値／野／葉／歯／日／火／屁／穂／帆／間／身／無／目／藻／矢／湯／炉／輪

2. 語尾の「-い」をとると、1モーラになる形容詞は、上の「いい／よい」と「ない」のほかに、おそらく「濃い／酸い／憂い」の3つだけであるが、最初の「濃い」は「濃そうだ／濃さそうだ／濃いそうだ」が可能で、次は「酸いそうだ／酸っぱそうだ」になり、最後の「憂い」は古語ということもあって変換できない。

3. 例えば「いい／ない」を含んで、2モーラ以上になる「快い／気持ちいい／味気ない／つまらない」などでは、2通り「心よ(さ)／気持ちよ(さ)／味気な(さ)／つまらな(さ)＋そうだ」が可能である。

　「-さ」が入らない唯一の例外は「濃そうだ」だけである。これは、おそらく「濃そうだ」も、同音となる「越そう」も常用されないからではないかと考えられる。
　これに対して「いい／ない」は、たとえ同音になる「止そう(＝やめよう)／予想」や「為そう(＝しよう)」が常用でなくても、あまりにも頻繁に使われるために、一切の紛らわしさを排除するのではないかと思われる。

••

---- Q33:「〜ます／〜です」を使わない会話 ----

「行く?」と聞かれて「ん、行く」と答えるのは、親しみを表すのですか。

A 親しみも表しますが、なれなれしさも表します。また、右頁のように「私は野蛮人だ」ということも表してしまう場合があります。

〈非敬体〉が簡単で、言いやすいものですから、学習者のなかには、ただ「親しみを表す」と勘違いして、まるで子どもが甘えているかのような話し方をする人がいます。

周りの日本人も、聞いてわかりますし、話し方が「可愛い」などと、褒めたりなんかするものですから、いつまで経っても「外人っぽさ」が抜けきらず、日本の生活に慣れてくるにしたがって、職場でいやがられたり、周囲の日本人から冷たくされたりして、学習者を戸惑わせ、悩ませる結果になります。

特に、職場で会議やイベントなどがあった場合、大勢の人のまえで〈非敬体〉を話して恥をかく、〈敬体〉どころか、次のような〈超敬体〉が出てきて、聞いてわからない、といった状況に陥ります。

　　お手もとにお配りいたしました資料を、ご覧になっていただけますか。
　　申しにくいことですが、こういった状態が今後も続いてまいりますと、何らかの
　　　措置をとらざるをえないという状況になってまいります。
　　ご意見やご質問がございましたら、何なりとお願いいたします。

〈敬体:行きます／寒いです／きれいです／雨です〉と〈非敬体:行く／寒い／きれいだ／雨だ〉とは、一対一に対応するという関係があります。また、文と文の接続「行って／寒いので／きれいだと／雨でも」などは、ただ「文末と同じ文体＋から／が／けど／し」にだけ気をつければ、〈敬体〉と〈非敬体〉は、文末の違いだけですから、そんなに問題は起こりません。

しかし〈超敬体〉と申しますのは、特殊な語彙が使われますし、文と文の接続が「敬体＋て／ので／のに／たら／と／ても」などに変化いたしますから、使い慣れるには時間がかかるとしましても、聞き慣れるくらいのことは日ごろから練習しておきませんと、日本社会になじめなくなってしまうものでございます。

☞『日本語類義表現使い分け辞典』p.1135

COLUMN

〈文体について〉

　文末が「〜ます／〜です」になる文体は、聞き手への敬意を示すことがあるので、これを〈敬体〉と呼ぶことにすれば、文末に「〜ます／〜です」を使わない文体は、聞き手に敬意を示すことがないので、これを〈非敬体〉と呼ぶことができる。

　〈非敬体〉と〈敬体〉は、およそ次のように使い分けられる。

〈非敬体〉を受ける聞き手	〈敬体〉を受ける聞き手
日記や独り言における自分自身	手紙やメールなどの宛名人
新聞や雑誌、本などの一般読者	童話や物語、講演記録などの特定読者
親子兄弟姉妹や同級生、後輩や部下	先輩や上司、近所の人や取引先など
喧嘩相手や敵、怒りや軽蔑の対象	道を尋ねる人や接客する店の人など
☆甘え合える〈ウチ〉	☆甘えられない〈ウチ〉と〈ソト〉
敵対関係にある〈ヨソ〉	友好関係を築きたい〈ヨソ〉

　文体は、聞き手が誰であるかによって使い分けられると同時に、話し手が聞き手に自分をどう見せるかによっても使い分けられる。

　先生が学生に〈敬体〉を使うのも、若い店員さんに向かって、年配の人が〈敬体〉を使うのも、話し手が「私は野蛮人ではない。常識も教養も文化的素養もある文明人である」というプライドを示すためであり、こうした場合は、上下関係にかかわらず〈敬体〉が使われる。

　逆に、プライドを示す必要や、恥も外聞も気にかける必要のない場合には、上下関係にかかわらず〈非敬体〉が使われる。居酒屋などで、いかにも「文明人」らしい人たちが〈非敬体〉でしゃべっていたりすれば、腹を立てて罵り合っているのでない限り、いわば「同じ釜の飯を食った／裸の付き合いをする＋仲」と考えられる。

　また、人の会話を聞いていると、話の途中で〈敬体〉から〈非敬体〉、〈非敬体〉から〈敬体〉へとシフトすることがある。互いに聞き手を尊重し、冷静に適度な距離を保って話しているときは〈敬体〉が使われ、昔話や頼みごとといった話題になり、距離が縮むと〈非敬体〉になるが、多くの場合「甘え」と関係している。

---- Q34:「～さんでございますか」 ----
「あの、田中さんでございますか」は、間違っているのでしょうか。

A　間違っているとは思いません。ただ昔、電車の車掌さんが「乗り越し、乗り継ぎの方はございませんか」といって車内検札をするのは失礼だ、相手は「お客様」なのだから「乗り越し、乗り継ぎの方はいらっしゃいませんか」と言うべきだ、と咎められたことがありました。

　その理由というのは「ございます」は「謙譲語」だから、聞き手に使うものではない、というものでした。次のような場合に使われるというわけです。

　　お客：あの、化粧水ありますか。　　鈴木：田中さんでいらっしゃいますか。
　　店員：はい、ございます。　　　　　田中：はい、田中でございますが。
　　お客：あれは、何ですか。　　　　　李　：お子様はいらっしゃいますか。
　　案内：管理棟でございます。　　　　林　：ええ、ふたりございます。
　　お客：ええっと、私のカバン…
　　係り：お客様の(お)カバンは、こちらに＋あります／ございます＋が。

「自分に使って、相手に使わない」という原則ですが、最後の例はどうでしょうか。丁寧さを出そうとすれば、やはり「ございます」を使いたくなりますね。そのカバンが聞き手のものであればなおさらです。

　「ございます」は、いわゆる「尊敬語」や「謙譲語」ではなく、もし〈敬体〉を「丁寧語」と呼ぶとすれば、丁寧さをワンランクあげて鄭重さを表した「鄭重語」と言うべきものです。つまり〈敬体〉をグレードアップした〈超敬体〉で、p.66で触れた〈非敬体〉を含めて、この3つは文体に関係しています。

　右頁に〈超敬体〉を紹介しましたが、例えば「参加／ご協力＋いたします」などは、聞き手への敬意を示すために、聞き手に関係する話し手の動作「参加／協力＋する」を変化させ、いわば「あなたの＋ために／立場を配慮して／顔を立てるために」といった意味を表したものです。

　しかし「食事／休憩＋いたします」などは、聞き手に関係しない動作で、上の場合とは性質が異なっています。ただ話し方を鄭重にしたものにすぎません。

☞『日本語類義表現使い分け辞典』p.768 以下

COLUMN

〈超敬体について〉

　見栄やプライドを捨てて甘えを許しあう〈非敬体〉と、聞き手への敬意と成人した大人の風格を示す〈敬体〉のほかに、開幕式や結婚式、イベントや催し物といったオフィシャルな場や、フォーマルな場面では、特に式を進行させる司会者や顧客の接待係などによって、〈敬体〉をワンランク上げた文体が使われる。

　この〈敬体〉をグレードアップしたものを〈超敬体〉とすると、両者はおよそ次のように使い分けられるが、〈非敬体〉と〈敬体〉の関係とは異なり、一対一の対応関係にはない。

〈敬体〉	〈超敬体〉
～です／～でしたら／～ですと	～でございい＋ます／ましたら／ますと
～があります＋から／が／けど／し	～がございます＋から／が／けど／し
～があった＋ので／のに	～がありました＋ので／のに
	～がございました＋ので／のに
大きくて(も)／大きかったら	同左
大きいと／大きいのなら	大きいですと／大きいのでしたら
行って(も)／行ったら／行くと	行き＋まして(も)／ましたら／ますと
行くのなら	行くのでしたら
行く／行った＋名詞	行きます／行きました＋名詞
行きましょう	参りましょう
食事します	食事いたします
～と言います	～と申します
会社にいます	会社におります

　主に不特定多数を聞き手とする〈超敬体〉は〈敬体〉より、特にレベルの高い敬意を聞き手に対して示しているわけではない。むしろ話し手自身に付加価値をつけ、聞き手と敵対関係にならないようにする外交辞令的な面に重点があるように思われる。

☞『日本語類義表現使い分け辞典』p.1136

— Q35:「ご返事」か「お返事」か ─────────────
「返事」には「お」がつくのですか。それとも「ご」がつくのですか。

A どちらもつきます。正式な書面やフォーマルな場面では、例えば「ご返事、賜(たまわ)りますよう、お願い申し上げます／ご返事をいただいて参れと託(ことづか)っております／いつまでに、ご返事申し上げれば、よろしいのでしょうか」など、ときに「ご」が使われたりもしますが、最近は、カジュアルな場面だけでなく、ほとんどの場合で「お」が使われているように思います。

この「お」は、右頁に記した「為手尊敬:お返事を＋される／なさる」や「受け手尊敬:お返事＋する／を差し上げる／申し上げる」という誰かに敬意を表すレベルから、おそらく「お茶／お酒／お金／お願い／お手紙」などの「お」と同じレベルで使われているような気がします。

子どもに向かって「何ですか、その『んー』というお返事は。何度、言ったらわかるの。お返事は『はい』でしょう？」と使われた場合、敬意はゼロです。いわゆる「美化語」で、別になくても意味は通じるが「ないと何となく落ち着きが悪い」といった感じの「お」です。

敬語として使われた場合の動作名詞に「お」がつくか「ご」がつくかという問題は、原則としては、次のようになっています。

1. お＋動作名詞:日常よく使われ、あまり敬意を示さないもの
   例) 料理／食事／仕事／勉強／電話

2. ご＋動作名詞:日常あまり使わないが、敬意を示す必要のあるもの
   例) 為手尊敬:ご＋利用／愛顧／参加／研究／協力／援助／購入＋なさる
       受け手尊敬:ご＋相談／案内／協力／支援／援助／声援＋申し上げる

3. どちらもつかないもの
   例) メール／ファックス／読書／実験／運転／授業／会議／販売／応援

日常よく使う「ご馳走」は「ご」ですから、上の分類は、あくまでも「原則」です。個々については、日本語母語話者に確認するよりほかにないと思います。

COLUMN

〈敬意の表し方〉

　どのような場合に、どのような形式で、誰に敬意を示すか、という問題は、敬語体系が整っている韓国語を母語にする学習者でさえも悩ませる。ここでは、従来の敬語の呼び方を避けて、実用本位に「誰に対して敬意を示すか／誰の動作を敬語にかえるか」に重点をおいた言い方を採用する。

1. 為手尊敬　：動作の為手、つまり、ある動作をする人に敬意を示す。
　　　　　　　為手の動作を表す動詞が敬語にかわる。
　　　　　　　主に「お＋連用ます形＋になる」という形式を使う。
　　　　　　　例）お待ちになる／ご覧になる／召し上がる／運転なさる

2. 受け手尊敬：ある動作の対象、動作の受け手となる人に敬意を示す。
　　　　　　　対象となる受け手への動作を表す動詞が敬語にかわる。
　　　　　　　主に「お＋連用ます形＋する」という形式を使う。
　　　　　　　例）お待ちする／ご支援する／拝見する／申し上げる

3. 聞き手尊敬：〈敬体〉か〈超敬体〉によって聞き手に対する敬意を示す。
　　　　　　　または、敬意が話し手自身に向けられ「私＝文明人」を示す。
　　　　　　　例）田中＋です／と申します。　お待ち＋です／でございます。

敬意の対象	為手尊敬	受け手尊敬	聞き手尊敬
Ⅰ人称：話し手「私」	×	×	○
Ⅱ人称：聞き手「あなた」	○	○	○
Ⅲ人称：第三者「彼／彼女」	○	○	×

　人称別に「誰に対して敬語が使われるか」を示すと、上のようになる。会話では、第三者なら陰口で貶めることも可能であるが、目の前の聞き手には、最善の敬意が示される。

☞『日本語類義表現使い分け辞典』p.772 以下

── Q36:「お食べになる」と「召し上がる」──
「召し上がる」のかわりに「お食べになる」を使ってはいけないのですか。

A　「お食べになる」を使う人もいますが、なかには「使いたくない／使ってはいけない」という人もいて、人の好みとも関係があるようです。ただ、もし使うのでしたら、使われる場面に注意してください。

1. 食事を始めようとして、客に勧める場面
   　　何もございませんが、どうぞ＋お召し上がり／召し上がって＋ください。
   　　×何もございませんが、どうぞ＋お食べになって／お食べ＋ください。

2. 食事を終えようとして、客が箸を置いた場面
   　　どうぞもっと＋お召し上がり／召し上がって＋ください。
   　　どうぞもっと＋お食べになって／お食べ＋ください。

3. 第三者が食事を終えたかどうか聞かれた場面
   　　社長はまだ、召し上がって／△お食べになって＋います。
   　　社長はまだ、食べて／×お食べになって＋いらっしゃいます。
   　　社長は全然、召し上がって／お食べになって＋いないのです。

　「お食べになってください」には「お食べ／食べて＋ください」と同様に、聞き手に「食べることを強いる／無理やり食べさせようとする」といった響きがありますから、食事を始めるときに使うと不自然になってしまうことがあります。
　疲れや風邪で食欲のない人や、遠慮して食べるのを控えた人には、聞き手に敬意を示して緊張を生みだす「お召し上がり／召し上がって＋ください」よりは、むしろ妥当な言い方かもしれません。
　「3」は「食べている」を為手尊敬にしたものですが、同種類の敬語を重ねて使う「二重敬語」を避けた言い方にしています。ここでも「お食べになる」は、食べないことへの非難であれば使うことができます。
　こうした状況でなければ、右頁のような不規則動詞のほうが、通常の為手尊敬「お＋連用ます形＋になる」よりも優先されて使われるようです。

COLUMN

〈敬語不規則動詞〉

　2モーラのIIグループ（一段）動詞「いる／着る／寝る／見る」と、IIIグループ動詞「来る／する」は、通常の為手尊敬「お＋連用ます形＋になる」や受け手尊敬「お＋連用ます形＋する」にすると、意味を表す「連用ます形」が1モーラになって、アクセントも意味そのものも失ってしまうので、代わりになるものが使われる。

　また、敬語として使われやすい動詞は特殊な形態をもち、これらは「不規則動詞」と呼ばれることがある。主なものをあげると、次のようなものがある。

	〈為手尊敬〉	〈受け手尊敬〉	〈聞き手尊敬〉
いる:	いらっしゃる／おられる	×	おります
着る:	お召しになる	×	×
寝る:	お休みになる	×	休みます
見る:	ご覧になる	拝見する	×
来る:	いらっしゃる／お越しになる お見えになる／お出でになる	×	参ります 例）食べて参りました
する:	される／なさる	致す	致します
行く:	いらっしゃる／お出でになる	お邪魔／参上＋する	参ります
言う:	おっしゃる	申し上げる	申します
知っている:	ご存知だ	存じている	存じております
わかる:	×	承知する／承（うけたまわ）る	畏（かしこ）まりました
食べる／飲む:	召し上がる	いただく	×
くれる:	くださる　　もらう:	いただく	×
あげる:	賜（たまわ）る	差し上げる／進呈する	×
思う:	思（おぼ）し召す（非常用語）	×	存じます
聞く:	お耳に入る　　伝える:	お耳に入れる	×
見せる:	×	お目にかける／ご覧に入れる	×
会う:	×	お目にかかる	×

☞『日本語類義表現使い分け辞典』p.777

― Q37: 受け手のいない「×お帰りする」 ―
訪問先を辞去するとき、どうして「×お帰りします」が使えないのですか。

A 動詞「帰る」を「受け手尊敬」にできないのは、その動作によって作用や影響を受けるような人が想定できないからです。逆に「Xが＋Yに貸す／Yを待つ」といった動詞は、その動作の作用や影響を受けて、結果的に「借りる／待たれる」ようになる人が必ずいますから、もししたければ「受け手尊敬」にできます。

しかし「帰る」という動作は、訪問先の人たちに作用や影響は与えません。もちろん「あなたが帰ってホッとした」という作用を与えるかもしれませんが、この意味では、結果として作用や影響が消えていくほうに働いています。

「お＋連用ます形＋する」で代表される「受け手尊敬」というのは、動詞「連用ます形」が表す動作を行なう人「為手／X」と、Xの動作の作用や影響を受けると同時に、Xの敬意をも受ける「受け手／Y」という、いわば「敬意」をやりとりする2人以上の人物がいないことには、使うことができません。

これに対して「お＋連用ます形＋になる」で代表される「為手尊敬」というのは、人の動作を表すものであれば、すべての動詞に使うことができます。話し手が敬意を示したいと思う人物「為手／X」がいれば、その人が行なうすべての動作を「為手尊敬」にした動詞で表すだけです。

たとえ「為手／X」の動作に「受け手／Y」が想定される場合であっても、例えば「お＋貸し／待ち＋になる」といえば、話し手の敬意は「貸す／待つ」という動作を行なう人「為手／X」に向けられています。

これを、受け手尊敬「お＋貸し／待ち＋する」にすると、話し手の敬意は「貸す／待つ」という動作を行なう人「為手／X」を通して、動作の「受け手／Y」に向けられていることになります。

つまり「為手尊敬」は、為手の動作動詞を加工して、為手「X」に敬意を示すダイレクトな「直接的敬語法」です。これに対して「受け手尊敬」というのは、これも為手「X」の動作動詞を加工して表すのですが、いわば為手「X」の動作を利用することによって、受け手「Y」に敬意を示そうとするインダイレクトな「間接的敬語法」です。

動作動詞には、受け手「Y」のいる動詞も、いない動詞もあります。受け手のいない動詞は「受け手尊敬」にできませんが、右頁をご参照ください。

✏ COLUMN

〈受け手尊敬における動詞の制限〉

例)（目上を）お待ちして＋いらっしゃる＋のですか。　→お待ちですか
　　　　　　受け手尊敬　　為手尊敬　　聞き手尊敬

例)（目下を）お待ちになって＋いらっしゃる＋のですか。→お待ちですか
　　　　　　為手尊敬（二重敬語）為手尊敬　聞き手尊敬

　上の3つのなかで、学習者に難しく感じられるのは「受け手尊敬」であるが、そうさせているのは、使える動詞と使えない動詞との識別である。

1. 受け手不在動詞：動作の対象や受け手が想定できない動詞群
　例）起きる／顔を洗う／パンを食べる／牛乳を飲む／新聞を読む／ラジオを聞く／テレビを見る／パジャマを脱ぐ／服を着る／電車やバスに乗る／会社に着く／仕事や会議をする／家に帰る／シャワーを浴びる／食事する／歯を磨く／休む

2. 受け手のいる動詞：「受け手尊敬」にできる
　例）Yに＋あげる／預ける／言う／売る／教える／貸す／伝える／見せる／渡す／知らせる／話す／尋ねる／伺（うかが）う
　　　Yから＋預かる／受ける／借りる／聞く／もらう
　　　Yを＋手伝う／迎える／送る／待つ／訪（たず）ねる／伺う／世話する
　　　Yの(ために)＋荷物を持つ／自転車を直す／食事を作る
　　　Yの代わりに＋本を読む／手紙を書く／お酒を飲む

3. 受け手のいる動詞：「受け手尊敬」にできない
　例）与える／授ける：受け手が目下になるので「受け手尊敬」にできない。
　　　教わる／習う／授かる／買う：自分自身のための動作で、受け手のための動作を表していない。
　　　くれる：話し手が受け手になるので「受け手尊敬」にできない。

☞『日本語類義表現使い分け辞典』p.774 以下

> **Q38：「部長がいらっしゃいました」**
>
> 社内での上司に対する敬語を、なぜ取り引き先には使えないのですか。

A 取り引き先というのは、自分の所属する会社の「お客さま」で、いわゆる「お客様は神様です」という経営理念からすれば、自分の上司の「目上」です。

たとえ自分よりも「目上」の上司であっても、聞き手が上司よりも「目上」である場合は、聞き手に敬意を示すために、上司の動作を表す動詞に「為手尊敬」を使ったり、上司に対する自分の動作を表す動詞に「受け手尊敬」を使ったりすることはできません。日本語は聞き手を基準にした「相対敬語」ですから、まず聞き手がどんな人か見定(みさだ)めてから、話をします。右頁をご覧ください。

しかし、韓国語は「絶対敬語」といわれ、聞き手が誰であっても、話し手が話題にした人物が、もし自分より目上の人「両親／先生／上司／先輩」であれば、その人の動作を表す動詞には「為手尊敬」が使われ、その人に対する自分の動作を表す動詞には「受け手尊敬」が使われます。

　　申し訳ございません。父はまだ、会社から帰っておりません。
　　遅くなると思います。母は入院中の祖父の世話で出かけたものですから。
　　あいにく社長は出張で海外へ出ております。ご伝言はございませんか。
　　部長は席を外しております。戻りましたら、電話をさせましょうか。
　　はい、それでしたら「田中」と＋いう／申します＋課長かと存じます。

日本語で求められる対外的な人間関係の特徴は、話し手に最も近い内輪(うちわ)「身内／仲間内／職場内」が、最も「目下」になると考えることです。家庭内や仲間内では「お父さん／お母さん」と呼んでいても、遠慮の入る近所の人や職場の人たちと話をしたり、見知らぬ人と電話で応対したりしているときなどは、呼び捨てにして「父／母」を使います。

同様に、職場内では課長や部長に「為手尊敬」や「受け手尊敬」を使って話をしていても、取り引き先や顧客など〈ソト〉との会話では、上司を呼び捨てにしなければなりません。ただ、上司の家族や友人からの電話であれば、内輪の話になり、目上に敬意をはらう〈ウチ〉での会話になりますから、まず相手が上司とどういう関係の人か確認した上で、話しはじめる必要があります。

COLUMN

〈聞き手基準: 第三者への敬意〉

　日本語の敬語は、聞き手を基準にした相対的なものなので、会話のなかに第三者が登場してきた場合、次のような「聞き手基準」が採用される。

　　聞き手基準：話し手と第三者との上下関係にかかわらず、
　　　　　　　　もし第三者が聞き手より目上であれば、第三者に敬意を示し、
　　　　　　　　もし第三者が聞き手より目下であれば、第三者に敬意を示さない。

　　例）課長、社長をお待ちしていらっしゃるのですか。　　→お待ちですか
　　　　社長、課長をお待ちになっていらっしゃるのですか。→お待ちですか

　上の例の話し手は「平社員」であるが、舌のまわりにくい「～ていらっしゃる」や二重敬語を避けるためには、為手尊敬にも受け手尊敬にもなる「お＋連用ます形＋です」が便利である。また、社長も課長も目上なので、文末の「聞き手尊敬：～のですか」と連動して、聞き手に対する「為手尊敬：～ていらっしゃる」が使われている。

　　例）課長、社長が＋お見えになりました／お待ちになっています。
　　　　社長、課長が＋見えました／来ました。
　　　　　　　　お待ちして／待って＋おります。

　上の例では、社長の動作には「為手尊敬：お見えになる／お待ちになる」が使われているが、課長の動作には、社長に敬意を示す「受け手尊敬：お待ちする」が使われているだけである。聞き手尊敬は「敬体：～ました／～ます」と、社長に対する「超敬体：おります」が使われている。
　課長の動作に使われている「見える」は、一種の為手尊敬を表しているが、課長が目上であることを示すために、実際の会話ではよく使われる。しかし「課長がお見えになる」を使うと、社長が課長よりも目下であることを暗示してしまうので、使うことができない。

☞『日本語類義表現使い分け辞典』p.782

― Q39:「〜てくれる」の脱落 ―
「父に家を売った人は、遠くに住んでいた」は、おかしくありませんか。

A もしこの文が書き言葉であれば、特におかしさはありません。ある人が「父に家を売った」という事実を述べているだけですから。しかし、これが話し言葉で、お父さんが家を売った人から騙されたのでなければ、やはり「父に家を売ってくれた人」としたほうがいいでしょう。

  林さんが会議用の資料を (仕事で／みんなのために) コピーしました。
 →林さんが会議用の資料を (私／みんな＋のために) コピーしてくれました。
  昨晩 (私は行きませんでしたが) 社長がみんなにご馳走しました。
 →昨晩 (私も行きましたが) 社長がみんなにご馳走してくれました。

「Xが＋私 (たち) に＋動詞て形＋くれる」という言い方は、Xが「て形」の動作をしたことに対する話し手の「感謝」の気持ちを表しています。逆に言えば、もし「〜てくれる」を脱落させると、Xの動作に対して話し手が感謝の気持ちを表さなくなり、場合によっては、Xに対して不満や腹立ちをもっているという印象を聞き手に与えてしまうことになります。
 書き言葉では、筆者である話し手は、不特定多数の読者を聞き手にしていますから、聞き手がどんな人かわからないのに、自分の感謝の気持ちや不満といったものを伝えるというわけにもいかないでしょうし、その必要もありません。書き言葉でも、日記や手紙、メールなど、特定の読者が聞き手の場合は、話し言葉と同じように、誤解のない「〜てくれる」をつけたほうが無難です。

  ×林さんはお正月休みに帰省すると言ってくれました。
 →林さんはお正月休みに帰省する＋そうです／んですって／と言ってました。
  社長は取り引き先の人と一緒に食事に出かけ＋ました／×てくれました。

「〜てくれる」脱落エラーに気づいた学習者のなかには、過剰反応して、上のような感謝の気持ちを表す必要のない場合にまで使う人がいます。使ってしまうと、話し手の「うれしい」気持ちが暗示されますから、気をつけてください。

📎 COLUMN •

〈感謝の気持ちを表す「～てくれる」〉
　「Xが＋私（たち）に＋動詞て形＋くれる」は、話し手「私」が、Xに対して感謝の気持ちを表したいと思えば、Xが誰であっても、何であっても、また、どんな動詞であっても使うことができる。

　このごろ、やっと赤ちゃんが夜泣きしなくなってくれて、寝かせてくれるんです。
　あれほど暑かったのに、夕立が降ってくれたおかげで、少し涼しくなりましたね。
　この携帯、どんなときでも一緒にいてくれるから、便利というより、助かってる。
　うちの子どもも、あの子みたいに、もうちょっと何でもできてくれたらいいのに。
　ほら、あの山がいつもあんなふうに、そびえていてくれるから、元気も出るんだ。
　回りにいる日本の人は、私が間違った日本語を使ったって、直してくれませんよ。
　日本語がわからなくて、王さんが困っているのに、誰も助けてくれませんでした。

　「～てくれない」が使われている最後の2例は、もし「～てくれたら、うれしい／感謝した＋のに、～て＋くれない／くれなかった＋から、感謝のしようがない／うれしくない／恨めしい／ひどい／意地悪だ」といった意味を表している。

　妹でさえ、お伝いしてくれるのに、兄のおまえときたら、邪魔ばかりしてくれる。
　ちょっと料理をしてくれたかと思ったら、そこらじゅう散らかしてくれるんだよ。
　たまに出かけようと思った日に限って、よりによって雨が降ってくれるんだから。
　高速道路で突然、車が故障してくれてさ、動けなくなっちゃってね、往生したよ。

　「～てくれる」は、話し手の感謝の気持ちのほかに、上のような「迷惑」を受けて困るという気持ちを表す場合もあり、自分に都合がよければ、うれしくなって感謝し、都合が悪ければ、腹を立てて文句を言う、いわば人間の勝手な気持ちを表すのに便利な言葉と言えるかもしれない。したがって、そういった気持ちを隠す必要のある〈ソト〉や〈ヨソ〉との会話には、あまりみだりに使わないほうが無難かと思う。
• •

☞『日本語類義表現使い分け辞典』p.733

── Q40:「～てもらう」の誤用 ──

「喜んでくれるでしょう」を「喜んでもらう」にする学習者が多いのですが。

A 「Xが＋私(たち)に＋動詞て形＋くれる」と「Yが＋Xに＋動詞て形＋もらう」とは、次のような場合に互換性がありますし、日本語の初級の本では、両者が同じ「感謝の気持ちを表す」といった説明がありますから、学習者を混乱させます。

　　誕生日、父がノートパソコンを (買って) くれました。
　≒誕生日、父にノートパソコンを (買って) もらいました。
　　来日した日、田中さんが空港まで迎えに来てくださいました。
　≒来日した日、田中さんに空港まで迎えに来ていただきました。

　互換性があるのは「Xが＋私に＋動詞て形＋くれる」と「私が＋Xに＋動詞て形＋もらう」になる場合で、学習者を混乱させるのは、話し手と聞き手双方の既知情報となる「私」がダイエットされて省略されてしまう上のような場合です。
　つまり「Xが＋私のために＋喜んでくれるでしょう」と「私が＋Xに＋喜んでもらうでしょう」の「X」と「私」がなければ、学習者は「どちらを使っても同じだ」と勘違いしてしまいます。p.35 もご参照ください。
　最も注意が必要なのは、2つの動詞の性質がまるで違っている点です。無意志動詞で 100% 受動的な「物や動作の受けとり」を表す「～を／～て＋くれる」は、Xの行為に対して、ただ受身的に「感謝／迷惑」の気持ちを表すだけです。
　しかし「～を／～て＋もらう」は、意志動詞で 100% 能動的な「物や動作の要求」を表し、積極的にXに働きかけて、Xから自分に都合のよい有利な行為を引き出します。その代わり、Xに対して「恩情」を感じ「恩返し」を考えます。
　上の例のような過去の事実である「くれた／もらった」では、Xが自主的にする「くれる」の場合でも、Xに働きかける「もらう」の場合でも、実現した同じ結果を表していますから、違いが鮮明になりません。しかし、これを右頁のような未来表現にかえると、まったく異なった意味になることがはっきりします。
　「私は＋Xに＋～てもらう」は、言い換えると、欲望の「私は＋Xに＋～てほしい」や、使役の「私は＋Xに＋～させる」と同じ構造をしており、ほぼ等しい意味を表しています。どれもXには出発点を表す「～に」が使われています。

COLUMN

〈要求を表す「〜てもらう」〉

「Ｘが＋Ｙに＋動詞て形＋あげる」と「Ｙが＋Ｘに＋動詞て形＋もらう」は、同じ動作の授受行為を表しているが、与え手「Ｘ」の立場から見たのが「〜てあげる」であり、受け手「Ｙ」の立場から見たのが「〜てもらう」である。

　　誕生日に、父親は、子どもにノートパソコンを買ってあげる。
　≒誕生日に、子どもは、父親にノートパソコンを買ってもらう。
　　来日する日、田中さんは王さんを空港まで迎えに行ってあげる。
　≒来日する日、王さんは田中さんに空港まで迎えに来てもらう。

しかし、まったく同じ授受行為ではなく、上の例の「〜てあげる」ほうは、与え手「Ｘ：父親／田中さん」の積極的な行為を表し、受け手「Ｙ：子ども／王さん」は、その行為を黙って受けるだけである。しかし「〜てもらう」ほうは、受け手「Ｙ」の積極的な要求を表し、与え手「Ｘ」は、その要求の受け入れを期待されている。

受け手一人称専用の「Ｘが＋私（たち）に＋動詞て形＋くれる」は、上の「Ｘが＋Ｙに＋動詞て形＋あげる」の「Ｙに」を「私（たち）に」に換えたもので、一人称「私」の積極的な「要求」を表したものが「私が＋Ｘに＋動詞て形＋もらう」である。

　　このパンフレット、もらっていきますね。
　　わー、おいしそー。ひとつ、もらっちゃおー。
　　懸賞に応募して、素敵な賞品をどんどんもらおう。
　　そこの金、出してもらおうか。下手に騒ぐと、これが火を噴くからな。
　　古稀のお祝いをして、おじいちゃんに喜んでもらおう。

最後の例は、まもなく古稀を迎える「おじいちゃん」への積極的な働きかけを表しているが、これを「もし古稀のお祝いをすれば、おじいちゃんは」に換えると、話し手の要求が消えて「喜んでくれるだろう」になる。

☞『日本語類義表現使い分け辞典』p.721、p.735

― Q41:「～てくれた」と「～てもらった」 ―

「ご馳走して＋くれました／もらいました」は、どう違いますか。

A 「Xが(私に)ご馳走してくれました」と「(私が)Xにご馳走してもらいました」にして、誰がご馳走したかを「X」で表してみましょう。話し手「私」は双方既知情報として省略されますから（ ）のなかに入れました。

   Xが(私に)ご馳走してくれました：
     先日「X＝社長」に頼まれて、必要としていたお手伝いをしてあげた。
     それで今日「社長」が「積極的／自主的」に「ご馳走しよう」と言い、
     「私」は、社長の申し出「ご馳走しよう」を黙って受けることにした。
     もちろん「私」は、社長に対して「感謝」の気持ちを抱いている。

   (私が)Xにご馳走してもらいました：
     先日「X＝社長」に頼まれて、必要としていたお手伝いをしてあげた。
     それで今日「私」は自分から進んで「ご馳走してください」と言うと、
     「社長」は、私のお願い「ご馳走してください」を聞いて食事に行った。
     お願いを黙って聞き入れてくれた社長に対して「恩義」を感じている。

まず、p.37の「～に」に注意してください。上のほうの「私に」の「～に」は「目的や到着点」を表し、Xがご馳走する目的が「私」であることを示しています。下のほうの「Xに」の「～に」は、反対に「出発点」を表し、ご馳走するのが「X」であることを示しています。ただ「ご馳走」を「もらう／要求する」目的や相手が「X」であると考えてもかまいません。

   A：今日はご馳走しましょうか。
   B：えっ、本当ですか。ご馳走してくださるのですか。
   A：ええ、先日、手伝ってくれましたから、ご馳走しますよ。
   B：そうですか。じゃ、遠慮なく、ご馳走していただきます。

p.35にも載せましたが、上のような例で理解してください。

COLUMN

〈恩を着せる「〜てあげる」〉

　　社長は営業課の課員みんなに、ご馳走してあげました。（私≠営業課の課員）
　　社長は営業課の課員みんなに、ご馳走してくれました。（私＝営業課の課員）
　　営業課の課員みんなは社長に、ご馳走してもらいました。（私の所属は不明）

　上の3例は、話し手「私」が営業課の課員かどうかという点を除けば、すべて同じ内容を表している。つまり「Xが＋Yに＋動詞て形＋あげる」の「Y」の場所を、一人称「私（たち）」専用の席にしたものが「Xが＋私（たち）に＋動詞て形＋くれる」である。対比でなければ、話し手一人称は双方既知情報としてダイエットされ「Xが＋動詞て形＋くれる」が最もよく使われる形式になる。この場合の「くれる」が受ける「動詞て形」は、一人称「私（たち）」以外の誰か「X」の動作を表している。

　　営業課のみんなにバイキング料理で有名なホテルでご馳走してあげました。
　　社長がバイキング料理で有名なホテルでご馳走してくれました。
　　バイキング料理で有名なホテルで社長にご馳走してもらいました。

　一方「Xが＋Yに＋動詞て形＋あげる」は、決して一人称「私（たち）」が「Y」の席に座ることのない形式なので、話し手が立てるのは、ただ「X」だけである。この場合も同様に、話し手一人称は省略されてしまう。上の3例はすべて、話し手「私」を隠したものであるが、最後2例だけが同じ内容である。

　　バイキング料理で有名なホテルでご馳走してあげましょうか。
　　→バイキング料理で有名なホテルでご馳走しましょうか。

　上は聞き手に対する申し出を表しているが、恩を受ける「〜てもらう」と対照的な恩を着せる「〜てあげる」を、第三者にはよいが、聞き手に向けることはできない。

☞『日本語類義表現使い分け辞典』p.739 以下

── Q42:「来ていただけますか」と「来ていただきますか」──
「来て＋いただけ／いただき＋ますか」の違いは、どう説明すればいいですか。

A　「来ていただけますか」は、話し手が聞き手に「来ることができるか」どうか尋ねていることになり、話し手から聞き手への「依頼」を表しています。
　これに対して「来ていただきますか」は、話し手が聞き手に「誰かに来て＋もらう／ほしい＋のか」どうか尋ねていることになり、第三者に対する「要求の意向」を聞き手に問いかけていることになります。
　たった一文字「-け-」と「-き-」の違いですから、非常に紛らわしく、能力試験の常連といった感じの表現文型です。

　　大丈夫ですよ、そこの水は。そのまま＋飲むことができます／飲めます。
　　まだ時間がありますから、タクシーなんて。ゆっくり歩いて行けますよ。
　　危ないですから、ここでは＋泳ぐことができません／泳げません。
　　お母さんがダメって言うから、遊んではダメなの／遊べないの。

「-け-」のほうには、可能形「いただく→いただける」が使われていますが、通常の「能力／技術」ではなく、上のように、肯定で「許可」を表し、否定で「禁止」を表しています。

　　この水、飲めますか／歩いて行けますか／ここで泳げますか／遊べるの？
　　忙しかったら、彼に手伝って＋もらうことができる／もらえる＋よ。
　　→忙しいので、彼に（／あなたに）手伝ってもらえる？

　肯定の「許可／できる」を疑問文「できるか」にすると、許可を求めたり、可能性の有無を尋ねたりすることになりますから、上のように「もらえるか」は、第三者に向けて可能性の有無を尋ねていることになり、双方既知情報でダイエットされた聞き手に向けられて「依頼」になります。
　「彼に（／×あなたに）来ていただきますか」は、もとの「彼に（／あなたに）来ていただきます」を疑問文にしたものですが、聞き手に向けることができなくなります。右頁をご参照ください。

✎ COLUMN

〈聞き手に向かわない「～ていただきますか」〉

　　来週の月曜日から南米へ出張してもらうよ。　　要求：話し手→聞き手
　　来週の月曜日から南米へ出張してもらうのか。　　要求：聞き手→第三者
　　宿題を忘れた人には、立ってもらいますから。　　要求：話し手→聞き手
　　宿題を忘れた人には、立ってもらうのですか。　　要求：聞き手→第三者
　　明朝7時に、ロビーで集合していただきます。　　要求：話し手→聞き手
　　明朝7時に、ロビーで集合していただきますか。　要求：聞き手→第三者

「Xに＋～てもらう／～てほしい」は、Xを「聞き手」にして「おまえに＋出張＋してもらう／してほしい＋よ」と言うことはできるが、これを疑問文にした「Xに＋～てもらう／～てほしい＋(の)か」の場合、Xを「話し手」にすることができない。

これは、聞き手の「要求／欲望」の対象を尋ねるのに、話し手が自分自身を対象として「おまえは＋おれに＋出張＋してもらう／してほしい＋のか」と言うと、まるで「そうか、頭を下げて頼むんだな」といった傲慢な響きになるからである。

相手に「恩義」を売りつけるかのような「貸す／預かる／教える／あげる」とは逆に、相手から「恩義」を買うことになる「借りる／預ける／教わる／もらう」といった動詞は、例えば「おれから金を借りるのか」と言えば、聞き手に対して「おれから恩義を買うんだな。おれをおまえの恩人にさせたいんだな」といった意味になり、特殊な場合のほかは、使われることがない。

　　来週の月曜日から南米へ出張してもらえますか。　　依頼：話し手→聞き手
　　明朝7時に、ロビーで集合していただけますか。　　依頼：話し手→聞き手
　　ここでタバコを＋吸えます／吸うことができます／吸ってもいいです＋か。
　　　　　　　　　　　　　　　　　　　　　　　　　許可請求：話し手→聞き手

「～てもらえますか」は、許可を求める可能形が使われて、依頼を表している。

☞『日本語類義表現使い分け辞典』p.786

— Q43: 許可「どうぞご自由に」を表す「〜てもらっていい」 —
「休んでもらっていい」というのは、どんな意味ですか。

A もし「Xが休みたい」というのなら、私は「Xに休んで＋もらってもいい／もらうことができる／もらえる」といった許可を表しています。許可を表す「〜て＋いい」は、次のように「可能形」や「〜ことができる」と同じ意味を表します。

　　二十歳を過ぎれば、お酒は＋飲んでいい → 飲める／飲むことができる
　　飲んでもらっていい → 飲んでもらえる／飲んでもらうことができる
　　食べていい → 食べられる　食べてもらっていい → 食べてもらえる
　　休んでいい → 休める　　　休んでもらっていい → 休んでもらえる

しかし「Xに休んで＋もらっていい／もらえる」というのは、聞き手に「あなたは＋〜ていい／〜できる」という許可を与える部分が「(あなたが)Xに休んでもらう」ですから、まるで話し手「私」が、聞き手「あなた」の「X」に対する「休め」という「要求：Xに休んでほしいというあなたの要求」を「許可」しているかのような錯覚を与えます。

　　(あなた／みんな＋が食べたかったら) 僕を待たずに食べてもらっていいよ。
　→(僕は＋あなた／みんな＋に) 僕を待たずに食べてもらっていいよ。
　→(あなた／みんな＋は) 僕を待たずに食べてもいいよ。
　　(そうしたければ)＋休んで／来て／行って＋もらってもいい。
　→(私は＋Xに)＋休んで／来て／行って＋もらってもいい。
　→(Xは)＋休んで／来て／行って＋もいい。

ところが実際は、上のように「Xの要求」を「許可」しているだけです。ですから「X」には、聞き手「あなた」でも、第三者「彼／彼女」でも立てます。

つまり、聞き手「あなた」に「Xに対するあなたの要求」を「許可」するというより、話し手「私」は、自分自身に「Xに対する私の要求」を「許可」するといった感じになり、結局「私は私にXがしたいことをするように要求する／Xが好き勝手にしてもかまわない／どうぞお好きにしてOKだ」を表します。

COLUMN

〈皮肉に聞こえることがある「〜てくれていい」〉

　　　(私に代わって＋あなた／彼＋が飲みたかったら) 飲んでくれていい。
　→(あなた／彼＋は、飲みたかったら) 飲んでいい。
　→二十歳を過ぎれば、お酒は＋飲んでいい／飲める／飲むことができる。
　　　(あなた／みんな＋が食べたかったら) 僕を待たずに食べてくれていいよ。
　→(僕のために＋あなた／みんな＋は) 僕を待たずに食べてくれていいよ。
　→(あなた／みんな＋は) 僕を待たずに食べてもいいよ。
　　　(そうしたければ)＋休んで／来て／行って＋くれてもいい。
　→(私のために＋Xは)＋休んで／来て／行って＋くれてもいい。
　→(Xは)＋休んで／来て／行って＋もいい。

　「Xは＋(私たちに)＋〜てくれる」というのは、話し手「私(たち)」に対して、Xがプラスになることをすれば、話し手の「感謝」の気持ちを表し、マイナスになることをすれば、話し手が「迷惑」を受けたという気持ちを表す。
　プラスの場合は、上のように「うれしいことには＋Xは＋私(たち)＋のために／に代わって＋〜てくれる」という意味を表している。

　　　(困ったことだが、二十歳を過ぎれば、お酒は) 飲んでくれていい。
　　　(待ってほしいが、食べたかったら) 僕を待たずに食べてくれていいよ。
　　　(困ったことだが)＋休んで／来て／行って＋くれてもいい。

　しかし、通常(　)は「暗黙の了解」として省略されてしまうので、プラスの場合を表しているのか、上のように「迷惑なことには＋Xは＋私(たち)を困らせるために＋〜てくれる」というマイナスの意味を表しているのか、文脈や前後関係がなければ、わからなくなってしまう。
　たとえ、文脈や前後関係があったとしても、他人の気持ちや心のなかは理解できないとする日本語の世界では、どちらなのかわからないことがある。皮肉に聞こえるのを避けるためには、ごく普通の「〜て(も)いい」のほうが無難である。

Q44：「忙しいか」と「忙しいのか」

「忙しいですか」と「忙しいのですか」は、どう違いますか。

A 「忙しいですか」は挨拶言葉に近く、仕事をしている人なら、職場の異なる社内の人と会ったときに使ったり、取り引き先の人に、いわば「こんにちは」の代わりに、それよりは少し内容のある「最近、お忙しいですか」を使ったりします。

しかし「忙しいのですか」は挨拶言葉として使われることはなく、状況によって、次のような意味を表します。

1. 納得：頼みごとに行ったが、様子を見てわかった場合
   あー、お忙しいのですか（↓）　じゃ、今はダメですね。また来ます。
2. 疑い：ただ、忙しそうなふりをしているだけだと考えた場合
   へえ、お忙しいのですか（～）　本当ですか。社長が来てるからでしょう？
3. 驚き：予想外の忙しさにびっくりした場合
   わー、お忙しいのですか（↓）　コーヒーでもご一緒にと思ったんですが。
4. 同情：あまりにも忙しそうな様子が気の毒に感じる場合
   お忙しいのですか（↑）　何かお手伝いすること、ございますか。

ほかにもまだ、いろんな状況があるかもしれませんが、文末が変化して「～のです／～んだ」になる場合は、通常の文体を使うときよりも、イントネーションが変わったり、マークされた言葉に強いアクセントがついたり、話し手の感情が鮮明に出ます。右頁をご覧ください。

感情が最も強く出る「命令」という聞き手への働きかけの場合、感情の落ち着きを示す「納得」という話し手自身への働きかけの場合、そして、この２つの中間に、聞き手への依頼の前触れ、聞き手へ許可を求める理由、聞き手への非難や同情、話し手の気持ちの訴え、決意や主張、疑いや推論といったものを聞き手に提示する「合図／サイン」を表す場合とがあります。

文の形態は同じのまま、語気を変えることによって、感情の激しさを表す中国語や英語、韓国語やベトナム語といった言語を母語にする学習者にとって、文末をただ「～のです／～んだ」の形式にかえるだけで、語気や言い方が通常の文体と同じという場合もある日本語は、いささか不気味なものに感じられます。

✎ COLUMN

〈「〜のだ」の意味〉

1. 命令: 目下や〈ウチ〉に対して使われる。
   例) つべこべ言うな。さっさと仕事するんだ。上司の言うことは聞け。
   食事のまえに、宿題、すませるんです。わかった？ 聞いてる？
   危ない!! 走るんじゃない。ダメだ!! 止まるんだ。動くな。
   帰るんです。もう飲めないでしょう？ べろべろじゃありませんか。

2. 合図: 聞き手への訴えや、さまざまな感情を表す前触れとなる。
   例) あの、これ、子どものお土産にしたいんですけど、包んでいただけますか。
   携帯が欲しいんですけど、どうすればいいか、わからないんです。
   あっ、それ、まだ使うんです。捨てないでください。
   熱があるんです。インフルエンザかもしれません。休んでもいいですか。
   友だちのところへ行くんです。みんなで餃子を作ってパーティーなんです。
   うるさいな。ほっといてくれ。いやだと言ったら、いやなんだ。

3. 問いかけ: 形式は疑問文であるが、上の「合図」と同じ意味をもつ。
   例) 何してるんだ、こんなところで。タバコ、吸ってたな、そうだろう。
   どうして、こんなに汚しちゃったの？ いったい何をしてたの？
   誰が遊んでいいと言ったんだ？ まだ昼休みになってないだろう？
   子どものお土産にしたいんだ？ そうか、じゃ、包んでやろう。

4. 納得: 周囲の状況や聞き手の判断を受け入れる。
   例) なーんだ、そうだったのか。だから、わからなかったんだ。
   へー、みんな知ってたんだ。知らなかったの、ぼくだけなんだ。
   あいつ、まだ怒ってるんだ。仕方ないな。おだててみるかな。
   わー、みんな、来てるんだ。さすが、新年会となると、違うんだ。

☞『日本語類義表現使い分け辞典』p.809、p.1035

> **Q45:「食べるとき」と「食べたとき」**
>
> 「朝ご飯を＋食べる／食べた／食べている＋とき」は、どう違いますか。

A 「朝ご飯を＋食べるまえ／食べたあと／食べているとき」と考えておけば、わかりやすいのではないでしょうか。ただ、この部分だけを見るのではなく、必ず「A＋とき＋B」という「A＋とき」のあとに続く「B」と一緒に考え、AとBの時間がどのような関係になっているかに注目してください。

例えば「A」の時間を基準にして考えれば、次のようになります。

〈基準時＝A〉

1. 朝ご飯を食べる＋とき／まえに、手を洗いました。　　B＝既実現
2. 朝ご飯を食べているとき、電話がかかってきました。　B＝同時時間帯
3. 朝ご飯を食べた＋とき／あとで、薬を飲みます。　　　B＝未実現

〈基準時＝B〉

1. 朝ご飯を食べる＋とき／まえに、手を洗います。　　　A＝未実現
2. 朝ご飯を食べているとき、電話がかかってきました。　A＝同時時間帯
3. 朝ご飯を食べた＋とき／あとで、薬を飲みました。　　A＝既実現

どちらかといえば、基準時を文末の「B」に置いたほうがわかりやすいでしょう。ところが、p.33で示した「～ている」が「再変化まえの状態」を表す「起きる」といった動詞の場合は、ちょっと感じが違ってきます。

〈基準時＝B〉

1. 朝、起きる＋とき／瞬間、頭が痛かった。　　　　　　A＝同時
2. 遅くまで起きているとき、電話がかかってきました。　A＝同時時間帯
3. 朝、起きた＋とき／瞬間、雪が降っていました。　　　A＝同時

「起きるとき＝起きる直前」と「起きたとき＝起きた直後」という違いはありますが、ほとんど同じ時間を表しています。難しいのは「起きているとき」で、再変化まえの「まだ寝ていないとき」を表しています。

📝 COLUMN

〈「～とき」の使い方〉
　「A＋とき＋B」が表すAとBの時間的な関係は、使われている品詞や、動詞の形態によって異なってくる。

〈基準時B／A＝同時時間帯〉
　サラリーマンのときは、したいことも何もせずに、ただ仕事ばかりしていたよ。
　静かなときは寝ているんだ。起きるとうるさいから、このまま、ほうっておこう。
　「若いときの苦労は金を出してでもせよ」だ。若いときはいっぱい苦労しておけ。
　若かったときは、あれで、とってもきれいだったんだよ。
　夏休みのあいだは、朝の涼しいときに、勉強するほうがいいよ。
　昨晩の火事で、外が騒がしかったとき、どこにいたんですか。
　お小遣いのあるときに買っておかないと、なくなったからって、あげませんよ。
　結婚しているとき／結婚してから離婚するまでのあいだ＋は、ひとりがいいと思っても、いざ別れたとなると、寂しくなるもんだよ。

〈基準時B／A＝未実現〉
　結婚する＋とき／まえ、それまでもらった手紙や写真を燃やしてしまいました。
　目が覚める＋とき／まえ、血の滴るようなステーキを食べているところだった。
　電車に乗ろうとするとき、向かいのホームに友だちが待ってるのに気づいたんだ。
　出かけようとしたとき、雨が降ってきて、慌てて洗濯物をとりこんだのです。

〈基準時B／A＝既実現〉
　結婚したとき／結婚したばかりのとき＋は、幸せをかみしめたものでした。
　目が覚めたとき、自分がどこにいるのかわからなくて、びっくりしました。
　電車に乗った＋ときに／あとで、財布を忘れてきたことに気づいたんだ。
　家を出たとき、鍵をしたのかどうかわからなくなって、また引き返しました。
　お酒を飲んだときは、必ず二日酔いをして、次の日一日中、頭が痛いんです。

☞『日本語類義表現使い分け辞典』p.245

Q46:「～(の)なら」と「～たら」

「梅田へ行くなら地下鉄です」を「行ったら」に換えると、どうなりますか。

A 「A+(の)なら+B」は、話し手が「Aという状況を+聞いた/知っている」という前提で使われますが、次のように、AとBとの時間的関係が、すべての場合〈基準時B　A＝未実現/同時時間帯/既実現〉に使うことができます。

1. 基準時B／A＝未実現
   CDを+買うなら／×買ったら／×買えば／×買うと、あのスーパーに行く。
   あのスーパーへ+行くなら／×行ったら／×行けば／×行くと、車が便利だ。
2. 基準時B／A＝同時時間帯
   CDを+買うなら／×買ったら／×買えば／×買うと、あのスーパーが安い。
   あのスーパーへ+行くなら／行ったら／行けば／行くと、CDは何でも安い。
3. 基準時B／A＝既実現
   CDを3枚+買うなら／買ったら／買えば／買うと、1枚ただにしてくれる。
   あのスーパーへ+行くなら／行ったら／行けば／行くと、安いCDが買える。

ご質問の「梅田へ行く(の)なら、地下鉄です」というのは、おそらく「梅田へ行くなら、そのまえに、地下鉄に乗るほうがいい」という意味でしょうから、〈基準時B／A＝未実現〉を表していることになります。ところが「梅田へ行く(の)なら、デパートで買い物してきてください」となると、おそらく「梅田へ+行ったのなら／行ったら、そのあと、デパートで買い物してきてください」という意味で、〈基準時B／A＝既実現〉を表します。

A：今晩、クラブの練習で遅くなる（から、おなか、空く）かもしれない。
B：おなか+空いたのなら／空いたら、パンでも買って食べなさいね。

過去の「～た」を含んだ「A+たら+B」は、必ず「A+た+あとで+B」です。同じ「～た」を含んだ「A+たのなら+B」も、必ず「A+たあとで+B」ですが、前提となる「おなか、空くかもしれない」を聞いた場合にしか使えません。これが「～たら」なら（　　　）のなかがなくても使うことができます。

📝 COLUMN •

〈「～(の)なら／～たら／～ば／～と」の使い方〉

　英語や中国語、韓国語などでは「if ～／如果～的話／～면」といった言葉が順接仮定条件を表すが、日本語は4通りで対応するので、学習者を困らせても当然である。

条件	前提	仮定	一般	確定
～(の)なら	○	○	×	×
～たら	×	○	×	○

条件	前提	仮定	一般	確定
～ば	×	○	○	×
～と	×	×	○	○

1. 「A＋(の)なら＋B」は、AとBの時間的関係が特異な場合がある。
　仮定条件：基準時B　A＝未実現
　　日本語を勉強するなら、日本へ留学するのが一番です。
　　×日本語を勉強＋したら／すれば／すると、日本へ留学するのが一番です。
　反実仮想：基準時B　A＝既実現 (実際に起こったこと)
　　なんだ、神戸へ来ていたの？ 来てたのなら、六甲からの夜景が楽しめたのに。
　　神戸へ来て＋いたら／いれば／いると、…　　　(非実現：神戸に来ていない)

2. 「A＋たら／と＋B」は、仮定条件ではなく、確定条件を表すことがある。
　　本屋へ＋行ったら／行くと／×行くなら／×行けば＋先生がいましたけど。
　　王さん？ 報告書を＋書いたら／書くと／×書くなら／×書けば＋帰ったよ。

3. 「A＋ば／と＋B」は、仮定条件ではなく、一般条件を表すことがある。
　　100m高く＋なれば／なると／×なるなら／×なったら＋気温は1℃下がる。
　　生活が豊かに＋なれば／なると／×なるなら／×なったら＋人の絆は弱くなる。

4. 「A＋と＋B」は、話し手の確信を表して、聞き手に働きかける文には使えない。
　　3時に＋着くのなら／着いたら／着けば／×着くと＋すぐお電話してください。
　→3時に＋着いたのなら／着いたら／着けば／着くと＋すぐお電話するのですね？

• •

☞『日本語類義表現使い分け辞典』p.424 以下

Q47:「よく～する」と「～しやすい」

「よく見える＝見やすい」なのに、なぜ「よく見る≠見やすい」なのですか。

A 次の「よく」の使い方のうち、あとに続く動詞Aが、話し手の意志を表さない場合に「X は＋A＋やすい」にすると、一般的な傾向を表すことがあります。

1. 回数の多さ／数量の多さ／努力の多さ：意志動詞
   テレビは毎日2時間ほど見ますから、よく見るほうかもしれません。
   大きくなったね。よく食べ、よく寝る子は、早く大きくなるって言うけど。
   最近、すごく成績が上がりましたね。よく勉強しているのでしょうね。
   優勝ですって？ 本当におめでとうございます。よく頑張りましたね。
2. 能力の高さ／程度の高さ：無意志動詞
   成績がまた上がりました。よくできるように／×できやすく＋なりましたね。
   この子、よく泳げる／×泳ぎやすい＋だろう？ 練習した甲斐があったね。
   彼のことは＋よく知っています／×知っていやすい＋よ。
3. 可能性の高さ／回数の多い傾向：無意志動詞
   このごろ、よく風邪を引くように／風邪を引きやすく＋なりましてね。
   この道、アイスバンになって、よく滑る／滑りやすい＋から、気をつけて。
   ここ、急カーブになっていて、事故が＋よく起こる／起こりやすい＋んです。
4. プラスとマイナスの評価：意志動詞
   すごい!! よくやった。偉い!!
   もう少しで忘れるところでした。よく言ってくださいました。助かりました。
   よく言うよ、先生に向かって。なんて言葉、使うんだ。
   よく飲むねえ。もういい加減にしたら？

「3」の場合だけ「よく＋A」と「A＋やすい」に互換性がありますが、例えば「来てごらん。ここのほうが、港の景色が＋よく見える／見やすい＋よ」の場合、動詞が違っています。視野に映る景色などの鮮明さや美しさの高い程度を示す「よく見える」と、見ることの容易さを表す「見やすい」とでは、少し違いがあります。なお「～やすい」の使い方につきましては、右頁をご覧ください。

§1 文法編

✎COLUMN •

〈「～やすい」と、反対の意味の「～にくい」〉
　「動詞A連用ます形＋やすい／にくい」の使い方は、Aが話し手の意志を表す動詞か、そうでないかによって違ってくる。

1.　無意志動詞＋やすい：一般的なプラスかマイナスの傾向
　　季節の変わり目は、風邪を引きやすい。（誰にでも当てはまる一般的な傾向）
→季節の変わり目は、よく風邪を引く。　（話し手の体験による個別的な傾向）
　　都会では、星は見えにくいが、田舎ならよく見える。
→都会では、星はよく見えないが、×田舎なら見えやすい。
　　　☆ p.50「自発」の「見える」は、このままでプラスの一般的傾向を表す。
　　英語の授業はわかりやすいのですが、数学はわかりにくいのです。
→英語の授業はよくわかるのですが、数学はよくわからないのです。
　　普通のガラスは割れやすいが、強化ガラスのメリットは、割れにくいことだ。
→普通のガラスはよく割れるが、強化ガラスのメリットは、あまり割れないことだ。
　　日本人は肉類や乳製品を多くとると、大腸癌になりやすいと言われている。
×日本人は肉類や乳製品を多くとると、よく大腸癌になると言われている。
　　燃えやすいゴミは庭で処理して、燃えにくいのだけ分別して出している。
×よく燃えるゴミは庭で処理して、あまり燃えないのだけ分別して出している。
　　　☆「よく＋A」は、個別的傾向か程度の高さを表すので、最後2例では不自然。

2.　Xは＋意志動詞＋やすい：個別的体験に基づくXに対するプラス評価
　　このテレビ、ワイド画面で、とても見やすいし、この眼鏡で見ると、よく見える。
→このテレビ、ワイド画面で、よく見えるし、この眼鏡で見ると、とても見やすい。
　　このボールペン、ペン先が太くて、とても＋書きやすい／書きよい／よく書ける。
　　これ、どこで買ったの？　とっても＋使いやすい／×よく使える＋ね。
　　こっちの靴は＋歩きやすい／×よく歩ける＋けど、そっちのは歩きにくいね。
　　　☆「よく＋可能形」は、能力や程度の高さを表すので、最後2例では不自然。
• •

☞『日本語類義表現使い分け辞典』p.986、p.1067

―― Q48:「〜に対して」と「〜について」 ――――――――――――――
「〜に対して」と「〜について」の違いを、どう説明すればいいですか。

A 「〜に対して」と「〜について」とは、もともと類義表現文型とは言えないのですが、中国語の「対于〜」や、韓国語の「〜에＋대하여／對하여」は、この2つに相当する意味をもっていますし、次のような例では、置き換えることができますから、これらを母語とする学習者は、よく混乱を起こします。

　　　医学／仏教＋に＋対する／ついての＋造詣が深い／知識が豊富だ。
　　　結果＋に＋対して／ついて＋絶対の確信を持っている／疑いを抱いている。
　　　母は＋私に対して／私のことについて／×私について＋理解がある。

1. Aに対して＝A＋に／へ／に向かって：到着点「標的／狙った対象＋に」
　　　人に対して＋感謝／反対／反抗／抗議／説教＋する
　　　　　　礼を尽くす／無礼を働く／理解を示す／頭を下げる
　　　　　　考えを話す／質問を出す
　　　テーマ／物事／事情＋に対して＋反対／反抗／抗議＋する

2. Aについて＝Aを：p.18 処理「扱うべきテーマ＋を」
　　　テーマ／物事／事情＋について＋人から聞く／人に話す／人と相談する
　　　　　　ひとりで調べる／みんなで考える
　　　　　　勉強／研究／執筆＋する
　　　恋人／配偶者／上司／従業員＋(のこと)＋について＋同上のB

3. Aについて＝Aに：到着点「標的／狙った対象＋に」
　　　テーマ／物事／事情＋について＋考え／興味／関心／回答／影響＋がある
　　　　　　意見を述べる／文句を言う／反対を示す

「Aについて」の意味が「Aに」と等しくなる「3」の場合にだけ互換性があります。互換性のある「Aに対して」の場合、ターゲットは「Aひとつだけ」ですが、もう一方の「Aについて」のターゲットは「A＋その周辺のこと」です。

✏️COLUMN •••

〈多様なパートナーをもつ「～に対して」〉
　Aへの積極的な働きかけを表す「A＋に対して」は、英語なら、ターゲットを示す 'at＋A' や、到着点の 'to＋A' か、Aとの対立を表す 'against＋A' などに相当するが、次のように多様な互換性があるので、正体不明になって学習者を困らせる。

1. 今の発言に対して、ご意見はありませんか≒発言への反論　☞ p.71
   今の発言について、ご意見はありませんか≒発言内容への感想
   　☆「A＋について」と類義関係にあるのは「A＋に関して」である。
   相手に対する弱みを握られる＝自分のもつ相手への弱み
   相手についての弱みを握る＝相手の弱み

2. 母は私たちに対してやさしい≒母の言動や働きかけ方がやさしい　☞ p.131
   母は私たちにとってやさしい≒母はやさしいと私たちは思っている

3. 兄が穏やかなのに対して、弟は気が短い≒兄弟の対立した性格　☞ p.140
   兄が穏やかな一方、弟は気が短い≒兄弟の異なる性格の並列

4. 親に対して口答えする≒親の考えと対立する意見を言う　☞ pp.407–410
   親に向かって口答えする≒親の考えを無視して反抗的な言葉を吐く

5. ボーナスは、社員ひとりに対して、平均50万円が支給される　☞ p.613
   ボーナスは、社員ひとりあたり、平均50万円が支給される

　以上の「A＋に対して」とペアを組むパートナーのなかで、見かけ上の互換性でなく、意味の上で「A＋に対して」と類義関係をもつのは「A＋に向かって」である。ダイナミックな「動態」を示して、Aに働きかける「A＋に向かって」を除けば、どのパートナーも、すべて動きすら感じさせない「静態」を示している。
••

　☆上記の☞の示すページ番号は『日本語類義表現使い分け辞典』のものです。ご参照ください。

§2　語彙編

　語彙についての質問で一番多いのは、やはり「類義関係にある語の使い分けが説明できない、わからない」というものです。特に学習者の母語に訳すと、同じ語が使われている場合、たとえ日本語では類義関係になくても、学習者には識別が困難ですから、質問が出ます。思ってもみない質問に、教師のほうが戸惑ってしまうことになります。

　学習者と同じ母語をもつ教師であれば、何とか説明がついてお茶を濁すことができるかもしれません。しかし、日本語を母語とする教師の場合、どんな日本語でも間違いなく使い分けることはできますが、日本語を外国語として考える訓練が欠けていると、説明不能に陥ることがしばしばあります。母語なのに、母語だからこそ、何を基準にして使い分けているのか、考えれば考えるほど、混乱してしまうからです。自律神経による心臓や胃腸の働きがコントロールできないのとまさしく同じように、母語話者というものは、母語をコントロールしながら話しているわけでも、話せるわけでもありません。

　母語話者にとって、母語の使い分けは、たとえ口から出まかせを言っているかのように聞こえても、体のもつ生理機能と同じで、間違おうとしても間違うことができないほど身についてしまっているのです。逆にして言えば、どんな場合でもエラーできないのが母語話者であり、エラーするからこそ学習者であると言えます。ですから、語学教師というものは、学習者が学ぶ学習者にとっての外国語を、学習者がコントロールできるような規則や基準を提示し、学習者が納得してエラーしないような説明ができることです。

　使い分けを説明するコツは、各種の国語辞書や和英辞典、インターネットのWiktionaryなどから、できるだけ多くの例文を抜き出して比較し、他の語との結びつき、つまり共起関係やコロケーションを調べ、使い方や意味の違いをすくい出すことです。説明の仕方で特に役立つのは、次の2点です。

柴田武、長嶋善郎、国広哲弥、山田進『ことばの意味1〜3』平凡社
森田良行『基礎日本語辞典』角川書店

Q49：「こ」系と「あ」系

「この子、何、考えてるんだろう」を「あの子…」に換えることができますか。

A ご質問には状況説明がついていて、話し手は母親です。留学中の娘へ、もうすぐ夏休みなので、電話して「いつ帰国するのか」と聞いたところ、娘が「よくわからない」と答えて電話を切ってしまったあとの場面です。

こうした状況をテキストにして授業しているとき、学習者から「海の向こうにいる『子ども』なのに、どうして『この子』なのか、遠くを指す『あの子』ではないのか」と聞かれたのだそうです。

ご質問の答えから申しますと、上の「この子」を「あの子」に換えることはできます。ただ、話しているときの母親の気持ちに違いがあります。

韓国語や日本語では、何かを指す場合に「これ／ここ」「それ／そこ」「あれ／あそこ」といった「こそあ」という３つの系があり、中国語や英語では 'this / here' 'that / there' といった２系があります。

しかし、日本語には３系があるからといって、そのすべてを同時に使っているわけではありませんから、実際に使っている場面を考えると、２系の言語とたいして違いはありません。

  これ／ここ それ／そこ あれ／あそこ
   this / here   that / there

３系の言語と２系の言語との関係は、およそ上のようになっていますから、２系の言語を母語とする学習者が「どのような場面に『こそあ』のどれを使うか」に迷って、エラーしてしまうことがあります。

日本語の「こそあ」系は、第三者を指す「あ」系が、対話の話題になっているか、なっていないかによって、基本的に次の２つの使い分けをしています。

1. 「こ」系と「そ」系：対話に「あ」系が存在しない場面
 話し手と聞き手が向かい合って話をしている。
 話し手に関係するか、話し手の近くのものが「こ」系で表される。
 聞き手に関係するか、聞き手の近くのものが「そ」系で表される。

2. 「こ」系と「あ」系：対話に「あ」系が存在する場面
　　話し手と聞き手が横に並び、手を繋いで話をしている。
　　話し手と聞き手が一体化した「私たち」が「こ」系で表される。
　　第三者は、すべて「あ」系で表される。

　例えば「この本は誰のですか？」の「この本」は、話し手が手にもっている本か、話し手の近くにある本を表しています。これに対して「その本は李さんのです」と答えた「その本」は、聞き手の手の中か、聞き手の近くにあります。
　上のような場面では、話し手と聞き手が「この本／その本」と呼ばれている「同じ本」を間にして、向かい合って話をしています。この対話では、第三者である「あの本」は話題になっていません。ただ「李さん」も第三者なのですが、聞き手は「李さん」を指し示して話題にしているわけではありませんね。
　「じゃ、あの本は誰のですか」という場面にかわって、今度は「あー、あの本は私のですよ」と答えた場合、話し手と聞き手は「あの本」と呼ばれている「同じ本」に向かって話をしていることになります。対話をしている2人は、向かい合っているのではなく、同じ「あの本」のほうを向いて並んでいます。誇張して言えば、手を繋いで横に並び、第三者である「あの本」を指し示しています。
　この2つの場面は、2系言語の学習者の目からすれば同一場面となり、あたかも「こそあ」の3系が、同時に使われているかのように見えます。しかし日本語を母語とする人は意識しないまま、短い時間内でも2つの場面を使い分け、体は動かしませんが、向かい合ったり並んだり、目まぐるしく「1」と「2」とを交代させています。
　2系言語の場合、第三者が存在するしないにかかわらず、話し手と聞き手が「私たち」となって一体化し、これを「こ」系で表すことが多いようです。つまり、向かい合って話をしている場面では「そ」系も「あ」系も存在しなくなり、2人が並んでいるか、聞き手が遠くにいる場合に「こ」系でないほうが使われているように思えます。
　ご質問の「この子」は、ただ「私の子ども」を表して、娘がどこにいても、母親にとっては「この子」になります。もし「あの子」に換えると、聞き手のいる対話か、聞き手に相当する「もうひとりの私」と対話している独り言になります。

― Q50:「こ」系と「そ」系 ―

「そんなに急いで、どこ行くんです」は「こんなに」でも、いいのでしょうか。

A いいことはいいのですが、意味が違ってしまい、異なった場面を表すことになります。pp. 100–101 もご覧ください。

聞き手に向かって「そ」系の「そんなに」を使うと、話し手と聞き手は向かい合って話をしていたり、少し離れた状態で会話しているイメージで、この「そんなに」のなかには、話し手が含まれていませんから、聞き手だけが「急いで」どこかへ行こうとしている場面になります。

ところが、聞き手に向かって「こ」系の「こんなに」を使うと、話し手と聞き手は一体化して「私たち」になり、横に並んで手を繋いでいるイメージになりますから、2人が「急いで」どこかへ行こうとしている場面になってしまいます。

2系言語では、上のどちらの場面でも「こ」系が使われ、話し手は聞き手と一体化しようとする気持ちが働くようです。2系言語を使う人は、人と人との距離が短いのかもしれませんね。

Q:「こんなに熱があるのに、どこへ行くの」が言えるのに、どうして「こんなに咳が出るのに、どこへ行くの」とは言えないのですか。

同じような質問に、上のようなものもありました。ポイントは次のようになります。2系言語では、どちらの場合にも「こんなに」は使えそうですが。

「熱がある」場合：話し手は聞き手と一体化できる。
「咳が出る」場合：話し手は聞き手と一体化できない。

どうしてかというと、聞き手に「熱がある」かどうかは、話し手が聞き手の額に手を当てるか、聞き手の計った体温計を手にとって見て、聞き手と同じ情報を共有して一体化できるからです。

ところが「咳が出る」ほうは聞き手だけが関係し、話し手は、聞き手の体に手を当てたり、聞き手の咳を計ったりして、聞き手と一体化できません。この場合は、ただ咳をする聞き手を、そばで見ているよりほかありませんね。

日本語の〈「こそあ」系〉を、ご参考までに、右頁にまとめておきました。

✎ COLUMN

〈指示代名詞「こそあ」系〉

	こ	そ	あ
互いに向かい合った対話	話し手	聞き手	×
手を繋いだ横並びの対話	話し手と聞き手	×	共通の話題
対話現場にいない第三者	話し手の情報	聞き手の情報	共通の情報
文章中で指示されるもの	直前か直後	前に述べたもの	読者の既知情報

向かい合った対話

横並びの対話

「そんなに急いで…」の場面

「こんなに急いで…」の場面

「こんなに熱が…」の場面

「そんなに咳が…」の場面

--- Q51:「そ」系と「あ」系 ---
「送料はそちらの負担」と「あちらの負担」には、どんな違いがありますか。

A 学習者の書いた文章は、次のようなものでした。

　もし、いつものあの薬局でお買いになるのでしたら、いつでも送料はそちらの負担になると言われましたので、こちらがお薬代だけを銀行に振り込めば、宅急便で送ってもらえるそうです。

　上の「そちら」は、文脈から「薬局」を表していることは理解できますが、文脈がないと「聞き手」を指すことになります。日本語の学習者である話し手は、英語の 'it' のような代名詞として「そ」系を使っているのでしょう。ただ「あちら」としたほうが、日本語を母語とする聞き手を混乱させませんね。
　「話し手＝こ／聞き手＝そ／第三者＝あ」という3系が基本ですが、話し手が聞き手の立場で話す場合は、話し手は聞き手と一体化して「私たち＝こ」系になり、聞き手を表す「そ」系は消えて、第三者には「あ」系が使われます。
　第三者が対話の現場に存在しない場合の「あ」系は、特に話し言葉でよく使われますが、話し手と聞き手が共通してもっている「記憶／情報／データ」を表しています。上の引用の「あの薬局」という言い方が典型的です。この「共通した既知情報」には、決して「そ」系は使われません。
　しかし、対話現場に存在しない第三者が「聞き手だけの一方的な情報」であれば、第三者は「そ」系になり、逆に「話し手だけの一方的な情報」なら「こ」系が使われます。次の3つの使い方を、よく理解してください。

　　話し手の提案：これは困りましたね。それじゃ、こうしましょうか。
　　聞き手に賛同：それは、いい考えですね。じゃ、そうしましょうか。
　　共通した話題：あのとき、ああしてよかったのですね。

　2系言語で「聞き手に賛同」を表す場合、話し手が聞き手と一体化して「これは、いい考えですね。じゃ、こうしましょうか」となる可能性が高いようです。
　p.103 の〈指示代名詞「こそあ」系〉も、ご覧ください。

Q52: 読解問題の「こそあ」系

読解問題に出題される「こそあ」系が指すものは何ですか。

A このご質問は、例えば「下線部③の『それ』は何を指しているか」といった問題を解く場合、学習者にどのような説明をすればいいかというものです。基本的には、これまで述べてきた対話現場での「こそあ」系と同じものですが、話し手が筆者で、聞き手が不特定多数の読者になる「読解問題」の場合では、特に「そ」系が難しくなります。まず、p.103 の〈指示代名詞「こそあ」系〉をご覧ください。

話し手の近くを指す「こ」系は、例えば「その日は、こんなふうにして始まった／それは、このように説明することができるだろう／事件の真相はこうだった」など、これらの文の前にあるものでも、後ろにあるものでも指すことができます。ただし、直前か直後であって、かけ離れたところにはありません。ですから、見つけるのが簡単すぎますから、通常「読解問題」には出てきません。

「あ」系は、不特定多数の読者と共通した「既知情報／記憶」などを表しますから、一方的に筆者が何かを説明、論説、解説するような長文の「読解問題」には出てきません。もし出てくるとすれば、非常にアップデイトな話題か、非常に有名な事件などで、例えば「いま話題になっている／誰でも知っている／例の／噂の／いつもの＋あの」といった使い方しかできませんから、これも簡単すぎて出題としては登場しません。

最後の「そ」系が問題です。p.104 でも申しましたように、対話現場では第三者が「聞き手だけの一方的な情報」であれば、その第三者を「そ」系で表しますが、上のような文章では、不特定多数の読者が知っていて、筆者の知らないことが話題になることは、まずありません。

「(これまで述べてきた) この問題をどう考えればよいか」といった読者への問いかけを、仮に「その問題」に換えてみたところで、聞き手である読者が知っている「一方的な問題」にはなりません。つまり「読解問題」に出てくる「そ」系は、英語の 'it / they / that / those' のような代名詞ということになります。

ということは、出題された「そ」系が指し示すものは、これ以前のどこかに潜んでいることになります。しかも、語なのか文なのか段落なのか、それ以前の全文なのか不明です。出題文の最後に出てくると、頭が痛くなってしまいます。

― Q53:「あのー」と「ええーと」 ―

「あのー」と「ええーと」の違いを、どう説明すればいいですか。

A 「ええーと」というのは、どの言語にも存在して「感動詞／感嘆詞／間投詞」などと呼ばれるものの一つです。英語では 'well' に相当しますが、パラフレーズすれば「どう言えばいいかな／ちょっと考えさせてね」ということになります。聞き手に「ちょっと待て、私の話はまだ終わっていない」ということをほのめかす「前触れ」の働きをしています。

これに対して「あのー」というのは、やはりどの言語にも存在するのでしょうけど、日本語では単なる「感動詞」ですが、英語では 'Excuse me' などの文に相当します。

もともと「あのー」は、p.103 の〈指示代名詞「こそあ」系〉の「あ」系である「あの」から来ていますから、聞き手との「共通の話題や情報」を表しているのですが、何か具体的なものを指しているわけではありません。しかも聞き手が、道などを尋ねる「通りがかりの人」や、顔見知りではあっても、親密な関係ではない「お店の人」などの場合に多く使われます。また、上司や先生に対してはもちろんのこと、たとえ親子や友人同士、同級生や会社の同僚といった間柄でも、ものを頼んだり許可をもらったり、気持ちの上で遠慮の入る場合にも、よく使われます。

学習者が、この「あのー」を翻訳しようとすると、それぞれの場合や場面で、いろんな表現に置き換える必要がありますから、把握できないまま「ええーと」と混同してしまうことがあります。

「あの」が聞き手との「共通した話題や情報」を表しているということが、学習者に理解できれば、この「あのー」が、聞き手に対して「話し手と同じ共通した感情や気持ち」を求める場合に使われることを説明してください。

つまり「あのー」は、話し手が困っているときや、ためらいや戸惑いなどのあるとき、許可を求めたり依頼したりするとき、言いにくいことを切り出したいときなど、聞き手に「自分の状況を理解してほしい／どうか私の言うことを聞いてください」ということをほのめかす「前触れ」として使われます。

こうした「前触れ」は、後続する文を省略できますから、会話では非常に便利です。便利ですが、意味の十分理解できていない学習者が使うと、とんだ誤解のもとになります。右頁に、こうした「前触れ」をあげておきました。

COLUMN

〈会話で使われる「前触れ」〉

省略可能な後続文

ああ（↓）：	いらっしゃい／どこへ行くの／面白い／すごい／疲れた／いやだなあ
あっ！：	ちょっと見てください／忘れものだ／思い出した／びっくりした
あのー：	おじゃまします／お願いがあるのですが／今お時間ありますか
あれ（〜）：	おかしいなあ／どうしたのかな／何なんだろう
いえ（↓）：	どういたしまして／とんでもありません／わかりません
ええ（↓）：	聞いていますよ／話を続けてください／そうですね／わかりました
ええーと：	何て言えばいいかな／言葉を探しているから、ちょっと待って
えっ（↑）：	何ですって？／何のことを言っているのですか
さあー：	よくわかりません／私は知りませんよ
さあ（↓）さあ（↓）：	ご遠慮なく／たくさん食べてください／入ってください
しまった！：	うっかりしていた／間違った／困ったことになった
ちょっと（↓）：	だめです／できません／待って（☆通常は省略される）
でもー：	困ります／お断りします／できません
どうぞ（↓）：	お好きに／ご随に／お楽に／ご遠慮なく
どうも（↓）：	すみません／ありがとうございます／よくわかりませんね
はい（↓）：	わかりました／承知しました／何ですか／誰ですか／ご用ですか
まあ（↓）：	これくらいでいいか／そんなものだろう／よくも悪くもない
	（☆「まあ」は「ああ／わあ」と同じ意味で、成人女性が使うこともある）
まさか（↓）：	本当？／うそでしょう？／ありえないよ／そんなはずないよ
へえ（〜）：	そうですか（↓）知りませんでした／そういうことですか（↓）
わあー：	うれしい／おいしそう／楽しそうだ／面白そうだ

☆初対面の「どうぞよろしくお願いします」という挨拶は、初めての人に何かを依頼するということなどありえないので、いわば「まず顔見知りになって、気が向けば付き合おう」くらいの意味でしかない。本当の依頼なら「どうかよろしくお願いします」になる。

Q54：日本語の人称代名詞

話し言葉で使われる「彼」や「彼女」の説明の仕方がわかりません。

A 書き言葉で使われるなら、こうした「彼／彼女／彼ら／彼女ら／彼たち／彼女たち」は、英語の 'he / she / they' に相当するものとして使われることが多く、特別な関係にある男女を指さないものです。

ところが話し言葉となると、英語の 'he / she / they' に相当するものは、具体的な名前「田中さん／エリちゃん／子どもたち／先生／部長／課長さんたち」が使われ、特別な関係にある男女を「彼／彼女」と呼ぶ習慣があります。ただ、ときに「彼／彼女」は、会議や比較的真面目な会話では、英語の人称代名詞のように使われることもあります。

ですから、話し言葉における「彼」や「彼女」については、次のような説明が無難ではないでしょうか。

1. 彼　：ときに「彼氏」といわれることもあるが、通常は「男友達／ボーイフレンド／婚約者／夫」を指す。ただ、公式の場や、私的な会話でもプライベートとは無関係な会話では、男性単数を指す人称代名詞として使われることもある。

2. 彼女：通常は「女友達／ガールフレンド／婚約者／妻」を指す。公式の場や、私的な会話では、上の「彼」の場合と同様。

3. 彼ら：「彼ら」または「彼たち」は、男性複数を指す人称代名詞、または英語と同様に、女性も含めた複数を指す人称代名詞として使われる。ただ「彼女ら／彼女たち」は女性複数の場合に限られる。

「彼／彼女」が単数を示すということから、特別な関係を指すようになったと思われますが、まどろっこしい「男友達／ボーイフレンド」などを簡潔に表現するためにも使われているのではないでしょうか。

日本語では、英語などの人称代名詞の代わりになる言い方が非常に多いのですが、二人称、三人称の場合は特に、あまり使われません。右頁に少しまとめておきました。

COLUMN

〈話し言葉における主な人称代名詞〉

```
                    公式の場→私的な場
一人称男女： わたくし　わたし
      男：　　　　　　ぼく　　　　おれ　　　わし（老人語）
      女：　　　　　　　　　あたし
      複数：我々／我ら　私たち／ぼくたち／ぼくら
      〜の：我／我ら＋が　私／私たち＋の
```
☆どれを使うかは、場により人により異なっていることが多い。

```
二人称男女： ×　　　あなた＋たち　あんた＋たち／ら
      男： ×　　×　　　　　おまえ／きさま／てめえ＋たち／ら
```
☆公式の場での二人称は、聞き手の地位を表す名称で呼ぶか、姓に聞き手の地位を表す名称をつけて呼ぶことが多い。特に地位名のない人、地位が不明の人には、姓のあとに「さん（目上か同等の関係）／君（同等か目下の関係）」をつける。

```
三人称男女： ×　　　彼／彼女　彼／彼女＋ら／たち
```
☆公式の場でも私的な場でも、二人称の場合と同様のことが言える。上の「彼／彼女／彼ら／彼女ら／彼たち／彼女たち」については、左頁を参照。

☆日本語における「一人称代名詞」は、時代とともに「つけ上がる／増長する／生意気になる」と言われ、逆に「二人称代名詞」は「おとしめられる／軽蔑や侮蔑の対象になる／馬鹿にされる」と言われています。ですから最も無難なのは、一人称の場合は、対比でなければ、使わない言語表現を身につける、二人称や三人称では「○○さん」などを使うことです。

☆なお「私／あなた」の省略については、『日本語類義表現使い分け辞典』pp.21-22をご参照ください。

― Q55: 同義語の説明 ―

同義語を説明するとき、どんな点に注意しなければなりませんか。

A 一般的に同義語というのは、例えば「百貨店」と「デパート」のように、まったく同じものを指してはいるのですが、会話の雰囲気や使っている場の状況などによって、年齢や性別によって、また話し言葉か書き言葉かによって、どちらにするかが使い分けられています。日本語を母語とする人は無意識にどちらかを選んでいますが、どんな場合に誰がどのように使い分けているかを思い出しながら、説明してください。

そして、ご自分の感覚で結構ですから、使われる頻度を説明に加えることも重要です。日本語は同義語や類義語のせいで、ほかの言語と比較すると、日常生活に必要な語彙数が多いといわれ、学習者の負担になっていますから。

同じものを指す語が2つ、ときには3つ以上もあり、おまけに使い分けをしなければならないとなると、学習者はうんざりしてしまいます。同義語だけではないのですが、語彙を覚えるとき、次のように2つに分けることを学習者に勧めてみてください。

1. 使用語彙： 話したり書いたりできる使用頻度の高い語彙
   意味がわかるだけではなく、どんな語彙と一緒に使われるかという「語と語の結びつき／共起関係／コロケーション」が重要なので、ひとつの文のなかで、つまり「文単位」で覚えるほうが望ましい語彙。

2. 理解語彙： 使えないが読んだり聞いたりすればわかる語彙
   文単位で覚える必要はなく、視覚的な印象、聴覚的な印象を、学習者の母語に置き換えて記憶しておくだけで十分な語彙。

例えば「賞与」と「ボーナス」では、後者「ボーナス」が使用語彙、前者が理解語彙です。先ほどの「百貨店」と「デパート」なら、どちらもほぼ同じ頻度ですが、どちらを使用語彙にするかは、学習者に任せてください。日本語を母語とする人でも、使うときは決まったほうになることが多いものです。

もうひとつ、同義語を説明するときの注意点は、日本語の語彙には、日本固有語の「和語」系、古くからある「漢語」系、増えつづけるカタカナ「外来語」系があり、2つ以上が同じものを指して同義語を生みだしていますが、同義語をすべて使用語彙に

している日本語母語話者は、まずいないということです。

　同義語のせいで、日本語を母語とする人がもつ日本語の使用語彙数が、日本語以外を母語とする人がもつ母語の使用語彙数よりも多いというわけではありません。ほぼ同じような文化的スタイルを背景にする言語の間では、その言語を記した辞書の語彙数はほとんど同じで、人によって理解語彙数に違いはあっても、人々の使用語彙数にほとんど大差はありません。ものを書く人の語彙が多いのは、書くものに合わせて、理解語彙を使用語彙にかえていくからでしょう。

　日本語の必要語彙は、人によって場合によって、使われ方にばらつきがあるため、全体として数が多くなっています。同義語が多いのに、日本語を母語とする人がもつ使用語彙数が、ほかの言語を母語とする人とあまり変わらないのは、若い人は外来語系、年配の人は漢語系、出版印刷物では、見てすぐ意味のわかる漢語系、広告では、格好よさを狙った意味不明に傾くカタカナ系といったように、使われ方が違っているだけで、個人のもつ使用語彙数は大きく変わりません。

　テレビのコマーシャルや活字化された難解な言葉を、そのまま日常会話で使ったりすると、冗談ならまだしも、馬鹿にされるかもしれません。どれが学習者にふさわしい使用語彙か、次の点を考慮しながら、ご一緒に話し合ってください。

和語：　日常の会話では最も伝わりやすく、やさしい響きがする。詩的な感じ。
　　　　多すぎると子どもっぽくなり、幼稚で知的レベルが低いと誤解される。

漢語：　知的レベルが高い印象を与え、公式な場や文書の作成に多用される。
　　　　同音異義語が多く、日常化した語彙以外は、聞いてわからなくなる。
　　　　通常の話し言葉に使いすぎると、尊大な感じを与えるかもしれない。

外来語：　原語音が2倍以上の長さに引き延ばされるので、聞いてわかりやすい。
　　　　専門的な語彙が多く、互いに知っていれば、会議や討論で多用される。
　　　　和語や漢語に同義語がある場合は、知識をひけらかすような感じになる。

--- Q56: 同義語: 漢語と漢語 ---

「温度計」と「寒暖計」には、どんな違いがあるのでしょうか。

A 「寒暖計」というのは、ほかでもなく気温を計るものですから、およそ「＋50℃〜−50℃」くらいが表示されているものです。室内温度を計るものなら、部屋の飾りにもなるようにデザインされているかもしれません。

これに対して「温度計」というのは、どんな温度でも、温度を計ることができれば「温度計」といえますから、もちろん「寒暖計」も含めて、身近なところでは、風邪をひいたときなどに使う「体温計」や、天ぷらなどの揚げ物をするときの油の温度を計るもの、ケーキなどを作るときに使うオーブン内の温度を計るもの、冷蔵庫や冷凍庫にも庫内温度を計るものが付いているかもしれませんし、また実験室には、用途に合わせていろんな「温度計」があるかと思います。

つまり「温度計⊃寒暖計」という関係になっていて、前者が「温度を計る道具の総称」で、後者が「特殊な温度を計る道具の名前」ということになるでしょうね。ただ、気温は特殊というより、温度の代表といった感じがしますが。

漢語と漢語の同義語の場合、漢字のもつ意味が際立ちますから、まったく同じものを指すということはなく、上の「温度計」と「寒暖計」のように、はっきりとした違いが現れます。むしろ類義語といったほうがよく、しかも一方が淘汰されて、使う人の少ない後者の「寒暖計」が使用語彙にならないというケースが多いようです。次の例も類義語ですが、使用語彙は限られます。

興味： 知りたい、身につけたいと思う気持ちを表す使用語彙。
関心： 同上。使い方「映画／水泳／経済＋に＋興味／関心＋がある」も同じ。
　　　「関心」のほうが「高度な知識」を対象とするので、理解語彙に近い。
趣味： 余暇に、ストレスを解消したり教養を高めたりするためにするもの。
　　　「趣味は音楽と読書です」など、話題となる使用語彙。
道楽： たくさんの金と暇にあかせてする「趣味」で、使い方も同じ理解語彙。
嗜み： 動詞「嗜む」からきた「趣味」を表す和語。使い方は「興味」と同じ。
　　　主に、人との付き合いで必要な知識、技能、教養などを指す理解語彙。

よく質問を受ける「漢語と漢語」の同義語を一部、右頁にまとめました。

✏️ COLUMN •

〈同義語：漢語と漢語〉

1. 学生：教育機関で何かを学ぶ人を表す使用語彙。特に大学で勉学や研究する人。
   生徒：中高生を示す使用語彙。また、生け花やお茶、ピアノや絵などを習う人。
   学徒：学生と生徒。ただ「学徒動員」など、戦時中の言葉で、現在は死語。
2. 学費：学校に納める勉学にかかる費用を表す使用語彙。通常は年額で示される。
   教育費：「家計に占める教育費の割合」など、教育にかかる費用の全体。使用語彙。
   授業料：学校や塾、家庭教師や習いごとの先生に払う月額年額の費用。使用語彙。
   月謝：家庭教師や習いごとの先生に支払う個人レッスンの月額費用。使用語彙。
3. 授業：小学校から大学その他で、先生が教室で誰かに何かを教えること。
   講義：大学やセミナーなどで「演習」と区別された、先生のお話を聞く授業。
   教授：サ変動詞で「教える」の意味。通常は教育機関での役職を表す使用語彙。
4. 元気：生活をする上で、肉体的精神的に、活力が十分ある状態を表す使用語彙。
   「元気がありませんね」は病気ではなく、精神的に落ち込んでいる状態。
   健康：肉体的精神的に病気でない状態を表す使用語彙。書き言葉で多用される。
   丈夫：肉体的に平均より高い健康状態を表す使用語彙。作った物にも使われる。
   達者：肉体的な機能が十二分に発揮できる状態を表す理解語彙。
   「足腰が達者」は褒め言葉。逆に「口が達者」は非難の言葉。
5. 監獄：法律や組織の掟を破った者を、罰として入れておく所を表す理解語彙。
   刑務所：現在の国の法律を破った者を、罰として入れておく所を表す使用語彙。
   牢獄：「監獄」ほどの怖さはないが、同じような古さを感じさせる理解語彙。
   牢屋：独房を連想させる「牢獄」に対し、集合房という感じになる理解語彙。
   留置所：警察が取り調べのため、疑いのある人を入れておく所を表す理解語彙。
6. 我慢：一時的な痛みやつらさを、精神力で抑えつけるという意味の使用語彙。
   辛抱：永続的と思えるつらさや苦しみに使われる。両者の理解語彙は「忍耐」。
7. 直感：思考過程を経ないで、何かを感覚的に捉える力。
   第六感：「目鼻耳口肌」による五感に加わる超自然的感覚。

• •

☞ 類義関係については、『類義語使い分け辞典』を参照

― Q57: 同義語: 外来語のいろいろ ―
「会議」と「ミーティング」には、どんな違いがありますか。

A 「会議」は、各国の首脳などが集まる国際的なものから、会社や学校、クラブやグループなど、地域や隣近所の集まりまで、ある決まったテーマで、相談をしたり打ち合わせをしたりするものですが、どこか「正式／公／フォーマル」といった響きがあります。

これに対して「ミーティング」は「非公式／インフォーマル／カジュアル」といった響きで、国際会議や役員会といった場合には使えませんが、たとえ「肩の凝る」フォーマルなものであっても、そうではない会議という感じにしたいときに多く使われるようです。

外来語というのは、ある「もの」や「こと」を表すのに、和語や漢語に翻訳することなく、原音を日本語の音声にかえたもので、不必要と思えるほど、漢語や和語と重なって同義語を作っていますが、次のような違いがあります。

1. 同義語や類義語をもたない使用語彙
    例: ボタン／レンズ／ズボン／スカート／ノート／カード／テレビ／パソコン／ガス／パン／ハンカチ／CD／DVD

2. 同義語や類義語をもつが、従来のものとは異なる使用語彙
    例: ビールやウイスキー(酒)／ケーキやカステラ(菓子)／ストーブ(炉)／コップ(湯のみ)／タオル(手拭い)

3. 同義語や類義語をもつが、従来とは使い方が異なる使用語彙
    例: アドレス(住所)／コンピュータ(計算機)／ブランク(空白)／ウエート(重量)／クレーム(苦情)／タイム(時間)／レシート(領収書)／ジョーク(冗談)／ムード(雰囲気)／ギャング(強盗)／モンスター(怪物)／レセプション(歓迎会や招待会)／リラックスする(くつろぐ)／ブレンドする(混ぜる)／バック(後退)する／ドライブ(運転)する／スタート(開始)する

4. 同義語や類義語をもつが、格好よさや軽快な歯切れよさのある使用語彙
    1) 同義語も使用語彙になるもの:
    例: デパート(百貨店)／パーティー(宴会)／イベント(催し物)／チャンス(機

会)／ルール(規則)／ピンポン(卓球)／グループ(集団)／ローン(借金)／ラスト(最後や最終)／コンプレックス(劣等感)／シンボル(象徴)／ポイント(要点)／テキスト(教科書)／センテンス(文)／スクラップ(新聞の切り抜き)／オーケー(了解)／チャレンジ(挑戦)／スライス(薄切り)／マーク(目印)／カットする(切る)／ストップする(止まる)／ユニーク(独特)／イマジネーション(想像力：同音の「創造力」と区別するためにも使われる)

2) 同義語が理解語彙になるもの：
例：ペア(対)／タイミング(時機)／ショック(衝撃)／コントロール(制御)／バランス(平衡や均衡))／ギャップ(隔たり)／クラス(学級)／ランク(等級)／レート(比率)／アドバイス(助言)／イミテーション(模造品)／マッサージ(按摩)／オーナー(所有者)／ジェスチャー(身振り手振り)／ウィークポイント(欠点)／メリット(利点)／スムーズ(円滑)

5. 同義語や類義語をもつのに、わざわざ取りいれた理解語彙
例：ブック(本)／マガジン(雑誌)／オフィス(事務所や事務室)／ショッピング(買い物)／スイミング(水泳)／クッキング(料理)／エアポート(空港)／テレホン(電話)／シグナル(信号)／ルーム(部屋)／ハイウェイ(高速道路)／カルチャー(文化)／バスストップ(バス停)／バスルーム(浴室)／ドクター(医者)／ロジック(論理)／ベースボール(野球)

　上のうち「1」は、同義語が存在しないので、このまま覚えるよりほかない使用頻度の高い使用語彙です。ところが次の「2」からは、学習者の語彙が増えれば増えてくるほど、質問となって現れますから、違いが説明できるように、あらかじめ辞書などを調べて、準備しておく必要があります。というより、毎日の生活で気づいたときに、すぐに調べてみる習慣を身につけておきたいものです。

　「2」について、少し説明しておきますと、例えば「ストーブ」は室内で使われる暖房器具ですが、エネルギーは電気やガス、灯油などです。これとペアを組む「炉」は「熔高炉」や「囲炉裏」などと使われる理解語彙ですが、暖房器具ではなく屋内設備で、燃料として使われるのは、火が燃え上がるような石油や薪などです。ちなみに、会社などの集中暖房用の燃焼設備は「ボイラー」という使用語彙です。

　また「コップ」は紙や陶器やガラスでできていて、熱いものでも冷たいものでも、液体を飲むのに使われます。取っ手がないという点で共通する和語の「湯のみ」は、湯ではなく、湯で入れた熱いお茶を飲むものです。

日常よく使われているのが外来語の「タオル」ですが、綿糸を平織りにした、ループ状の毛羽立ちのない薄いものが「手拭い」です。昔「タオル」のなかった時代に使われていたもので「日本手拭い」とも呼ばれます。
　つまり「2」は同義関係にはありますが、まったく異なる語彙として理解しておくほうが便利でしょうね。
　「3」については、説明の仕方の参考になるかもしれないと思い、右頁に載せておきました。難しい漢語を使って簡潔にしたところもありますから、学習者のわかる語彙に置き換えて、話すようにしてください。
　「4.1)」は、外来語にするか、漢語または和語にするかを、学習者に選択してもらえばいいものです。漢字圏の人には、漢語が覚えやすいでしょうし、英語圏の人には、原語を示して、外来語への音変化を説明すれば、わかりやすいでしょう。
　原語から外来語への音変化というのは、原語に母音の伴わない子音 'school' があれば、子音のあとに母音「suchoolu」をつければ、基本的には外来語「スクール」になります。
　ただ、一部「cat→キャット／book→ブック／dog→ドッグ／plastic→プラスチック、プラスティック」など、原音に存在しない促音「っ」が現れることがあります。
　「4.2)」は、外来語のほうで話せばいいのですが、同義語となる漢語や和語も書き言葉ではよく使われますから「見てわかるようにしておく必要がある」と説明してください。これは「3」や「4.1)」の場合でも同じです。
　ところが「5」の外来語は、広告などの印刷物で多用され、目で見てわかればよいだけですから、感覚的な印象だけで十分です。

§2 語彙編

✏️ COLUMN ••

〈同義語：外来語のいろいろ〉
　同義語や類義語をもつが、従来とは使い方が異なる使用語彙

1. アドレス：メール専用。若い人は「メルアド」ともいう。
　　　住所：郵便物、戸籍簿、申込書、証明書などに使われる。
2. コンピュータ：大型のものから端末機、パソコン、ノートまでの総称。
　　　　計算機：大型のものを指すか、加減乗除などに使う手帳サイズのもの。
3. ブランク：何の予定もない時間。本の余白。空欄。何も書かれていない白紙。
　　　空白：本や歴史などの何も書かれていない部分。むなしい「心の空白」。
4. ウエート：他の外来語「オーバー／リフティング」を伴って使われる。
　　　　　　「ハンディのあるほうへウエートをかける」など「偏重」の意味。
　　　重量：物の重さを表す。
5. クレーム：商取引上、契約違反した事柄に対する賠償請求。顧客からの文句。
　　　苦情：日常生活上、常識に反した事柄に対する文句。
6. タイム：スポーツの試合などで、ゲーム中断を告げるときの言葉。
　　　時間：心臓や天体の動きなどで感知できる、過ぎゆき、向かってくるもの。
7. レシート：お店のレジから出てくる、円筒状の紙に書かれた買い物明細。
　　　領収書：お店の人に手で書いてもらい、あとで精算できる支払い証明書。
8. ジョーク：人を楽しませ、笑わせる短い物語。本に編まれることもある。
　　　冗談：人を怒らせることもある短い話。聞いて忘れるのが一番いい。
9. ギャング：アメリカのマフィアなどの強盗団。またはピストルをもった強盗。
　　　強盗：暴力や非情な手段に訴えて、無理やり人から金品を盗む者。
10. バック：特に乗り物や人が後ろへさがること。反意語がない。
　　　後退：「前進」の反意語で、何かが後ろへ下がること。
11. ドライブ：運転者が家族や友人たちと、乗車や風景などを楽しむレジャー。
　　　運転：車を操作して動かすこと。
12. スタート：新しく何かを始めること。
　　　開始：「新しく」かどうかは問わず、何かを始めること。

••

―― Q58: 同義語: 外来語と外来語 ――

「エアコン」と「クーラー」は、どう違いますか。

A 家電ショップでは「エアコン」として売られていますが、教室や事務室、レストランなどでは、たとえ「エアコン」が置いてあっても、そうは呼ばれることはあまりなく、例えば「寒いですから、暖房をつけてください／ちょっと今日は暑いですね、冷房を入れましょうか」などと使われます。

日本の夏はとても蒸し暑くて、夜は25℃を超える熱帯夜になり、家屋の条件によっては、室内温度が30℃を超える場合もありますから、冷房がなければ眠れないという人がいます。こうした暑い夏の「冷房／エアコン」は、音の響きが涼しい「クーラー」に名をかえて、会話でよく使われます。

日本の冬は、沖縄を除けば、かなり寒いですし、北海道や東北地方では暖房がなければ生活できません。しかし「エアコン」を使って暖房すると光熱費が高いので、一般家庭では、p.115で申しました「ストーブ」を使って暖をとります。

つまり「エアコン」は夏専用ということになり、それなら「エアコン」を使わずに、涼しい「クーラー」を使いたいという心理が働くのでしょう。日本に「エアコン」が登場したときは、英語で「冷却器／保冷容器」を表す「クーラー」でしたが、和製英語の「ルームクーラー」が 'air conditioner' とわかって普及してからも、また外来語にすると長い英語になる「エアコンディショナー」を、4モーラの短い「エアコン」にしても、やはり「クーラー」を使っています。

このように外来語同士の同義語には、その言葉を輸入した時代によって異なるというものがほとんどです。最も有名なのが「カルタ・カルテ・カード」です。すべて同じ「切りそろえられた厚手の紙」を表していますが、最初の遊び道具である「カルタ」は400年ほどまえ、ポルトガル語から、次の「カルテ」は、患者の病状病歴記録ですが、150年ほどまえ、ドイツ語から、最後の「カード」は「図書／ID／バンク／クレジット／ポイント＋カード」など、世界中にあふれかえっていますが、日本でも最もよく使われるものです。

ほかに、古くから使われている「グラス」に対して、生ビール専用の「ジョッキ」や、p.115の「コップ」に対して、コーヒーや紅茶など外来の熱い飲み物が普及して、使われはじめた「カップ／マグカップ」もそうです。

ご参考までに、よく質問されるものを右頁に載せておきました。

§2 語彙編

✏️ COLUMN •

〈同義語：外来語と外来語〉

1. コンクール：高水準の「金銀銅／優秀／佳作」といった賞を複数、決めるもの。
   コンテスト：優勝または金メダルなど、一位、二位といった順位を決めるもの。
2. マナー：公の席などで守らなければ恥をかくルール。漢語の「作法」にあたる。
   エチケット：公の場では守るほうが格好よく、人からも期待されているルール。
3. ミス：漢語の「過失」で、故意ではなく不注意から起こった失敗。
   エラー：漢語の「過誤」で、能力や技術の不足から起こった失敗。
4. ユーモア：人間の弱さからくる人生の悲哀や苦悩を大らかに眺め楽しむ気持ち。
   ジョーク：受けを狙って人生の機微をついた話。冗談との違いは p.117 を参照。
5. シンポジウム：あるテーマについて話し合うこと。円卓を囲んだ食事の雰囲気。
   ディスカッション：あるテーマについて討論して、異なる意見を調整すること。
6. コマーシャル：広告。売りたいもの、知ってほしいことを公に知らせること。
   PR：宣伝。商品のよさや主義主張を広告するが、大袈裟で誇大な印象。
7. ハイキング：グループで歩くことを主目的とした楽しみ。漢語「遠足」に近い。
   ピクニック：森や湖畔など、自然に囲まれて食事するのを主目的とした楽しみ。
8. ショップ：小規模で特定のものを扱う店。漢語「売店」は駅や学校などに付属。
   ストア：規模は大小あるが、多品目のものを売る商店。専門店でも品数は豊富。
9. ハイフン：英語などで 'key-person' のように、語と語のつなぎに用いられる。
   ダッシュ：「彼は英語が―あまりうまくなかったが―話せた」などの場合に使う。
10. チャック：日本の商品名。最も古くから使われ、老人語のような響きがある。
    ファスナー：最も一般的な言い方。英語では「クリップ／スナップ」を含む。
    ジッパー：もと英語の商品名。ジーンズに似合いそう。スーツには「ファスナー」。
11. プロ：特定の技術で生活ができる「玄人」で「アマチュア／素人」の反意語。
    エキスパート：特定の高い技術や豊かな知識で生活できる「専門家」のこと。
12. マンション：分譲も賃貸もある高級なイメージを売りにする高層の集合住宅。
    アパート：古さと低家賃をイメージさせる一軒家を小部屋に分割した住まい。
13. ラベル：英語で、瓶などに貼られる紙。オランダ語の古い言い方が「レッテル」。

• •

--- Q59: 同義語：漢語と和語の違い ---
「外国の人」と「外国人」と「外人」は、どう違いますか。

A この場合は、誰が「外国人」であるかによって異なります。もし聞き手が「外国人」であれば、最も丁寧な言い方は「外国の方」になりますし、喧嘩にでもなって、面と向かって聞き手を罵るなら「外人」になるのではないでしょうか。ただ通常は、聞き手を馬鹿にした言い方はしませんから、もし第三者が「外国人」なら、陰で「外人」と悪く言うことはあるかもしれません。

ときどき日本に、もうずいぶん長くて、自他ともに認める日本通の人が、自分のことを「外人」と言う場合がありますが、この言葉に「軽蔑／蔑視」が含まれることを知りながら使っているようですから、一種の冗談なのでしょうね。

こうしたことをまとめてみれば、右頁のような使い分けが、最も一般的ではないでしょうか。

同義関係になる「漢語」と「和語」が多いのは、ずっと昔、公文書の作成に漢文がそのまま使われていた時代があり、当時の官僚たちは好んで「和語」を「漢語」にかえて使い、それが現代に引き継がれているからです。両者の違いは、公文書を書くのに使われる「漢字」を、いわば「真の字」という意味で「真名」と呼び、私文書を表す「仮の字」を「仮名」と呼んでいるのに現れています。

ですから「漢語」のほうは今でも、主に書き言葉に使われ、話し言葉でも、会議や公式行事、レセプションといったフォーマルな「挨拶／演説／スピーチ／説明」などに使われています。いわば表向きの「父語／標準語」といったものに似合いそうです。これに対して「和語」のほうは、日常生活のプライベートな会話で多用され、いわば家庭内で親から子へと伝わった言葉、つまり「母語／方言」にふさわしいものです。

時代的には最も古い「和語」が、千年以上もまえに漢字や漢文が導入されるにつれて「漢語」になり、西洋諸国との接触によって必要になった新しい概念を表す語彙も「漢語」で作られました。しかし「新漢語」を作りつづけることに疲れたか飽きたか、面倒になったかは知りませんが、漢字が造語力を失い、ここ数十年のあいだに「外来語」が特に増え、それまでの「漢語」にとって代わるようになりました。同じものを指すとしても、その使い方にずれがあるため、いずれも淘汰されずに３つの言葉が残っているということが珍しくありません。

✎ COLUMN

〈同義語：漢語と和語〉
「外国人」の表し方

	丁寧	ニュートラル	蔑視	
話し手＝外国人	×	外国人です	外人です（冗談半分に）	
聞き手＝外国人	外国の方(かた)ですか	外国の人ですか	外国人ですか	
第三者＝外国人	外国の方です	外国の人です	外国人です	外人です

例えば日本国内での対話とすれば、おおよそのところは次のような違いになる。

外国人： よくわかりません。外国人なんです。
　　　　 そんなことわかりませんね。外人ですからね。
日本人： あのう、外国の方ですか。どちらからいらっしゃいましたか。
　　　　 あのう、外国の人ですか。どこから来ましたか。
　　　　 なんだ、外国人か。道理で言葉が通じないと思った。
A： あそこにいる人、外国の方ですか。どちらのお国の方ですか。
　　 あそこの人、外国の人ですか。どこの国の人ですか。
　　 あの人、外国人ですか。どこから来たんですか。
　　 あれ、外人ですか。何人(なにじん)ですか。

具体的な国名「アメリカ」を使うと、次のようになる。

	丁寧	ニュートラル	蔑視
話し手＝アメリカ人	×	アメリカ人	
聞き手＝アメリカ人	アメリカの方	アメリカの人	アメリカ人
第三者＝アメリカ人	アメリカの方	アメリカの人	アメリカ人

☆形式形態上のもので、実際はどうかというのは別として、日本語に「自分を下げて、相手を上げる」という言語習慣のあるということを伝えてください。

Q60: 同義語: 漢語と和語の例

「氏名」と「名前」の違いを、どう説明すればいいですか。

A およそ同じものを指していますから、意味の違いではなく、使い方の違いに注目してください。例えば次のようなものを、学習者にわかる語彙に置き換えて、説明してみるといいのではないでしょうか。漢語には、もうひとつ「姓名」がありますから、これも一緒に並べてみました。

- 氏名: 戸籍や登録、申込や証明、名簿といった書類で、家族名(苗字)と個人名を切り離さず、一続きのものとして扱うときに使われる理解語彙。
- 姓名: 入国カードなど、両者を切り離して扱う場合に使われる。よく使われるのは「姓名判断」くらい。しかし姓と名を表す外来語「ラストネーム」と「ファーストネーム」を意識すると、脳裏に浮かんでくる理解語彙。
- 名前: 氏名であったり、姓名であったり、姓や個人名だけになったり、便利といえば便利、よくわからないといえば、よくわからない使用語彙。

最もよく使われるのが「お名前は何ですか」の「名前」ですが、これを書く場合は「ご住所とお名前を書いてください」から、申込書などの書式にある欄を示して「住所と氏名を記入してください」にかわることはあります。こういったときに「姓名」が使われることは決してありません。

次の3つも、日本人は何気なく使い分けていますが、いざ説明するとなると、なかなか難しいものです。

- 人類: 他の動物、特にほかの哺乳類とは違うことを強調する場合の理解語彙。
- 人間: 動物は意識せず、社会生活を営む「私たち」を考えるときの使用語彙。
- 人: 上の2つのほかに「特定の個人／赤の他人／私／人柄や人格／世間や世の中」など、多様な使われ方をする使用語彙。

右頁にも例を挙げましたが、一般的に「和語」は、意味に広がりがあり、いろんな使い方ができる融通性に富んでいますが、悪くいえば、意味が限定されておらず、ほんやりと曖昧になって、学習者には理解しにくいことがあります。

COLUMN

〈同義語：漢語と和語〉

　「漢語」と「和語」の同義語には、次のようなものがあるが、使用頻度の高い使用語彙ほど左へ、低い理解語彙ほど右へ、片寄っていくように並べてみた。おおよそのところで、人により、状況により、異なりがあるかもしれない。

使用語彙 ←――――――――――――――――――→ 理解語彙

使用語彙				理解語彙
国	国家			
寂しい　独りぼっち		孤独		
これから　今から			以後	今後
すぐ　早速　即刻	ただちに　速やかに			
最中／真っ最中		真っ只中(ただなか)	最中(さなか)	
年末	年の暮	歳末		
聞く　質問する／尋ねる		問う		
問題		問い		
答え	回答／解答	答案		
答える／返事する				
	対応する　応じる			
	応対する　応える(こた)			
ご馳走する	おごる	もてなす	ふるまう	
効果　効き目			効能	
水面(すいめん)		水面(みなも)		
歩く		歩む(あゆ)／歩行する		
気持ちいい		快い　心地よい　快適		
転ぶ　こける		転倒する		
転がる　転げる		横転する		
回る／回す	回転する／回転させる			
運命／宿命	巡り合わせ　回り合わせ	定め		

☞ 類義関係については『類義語使い分け辞典』を参照

---- Q61: 同義語：和語と和語 ----

「おにぎり」と「おむすび」には、どんな違いがあるのでしょうか。

A 基本的には、ひとりか内輪で食べるのが「おにぎり」で、お祭りや家族以外の人と一緒に食べるのが「おむすび」といった違いがあるように思います。ただ「おむすび」が理解語彙に移って、あまり使う人がいなくなりましたが。

まったく同じものを指すのに、2つの言葉があると、どちらかが淘汰されるという典型的な例ですね。コンビニやスーパーなどの「おにぎり」コーナーに並んでいるのは、ほとんどが三角「おにぎり」ですが、なかに円盤形のがあって、よく見ると「おむすび」と書かれているのがあります。まるで「おにぎり」という種類のなかに「おむすび」があるような感じがします。いわば「野菜」のなかに「トマト」や「レタス」があるかのようです。

この2つの違いは、もとになった動詞「握る」と「結ぶ」を考えてみると、わかりやすいかもしれません。例えば、握手などでは「相手の手を握る」といいますが、これを「×相手の手を結ぶ」という言い方はありません。言えるとすれば「相手と手を結ぶ」です。

童謡に「結んで開いて、手を打って結んで、また開いて手を打って、その手を上に」というのがありますが、このときの「結ぶ」は手を握っています。ただし「美しく握る」という気持ちが込められています。遊戯をしながら、人に格好のよさを見せているわけですから。これに対して、生まれたばかりの赤ちゃんは、誰かに見せようなどとは思わずに、手をギュッと握っていますが、誰かと結託しているかのようになる「手を結んでいる」とはいいません。

「リボン／帯／紐／契約／条約／婚姻＋を結ぶ」と使われる「結ぶ」は、別々であった「ふたつ」のものを関係づけて、見栄えのいい「ひとつ」のものに形づくるという意味です。これに対して「握る」は、掌に力を入れて拳を作る動作を表し、形とは無関係です。拳のなかに何かが入っていても、赤ちゃんのように何もなくても、また「手に汗を握る」ということでもかまいません。

お寿司屋さんがシャリとネタを手に、素早く一瞬にして作り上げる「にぎり寿司」は、仕上がりの美しさよりも、威勢のよい手早さが生みだすネタの新鮮さを強調したものです。あれがリボンを結ぶようにモタモタ握られると、おいしくなくなるでしょうね。2つの違いは右頁にまとめました。ご覧ください。

§2 語彙編

📎COLUMN •

〈「おにぎり」と「おむすび」〉

　「和語」と「和語」は、意味のずれがはっきりしている類義関係にはなっても、同義関係を結ぶということはほとんどない。結んでしまうと、一方が淘汰されて消えしまうはずなので、上のような例は、非常に珍しく、また説明も難しい。

　違いを示すと、およそ次のようになるかと思われる。

	「おにぎり」	「おむすび」
時代的	比較的新しい	古くからある
語の種類	使用語彙	理解語彙
もとの動詞	握る	結ぶ
使い方	手を握って開く	手を結んで開く（古語的）
	相手と手を握る	相手と手を結ぶ
	ハンドルを握る	×ハンドルを結ぶ
	政権／弱点＋を握る	×政権／弱点＋を結ぶ
	×橋で2つの島を握る	橋で2つの島を結ぶ
	↓	↓
イメージ	力強い拳	贈物のリボン
	↓	↓
	江戸前寿司	茶巾寿司
	にぎり飯	手巻き寿司
		↓
違い	仕上がりの美しさを気にせず、速さ便利さを追求したもの。毎日のお弁当やお酒のあとの軽食になったりする。手軽に手にとって気軽に口に放り込むもの。	便利さだけではなく、形の美しさを求めたもの。運動会や遠足のお弁当、パーティーの一品料理になる。ちょっと遠慮がちに手にとり、おいしいと言いながら食べる。

── Q62: その他の同義語 ──

「おとうさん」と「とうさん」の違いを、どう説明すればいいですか。

A これは説明のしようがありませんね。特に「お」がついているからといって、父親に敬意を示すようになるわけではありませんし、丁寧さが増すようにも思えませんから。ただ「おじいさん／おばあさん」の「お」は敬意や丁寧さを示しているようです。もし「お」をとってしまうと、老夫婦間での呼びかけになりますから。また「おじさん／おばさん」の「お」は省略すると意味を失います。

家族に対する呼びかけ、呼び方は、地方によって家庭によって異なっていて、例えば、父親では、ほかに「おとうちゃん／とうちゃん／おとう／パパ／おやじさん／おやじ」などが知られていますが、共通しているのは、家族への親しみがこもっていることです。上のどちらを使っても、父親に対する敬意と情愛は現れていますから、違いがありませんね。

強いてあげると、家のなかで「とうさん／おとうちゃん／とうちゃん」と呼んでいる子どもが、電車のなかでは「おとうさん」と呼んだり、よその人に父親のことを言うとき「(うちの) お父さん」を使ったりする可能性はあります。特に後者は、父親への敬愛を表した子どもらしい言い方で、成人すると「(私の) 父」とかわるものです。

つまり「さん」や「お」を使うと、いわゆる対外的な「よそ行き言葉」になると言えるかもしれません。この「父」という「よそ行き言葉」を、対外的に親しみをこめてカジュアルにしたものが「おやじ」で、人によっては父親への呼びかけにも使っているようです。

「おかあさん／かあさん／おかあちゃん／かあちゃん／おかあ／ママ／おふくろさん／おふくろ」が「母／(第三者的な) 母親」を表しています。

ほかに説明の難しいのは「カップル (英語)」と「アベック (フランス語)」ですが、大まかなところでは、次のような第三者の男女二人連れを表しています。

「カップル」 新しい語　若者　恋人や夫婦　結婚式の新郎新婦にも使われる
「アベック」 少し古い　中年　夫婦や愛人　胡散くさい場合に使われやすい

ただ人によって、ずいぶん印象が異なりますが、あえて違いを強調しました。

§2 語彙編

✏️ COLUMN

〈その他の同義語〉
　次のような、ときどき質問されて困ってしまう同義語は、ほとんど p.123 と同じように、おおよその使用頻度を示せば、わかってくれることが多い。

使用語彙 ←――――――――――――――――――――→ 理解語彙

使用語彙			理解語彙
覚える	記憶する		
わざと	故意に		
びっくりする　驚く			魂消(たまげ)る
わかりました	了解／承知＋しました		
競争する		競う　競り合う	
生き返る	復活する		蘇(よみがえ)る／蘇生(そせい)する
このあいだ　このまえ	先日	先だって	
辺り　近く　付近			
あちこち　あちらこちら			ここかしこ
主な	主要な		主たる
親	両親		二親(ふたおや)⇔片親(かたおや)
終わり　おしまい	終了　完了		
アイディア　思いつき	発想		着想
赤ちゃん　赤ん坊		赤子(あかご)／嬰児(みどりご)	嬰児(えいじ)
明け方　夜明け			暁(あかつき)　曙(あけぼの)
灯　明かり	ライト		灯火(ともしび)／灯火(とうか)
悪者(わるもの)	悪人(あくにん)		悪玉(あくだま)
食事／飲んだり食べたり	飲み食い		飲食
インスタントラーメン	即席ラーメン		
マッサージ	按摩		
旅行	旅		
寮	寄宿舎		
料理		炊事(すいじ)／調理(ちょうり)／割烹(かっぽう)／クッキング	
両方　両者　双方			
零下(れいか)		氷点下(ひょうてんか)	
忘れ物　落とし物			遺失物(いしつぶつ)

— Q63:「あっさり」と「さっぱり」—
「あっさり」と「さっぱり」の違いを、どう説明すればいいですか。

A 味の場合は、食べてみるしかないと思いますが、海外にいると、ちょっと大変ですね。教科書などに出てくると、よく「『あっさり』とか『さっぱり』としたものって、どんな味がするのですか」と聞かれて、本当に困ることがあります。説明に困るというより、何とか説明すると「そんなものが、どうしておいしいのですか」と言われることが困るのです。

「おいしく説明する」のは、とても難しいのですが、およそ右頁のようになるかと思います。身の回りにあるもので、どれが「あっさり／さっぱり」しているかを、ご自分で確かめておくといいですね。どちらも相対的な味で、濃厚な焼き肉のあとでは、スイカやキュウリなどのジューシーで甘みの少ない果物や野菜が「あっさり／さっぱり」とした感じになります。特に脂っこさのしつこい、こってりした料理のあとでは、酸味のきいたものが「さっぱり」した感じになります。

人の性格を表す場合は、大まかにいえば次のようになります。

あっさり： 喜怒哀楽といった感情を引き起こさないような人付き合いをする人。
　　　　　よくいえば「君子の交わりは水のごとく淡し」になり、
　　　　　悪くいえば「糠に釘、暖簾に腕押し、柳に風」といった感じになる。
　　　　　たとえ怒ったとしても、こだわることなく、落ち着きをとり戻すが、
　　　　　「冷静沈着／冷淡／薄情／非情／冷たさ」といった印象を与える。
　　　　　失敗しても、いつまでもグズグズ後悔したり悩んだりしない。

さっぱり： 喜怒哀楽といった感情を隠すことなく人付き合いをするような人。
　　　　　ただ腹を立てて怒鳴ったりもするが、1分も経たずに機嫌を直して、
　　　　　腹を立てるきっかけになった話をこだわりなく続けることができる。
　　　　　よくいえば「キレのいいビール／陽気で明るい」になり、
　　　　　悪くいえば「単純でおっちょこちょい」といったイメージになる。
　　　　　失敗しても、ケロッと忘れる。

「うまみ」も度が過ぎると「えぐみ」になり、飽食すると、すべてがまずくなります。立派すぎても鼻につきますし、愛情も同じなのかもしれませんね。

COLUMN

〈「あっさり」と「さっぱり」の違い〉

	「あっさり」	「さっぱり」
語の種類	使用語彙	使用語彙
反意語	しつこい	こってり
イメージ	浅い・濃くない・淡白	さわやか・無い・きれい
	複雑でなく単純・簡単	複雑／余計なものがない
	味覚を刺激しない薄味	脂っこさを感じさせない

〈具体例〉

	「あっさり」	「さっぱり」
肉料理のあと	○	○
冷奴・豆腐料理	○	○
お茶漬け	○	○
甘みの少ない果物	○	○
寿司や刺身	○	△
薄味のそば・うどん	○	△
消化不良のときの食事	○	△
酢の物	△	○
炭酸飲料	×	○
シャワーのあと	×	○

〈他の使用例〉

	「あっさり」	「さっぱり」
言動	あっさり「やめた」と言う	長い髪をさっぱりと切る
態度	あっさりと引き下がる	きれいさっぱり忘れる
〜した性格	感情があとに引かない	気持ちの切り替えが早い
色／デザイン	パステルカラー／シンプル	さわやか／シンプル
否定語との呼応	×	難しくてさっぱりわからない
		不景気でさっぱり売れない

―― Q64:「自分」と「自ら」 ――
「自分」と「自ら」には、どんな違いがありますか。

A 次のように例文をたくさん並べてから、考えるほうがわかりやすいでしょうね。前者「自分」が使用語彙ですから、あまり使いなれていない理解語彙「自ら」の例を集めて、互換性を調べてください。

〈互換性がある〉
　恒星は、自ら/自分+の/が+もつエネルギーで光を放っている天体である。
　自ら/自分+を困難に追いやり、苦境に追い込む。
　自ら/自分+に利益や恩恵、メリットが発生するようにしむける。
　確信犯は「自ら/自分+の行為は正しい」という信念で行われた犯罪。
　自ら/自分+の+裁量/権限+で、ものごとを決定する。
　兵士らは、掩護のもとに、自ら/×自分/自分たち+の軍事行動を開始した。

〈互換性がない〉
　我ら+自ら/×自分/自身+のために祈れ。
　君主国の元首の地位は世襲制か、元首+自ら/×自分+の意思で決定される。
　自律神経は、人自ら/×自分+の意思によってコントロールできない。
　自ら/×自分/自分が+開発研究し、専売特許をとった商品。
　衣類の販売店が商品企画を、自ら/×自分/自分で+手がけることがある。
　震災の経験者は、自ら/×自分/自分から+進んで被災地で活動に参加した。

　上のような例文が集まると、自ずから違いが見えてくるような気がしますね。右頁に、おおよそのところをまとめてみました。
　少し付け加えておきますと、例えば「自ら失敗を認める」は「自分から失敗を認める」にしても、どちらも「自発性」を表して互換性がありますが、これを「自分で」にすると「独力で/わざわざ/認めなくてもいいのに」といった気分にかわって、もとの「自ら」とはちょっと違った感じになります。
　逆にまた「自ら考えよ」は「自分の頭を使って」という意味ですから、むしろ「自分で考えよ」と互換性があり、これを「自分から考えよ」にすると、特殊な状況で「もっとやる気を出して積極的に考えろ」になってしまいそうです。

COLUMN

〈「自分」と「自ら」の使い分け〉

	「自分」	「自ら」
名　　詞	その人自身	自分／自身＋積極性／自発性
代 名 詞	一人称(古風、軍隊や体育会系で)	一人称 (昔、貴婦人が使用)
	二人称(稀に関西で同格や目下に)	×
連用修飾	×	「自分＋から／で／が」と同じ意味
基本差異	現代語的な口語的な使用語彙	古語的文語的な理解語彙

例) 自分／自ら＋の＋責任
　　自分／自ら＋を＋反省する／問いただす／崇(あが)める
　　そんなこと、自分／×自ら＋から／で／が＋やりなさい。
　　自ら／自分から／自分で＋手をくだす／失敗を認める／考えよ。
　　彼自ら／彼自身／×彼自分／自分自身＋知ろうとはしていない。

〈使い分け〉
1. 名詞の場合：互換性がある。ただ「自ら」は一部の助詞とは呼応しない。
　　　「自分／自ら＋は／も／が／の／を／に／より」など
　　　「自分／×自ら＋から／まで／こそ／だけ／ばかり／くらい／さえ」など
　　ただ「自ら」のもつ「自発性／積極性」は「自分」に換わると失われる。

2. 連用修飾の場合：互換性がない、特に「私自ら／私自身／×私自分」の場合。
　　　「自ら」が「自分＋から／で／が」に置き換わる可能性はある。
　　　次のような違いがある。
　　　　　自分から：自分から進んで自発的に
　　　　　自分で：自分の力で、独力で
　　　　　自分が：それ自身が

☞『類義語使い分け辞典』p.390、p.611

---- Q65:「うしろ」と「あと」 ----
「うしろ」と「あと」は、どう違いますか。

A まず辞書などで、いろんな例を集めて、互換性のあるものとないものとに分類します。それから互換性のないものをよく調べてみて、だいたいの違いを考えてみます。最後に、その違いを互換性のあるものに当てはめて、違いがはっきりするように、意味を誇張して書いてみます。

〈互換性がない〉
　ちょっと、うしろ／×あと＋を向いて。（正面や前とは反対の方向）
　人のまえをうろうろしないで、うしろに行ってよ。
　その服、うしろまえじゃないの？
　あの木のうしろにいるの、誰？（正面や前とは反対の場所、ものかげ、裏側）
　冷蔵庫のうしろに落ちたのかな。
　人のうしろを狙うなんて、卑怯だよ。（背中）
　風呂が先、食事は＋あと／×うしろ＋がいいな。（時間の流れの遅いほう）
　風呂の／風呂に入った＋あとで、食事する。
　あとさきを考えてから始めないと、あとで後悔するよ。（将来）
　あと（残り）は明日だ／あと（子孫）が絶える／あと（遺志／遺業）を継ぐ
　あと（行方）をくらます／あと（養子／跡目）をとる／進歩や地震のあと

〈互換性がある〉
　誰かが＋うしろ／あと＋をつけてくる。
　あの列の＋うしろ／あと＋に並んでください。
　その仕事、まだ余裕があるから、うしろ／あと＋に回そう。
　うしろ／あと＋を振り返っても、何もなかった。

　基本的な違いは「うしろ」が「場所／方向」に関係すること、そして「あと」が「時間」に関係していることです。互換性のあるもので見ても、やはり「うしろ」は「絵画的な場所／固定した最後の空白／背後」を表し、時間的な「あと」が「動画的な場所／移動する空白／時間の流れた結果」を表しているようです。
　右頁に、大まかなところをまとめてみました。

§2 語彙編

✏️ COLUMN ••••••••••••••••••••••••••••••••••

〈「うしろ」と「あと」の違い〉
　☆漢字で表すと、前者は「後ろ」で、後者は「後／跡／痕／址」などがある。

〈互換性のある例と説明〉
1. 誰かが＋うしろ／あと＋をつけてくる。
　「うしろ」は、話し手から、ある一定の距離のところに「誰か」がいる。
　「あと」に換えると、話し手の動きにぴったり合わせる「誰か」がいる。
　例えば、ついてくるものを「影」とすると、
　「うしろ」は、一本道を歩いているときの月がつくる影。
　　　　　話し手と影がまるで「移動していない」かのような関係。
　「あと」にすると、街灯や車のヘッドライトのつくる影
　　　　　話し手と影がまるで「とび跳ねている」かのような関係。

2. あの列の＋うしろ／あと＋に並んでください。
　「うしろ」は、ホームや劇場の前などの「じっと動かない」列の最後の空白。
　「あと」は、乗車や入場が始まって「少しずつ動いていく」列の最後の空白。

3. その仕事、まだ余裕があるから、うしろ／あと＋に回そう。
　「うしろ」は、退勤時か、休日まえか、中断する仕事の最後尾。
　「あと」にすると、回転しているか、流れている仕事の最後尾。

4. うしろ／あと＋を振り返っても、何もなかった。
　「うしろ」は、静止した状態で、体をひねって背中のあった方向をみる。
　「あと」は、移動している状態で、歩いてきた足跡や人生の軌跡をみる。

〈まとめ〉
　動かないものには「うしろ」で、動くものや流れる時間には「あと」を使う。
••

☞『類義語使い分け辞典』p.363

― Q66:「せっかく」と「わざわざ」 ―
「せっかく」と「わざわざ」と「わざと」は、どう違いますか。

A 中国語では「せっかく」と「わざわざ」に、どちらも同じ「特意」が使われ、韓国語では「わざわざ」と「わざと」が、どちらも同じ「일부러」と訳されますから、紛らわしいようです。話し手の感情に注意して、右頁をご覧ください。

　せっかくの同窓会なんだから、二次会にも参加しようよ。
　せっかくの同窓会なのに、二次会に参加しないで帰るのはもったいないよ。

　上の２つが「せっかく」の典型的な使い方で、特に「せっかくの＋名詞」というのは「わざわざ」に置き換えることができません。意味は「特別な／めったにない珍しい／価値ある＋機会に巡りあった」を表しますが、最後の「価値あるものを特に」というのがキーワードです。
　あとには「原因」を表す「～から／～ので」が呼応して、さらに「だから無駄に＋したくない／してほしくない」という気持ちを表す文が続きます。
　または「残念／後悔／非難／驚き」といった気持ちを表す逆接の「～のに」と呼応して「なのに無駄に＋したらもったいない／して申し訳ない」といった内容の文が続きます。つまり、あとに続く後半部分のキーワードは「無駄」です。

　わざわざ言わなくてもいいことを言って、まるで叱られたかったみたいだ。

　上が「わざわざ」の典型的例で「必要もないことをして変だ」といった意味を表し、この場合は「せっかく」が使えませんが、キーワードは「必要もないことを特に」という「不必要性」です。
　互換性のある場合は、これに「原因」を表す「ます形／～て／～から／～ので」が呼応して、あとに「だからその厚意に感謝する」という気持ち、逆接の「～のに」と呼応すると「なのに人の厚意もわからず＋馬鹿だ」といった気持ちの文が続きます。つまり後半部分のキーワードは「～くれる＋感謝」です。
　「わざと」は「わざわざ」とは異なり「故意に／悪意をもって」という意味ですから、学習者の母語で、それに相当する訳をつけてもらえばいいでしょう。

COLUMN

〈「せっかく」と「わざわざ」の使い分け〉
　　キーワード:「せっかく」＝「価値／無駄／もったいない」
　　　　　　　「わざわざ」＝「不必要性／身に余る厚意」

〈使い方〉
せっかく＋A＋だから、価値あるAを無駄にしないでほしい
　　例）せっかく／わざわざ＋来たのですから、ゆっくり見て回りましょうよ。
　　　　せっかく／×わざわざ＋作ったのですから、熱いうちにどうぞ。
せっかく＋A＋のに、Aを無駄にして申し訳ない／無駄にする相手への苛立ちや怒り
　　例）せっかく／わざわざ＋来ていただきましたのに、主人が留守で。
　　　　せっかく／わざわざ＋作ったのに、どうして食べないの！
せっかくの＋A＋だから／のに
　　例）せっかく／×わざわざ＋の有給休暇だから、みんなで自然浴に行こう。
　　　　よく晴れたせっかくの日曜日なのに、家で本なんか読んでるなんて。

わざわざ＋A＋くださり／くれたから、身に余る厚意に感謝
　　例）わざわざ／×せっかく＋お見送りくださり、ありがとうございます。
　　　　わざわざ／せっかく＋作ってくれたのですから、いただきましょう。
わざわざ＋A＋(くれた)のに、厚意を無にした＋お詫び／相手への苛立ちや怒り
　　例）わざわざ／せっかく＋誘ってくださいましたのに、先約がございまして。
　　　　わざわざ／せっかく＋言っ(てあげ)たのに、どうして怒るのよ！
わざわざ＋する必要もないAをする
　　例）少し安いだけなのに、わざわざ／×せっかく＋バスに乗って買いに行く。
　　　　体が不自由なのに、わざわざ／×せっかく＋車椅子から立って挨拶した。

わざと／故意に／悪意や下心を抱いて／本当の目的を隠して
　　例）わざと聞こえないふりをして、お高くとまって、人を馬鹿にしているのよ。

☞『類義語使い分け辞典』p.733

— Q67:「急に」と「突然」—

「急に」と「突然」の違いは、どのように説明すればいいですか。

A この2つは、同じ文脈で使える場合があまりにも多く、どのような違いがあるのか、ほとんど見えませんから、識別の難しいものです。

互換性のある例と、互換性のない例「×」を並べてみました。

急に/突然+おなかや頭が痛くなる/誰かがやって来る/パトカーがサイレン鳴らして走りだす/怒りだす/姿を消したり現したりする/喧嘩を始める/帰ってしまう/電気が消える

急な/突然の+話/用事/雨や風/停車/会合/病気/消防車の鐘の音

急に/×突然+子どもの背が伸びる/娘がきれいになった/歳をとって体力がなくなった気がする/春になって暖かくなる

急な/×突然の+流れ/坂道/階段/外出準備/移転計画

突然/×急に+大地震や世界大戦が起こる/銃声が聞こえた

突然の/×急な+出来事/訪問/地震/雷/火事/戦争/叫び声

「急」は、速度や傾斜角度が大きいことを表すこともありますが、事態の変化が激しいことを表す場合は、必ず起こると予測できる事態が、気がつく間もなく起こっていたことを表しています。これに対して「突然」は、予測不可能な事態が予測不可能なときに、予測不可能なところで起こった場合に使われます。

どちらも驚き戸惑いますが、予測不可能な「突然」のほうが大きく、ただ「うろたえ、あっけにとられて、どうすることもできない」状態を生み、予測可能な「急」では、対処できる余裕があるものの、変化が激しいために「慌ただしい/気持ちをせかせる/殺気立つ/人に不安や恐れを抱かせる」雰囲気が生じます。

ただ日常生活のなかでは、対処不能な「突然」は、自分に関係のない他人事に使われることが多く、逆に「急」は、自分に降りかかった事態に使われ、一瞬にして場面が一転して、慌てふためいて事態に対処しなければならない目に遭った苦労を語る場合に多く使われます。

ご参考までに、具体的な場面で説明して、右頁にまとめてみました。

✎ COLUMN

〈「急に」と「突然」の使い分け〉
キーワード:「急に」=「変化の激しさ／予測可能」
　　　　　　「突然」=「一瞬の事態／予測不可能」

〈互換性のある例と場面説明〉
1. 急に／突然＋車が飛び出してきて、びっくりしてしまいました。
　「急に」は、いつも通りかかる十字路で、自分の歩いているほうが優先道路、しかし車が一旦停止もせず飛び出し、急ブレーキをかけた場面。とっさに身をかわしたが、心臓が激しく高鳴っている。

　「突然」は、よく見知らない道を、ぼんやり考えごとをしながら歩いている。十字路にさしかかったことにも気づかずに、前に進もうとして、優先道路を走ってきた車が気づいて、急ブレーキをかけた場面。身をかわすことも忘れ、ただ呆然と立ちつくしている。

2. 急に／突然＋会議だと言われたって、困るよね。どうする？
　「急に」は、翌日に予定されていた会議が前倒しになって、慌てている場面。まだ何の準備もしていないので、同僚に手伝ってもらいながら、急いで、パソコンに向かって報告書を作ったり、コピーしたり、気ぜわしく動き回って、準備にとりかかる場面が展開する。

　「突然」は、大事な客からクレームが入り、営業部長が会議を招集した場面。重大なクレームには違いないだろうが、どんなクレームなのか、見当もつかないので、準備のしようもなく、うろたえるばかり。首をひねり頭を振りながら、会議室へ走る場面が展開する。
　ただ召集が、何の前触れもなく会議を開きたがる上司のいつもの癖であれば、むしろ「急に」が使われる可能性のほうが大きい。

☞『類義語使い分け辞典』p.284

― Q68:「きちんと」と「ちゃんと」 ―
「きちんと」と「ちゃんと」は、どう違いますか。

A この２つは「きちんと⊂ちゃんと」という関係にあり、すべての「きちんと」は「ちゃんと」に置き換わります。逆はできないことがありますが、違いを説明するのが難しいものです。まず、互換性のある例を並べてみます。

きちんと／ちゃんと＋法律や規則や約束や契約や制度や伝統や習慣を守る／家賃を払う／出勤や登校をする／出席や入場をする／片付ける／整理する／整頓する／箱の玩具をしまう／本棚に本を入れる／書類や本をそろえる／掃除する／玄関の靴を並べる／戸締りする／肌の手入れをする／洗濯する／スカートにアイロンをかける／肉を切る／野菜を洗う／テーブルを拭く／箸やスプーンを置く／ナイフやフォークを並べる／１日３回の食事をする／ご飯やパンを食べる／食器を洗う／ズボンを上げる／シャツをズボンのなかに入れる／洋服や着物を着る／靴と靴下をはく／帽子をかぶる／ネクタイを締める／爪を切る／身なりを整える／ジョギングや散歩をする／スポーツする／ゴミを分別して所定の場所に捨てる／処理や処分をする／日記をつける／読書する／起きる／寝る／見る／聞く／座る／立つ／歩く／列に並ぶ

どちらも「メチャメチャ／いい加減／だらしない／みっともない／情けない／格好悪い／投げやり／気合が入っていない」といった状態の反意語ですが、およそ規則的な日常生活のすべてをカバーします。右頁をご覧ください。

細かいところはともかく、伝統的な習慣や常識、礼儀や作法にかなっており、人に見られても恥ずかしくない一応の体裁や面目が保たれれば満足する、ややルーズな「ちゃんと」は「寮生活」をイメージさせます。これに対して生活の隅々まで、すべての面における完全な善美さを求める完璧主義者のために存在するような「きちんと」は「かまぼこ宿舎の軍隊生活」のイメージがぴったりのようです。

§2 語彙編

✏️ COLUMN

〈「きちんと」と「ちゃんと」の使い分け〉
キーワード:「きちんと」=「几帳面/生真面目/完璧主義」
　　　　　　「ちゃんと」=「世間体/恥/体面/面子」と「はっきり/明瞭」

〈互換性のある例と状態説明〉

1. きちんと/ちゃんと+した+格好で出かけてくださいよ。お葬式なんですから。

   「きちんと」は、クリーニング屋さんから届いたばかりの完璧にプレスされた黒の喪服と喪章とネクタイ、磨き上げた黒靴に黒靴下という黒ずくめで、一部の隙もなく身を固めること。

   「ちゃんと」は、お葬式に出ても誰も文句の言えない黒で統一された服装、人が見て恥ずかしくない程度の着こなしであれば満足。

2. きちんと/ちゃんと+座んなさいよ。いくら暑いからって、だらだらしないで。

   「きちんと」は、座敷にいるのなら、もちろん正座。しかも背や腰はしっかり伸びきり、首を立て目はややうつむき加減、指先をそろえた手を軽く膝にのせている姿勢。
   椅子なら、体と直角に足先がそろい膝頭が接している。

   「ちゃんと」は、テーブルに手や肘をのせたり、頬杖を突いたりしていなければ大丈夫。多少の背や腰の曲がり、足の不揃いなどは、特にうるさく言われない。

〈「はっきり」という意味の「ちゃんと」の例〉
　　うそ、言ってるでしょう？ ちゃんと/×きちんと+顔に書いてあるわ。
　　そんなところにいくら隠れていてもダメ。ここからちゃんと見えてますよ。
　　ちゃんとみんなに聞こえるように、大きな声で話してください。

☞『類義語使い分け辞典』p.269

―― Q69:「同じ」と「等しい」 ――
「同じ」と「等しい」は、どう違いますか。

A どちらも「あるXについて、AとBとを比較してみると、差異がない」という点では同じです。ただ、この「〜という点では同じ」に「等しい」は使えません。

また「同じ」は、もちろん使用語彙ですが、数学的な響きのある「等しい」のほうは、むしろ理解語彙で、日常生活で聞かれるとすれば「近ごろの企業や政治のやり方というのは、泥棒か詐欺に等しいものがある」といった比喩として使われる場合です。この「泥棒か詐欺に等しい」に「同じ」は使えません。

どうしてなのか考えるために、まず互換性のある例を集めます。日常的な「同じ」と数学的な「等しい」との互換性ですから、算数や数学の問題を探してみたほうがいいでしょうね。

問題: 時速4キロで、Aは家を出て歩いて駅へ、同じ家からBは1時間後に時速60キロの車で駅へ向かい、同じ時刻に駅に着いた。駅まで何キロか。
答え: 1時間で4キロ進んでから、Aが歩いた「X−4／4」時間と、Bが駅まで走った「X／60」時間とは等しいので、方程式を使って…

「同じ」は、異なる2つのAとBとを比較して、例えば「時間／速度／距離／場所／面積／体積／容量／高さ／重さ／形／色／状態／状況／構造／体系／程度／考え／方法」といったものに差異がない場合に使われます。

これに対して「等しい」は、異なる2つのAとBとを、さらにもうひとつAとBとにおいて異なるCという条件「時間／速度／距離／方法」を加えたうえで比較してみると、AとBとのある面で共通点が見いだされた場合に使われます。

例の「同じ+家／時刻」は、異なるAとB2人の出発点と、駅への到着時間を表していますが、何かほかに異なる条件がありませんから、この場合には「等しい」を使うことができません。

ところが、AB異なる2人のほかに、さらに互いに異なるもうひとつの「時速／4キロと60キロ」や「進む距離／(X−4)キロとXキロ」があって、同時刻に着いたという事実があるのなら、時間は「等しい」ということができ、この場合は、もちろん「同じ」も使うことができます。右頁もご覧ください。

COLUMN

〈「同じ」と「等しい」の使い分け〉

キーワード:「同じ」=「異なる1つ以上の条件／同一／どの方法でも結果は1つ」
　　　　　　「等しい」=「異なる2つ以上の条件／どんな場合も成り立つ共通点」

〈互換性のある場合〉

1. 李さんと趙さんは、身長は違うが、体重は＋同じ／等しい。

2. スミスさんは、先週は飛行機で、今週は新幹線に乗って、出張したそうですが、どちらも、同じ／等しい＋時間がかかって、取り引き先に着いたそうです。

〈互換性のない場合〉

1. 李さんと趙さんは、同じ／×等しい＋体重です。体重は＋同じだ／×等しい。

2. スミスさんは、先週も今週も＋同じ／×等しい／同種の＋飛行機で出張しましたが、どちらも、同じ／×等しい＋時間がかかって、同じ／×等しい／同一の＋取り引き先に着いたそうです。

3. それは、先週、ラオさんが忘れた傘と＋同じ／×等しい／同一の＋ものです。
さっき、この写真の人と＋同じ／×等しい／同一の＋人が、お店に来てたよ。

4. 同じ／×等しく＋出かけるなら、北海道へドライブに行きたいなあ。
同じ／×等しく＋食べるのでしたら、お金持ちのおじいちゃんのご馳走なのですから、おいしいものを食べに、高級なレストランへ行きましょう。

5. 3辺の＋等しい／×同じ＋2つの三角形は合同である。
合同な2つの三角形の対応する辺と角の大きさは、すべて＋等しい／×同じだ。
こうした絵は、どれをとっても、ゴッホの模造品に＋等しい／×同じだ。

☞『類義語使い分け辞典』p.189

─ Q70:「心遣い」と「気配り」─

「気遣い／心遣い／気配り／心配り／心配／配慮／気配」は、どう違いますか。

A 「配慮」を例外とすれば、どの言葉も「気／心」という漢字と「遣／配」という漢字が組み合わされてできている点が共通しています。

このうち「気」を例外として、漢字を訓読みする最初４つの組み合わせが、非常によく似ていて、紛らわしいものです。音読みする残りの３つのうち、最後の「気配」は、同じ漢字が使われ、類義関係にあるように感じますが、ほかの６つとは、特にこれといった共通点はありません。また、特殊な意味をもち、これを「きはい」と読む「気配」を収録している辞書もあります。もちろん類義関係はまったくありません。

音読みの「心配」と「配慮」とは、辞書を引くと、お互いをお互いで説明していることが多く、これを「トートロジー」といいますが、ただ堂々めぐりをするだけですから、よほど多くの辞書にあたって調べてみないと、意味の違いも、使い分けもわからないという結果になります。

訓読みの４つとなると、辞書では役に立たないかもしれません。いろんな方法を使って、例をたくさん集め、それぞれの特徴を際立たせた意味をノートに書きとめ、記述していく必要があります。

日本語母語話者なら、使い方の違いが体に沁みていて、使い分けは間違えませんが、これを学習者に、言葉を使って、違いの説明をするのは非常に難しいものです。まして日本語を母語としない日本語の先生なら、まず意味の違いを理解し、使い分けをするために、多くの例を集めておかなければなりません。違いを頭で識別するだけで精いっぱいの学習者には、ただ混乱を引き起こすばかりです。

訓読みの４つは、まずキーワードとなる「気」と「心」を、また「遣う」と「配る」を識別しておくほうが、わかりやすいでしょう。

気：外へは働きかけず、心にエネルギーを与えながら外との関係を保つ。
心：外へ働きかけ、しかも短い時間にあれやこれやと積極的に活動する。
遣う：内から外へ、こちらから向こうへ、一方から他方へ、何かを行かせる。
配る：複数の人、場所へ何かを、そのままか公平に分割して、行き渡らせる。

これを組み合わせてできる４つの違いは、およそ次のようになります。

気遣い：主に単数の人や状況に、内から外へ気を働かせて注意を向ける。
　　　　何か悪いことが起きそうであれば、事前に手を打つことも含む。
心遣い：人や状況に直接働きかけて、悪いことが起きないよう手を打つ。

気配り：複数の人や状況に、内から外へ気が行き渡るよう注意を向ける。
　　　　何か悪いことが起きそうであれば、事前に手を打つことも含む。
心配り：複数の人や状況へ事前に手を打って、働きかけを行き渡らせる。

　「気遣い」には「気兼ね」と重なる部分があり、例えば「顧客／上司や同僚／舅姑／隣近所」など、目上か同等の人に対し、悪く言われたり恥をかかされたりしないように、相手の顔色を見て自分の言動に注意したり、お茶を出したり、身の回りの世話をしたりすることを表します。
　「気遣い」は、いわば「神経をすり減らす」という意味にも使われます。日常生活には、家庭や職場、近所づきあいなどで起こる摩擦やトラブルを避けるために、あれこれと「気を遣う」場面がありますが、特に「気」の性質上「気遣い」の働きが目に見えにくいこともあって、かえって人間関係を複雑にする場合があります。それで冗談半分に「気を遣わずに、お金を使えばいいのに」と言われることがよくあります。
　これに対して「心遣い」は、チップを渡したり、贈り物や土産物を届けたり、わざわざ遊びに来た人に車代を包んだり、いろんな接待を含めて、実際の行動となって目に見えますから、はるかに「心のこもった／やさしさにあふれた／温かみのある」響きがします。
　同じように「心配り」を使うと、大勢の人の世話を焼いて、心の行き届いたもてなしをする主人役をイメージします。これを「気配り」に換えると、急に「お客さまに粗相があってはならない」とばかりに、従業員の言動に目を光らせる主人役になります。上から下を見れば、お店にとって「気配り」は必要不可欠なのでしょうけれども、下から上を見れば歓迎されないでしょうね。
　「心配」は、大きく次の2つの意味があります。

1)「雨で子どもの帰りを心配」など、漠然と悪いことが起こりそうで気になる。
2)「遠足へ行く子どもの弁当を心配」など、悪いことが起こるまえに手を打つ。

　つまり、1)のほうは「不安」や「恐れ」と、2)のほうは「世話」や「手配」と類義関係にあります。あとの2)のほうが、これまでの4つと関係はあります。大きな違い

は、次の2点です。

1. 家族や職場など、日常の身の回りの内輪のことに限られること。
2. 未来の表現では使われないこと。

　例えば「まだいつとも決まっていない遠足の弁当の心配を＋する／している」は、心配性の母親が「弁当が貧弱であれば、子どもだけでなく、親の私も恥をかく」と不安になっている場面になります。これを現在の習慣か過去にして「いつも／遠足の＋弁当の心配を＋してくれる／してくれた」とすれば、朝早くから仕事に出ていくのに、わざわざ手作りの、人に見られても恥ずかしくない弁当を作ってくれた忙しい母親への感謝の気持ちがこめられます。
　「配慮」は「考慮／考え」を「配る」ですから、いいことにも使いますが、未来における「2) 心配／世話」を表します。ただ「不安」にならない官僚が「手を打つ」と約束する感じで、実際に行われるかどうかは非常に疑問です。
　「気配(けはい)」は「人／秋＋の気配がする」など、その存在が感じられることを表します。同じ漢字で読み方の違う「気配」は、確かに「手配／相場／景気」などと辞書にはありますが、残念ながら、聞いたことも見たこともありません。
　こう見ると、日本人というのは、人口の多い割には生活する土地の狭さもあって、よほど他人が気になる人種のようです。ストレスが多いはずですね。
　右頁に「気遣い」と類義関係にある「遠慮／気兼ね」を、重複しますが並べておきました。ただ、ご覧になっておわかりのように「遠慮／気兼ね」は、ほかの「心遣い」以下の語彙とは直接的な関係はありません。

☞『類義語使い分け辞典』p.335「心」、p.413「心配」

§2 語彙編

✏️ COLUMN ・・・・・・・・・・・・・・・・・・・・・・・・・・・・・・・・・

〈類義語使い分けメモ (I)〉　　☆以下の ☞ が示す参照ページは『類義語使い分け辞典』
　　　　　　　　　　　　　　　「＊」がついているものは理解語彙

1. 遠慮：相手や周りのことを考えて、自分の行動や欲望を控えたり抑えたりする。
　気兼（きが）ね：恥をかくのを恐れるあまり、自分の行動や欲望を抑圧する。☞ p.149
　気遣い：相手のためになるよう、人に気づかれず、さりげなく注意を払う。
　心配り：複数の相手や周りのためになるようにと、さりげなく手を尽くす。
2. 案内：場所や道筋を、勝手や内容の知らない人に知らせる。または連れて行く。
　＊手引き：① 隠れてこっそり案内すること。②「入学の手引」といった案内書。
　＊指南：「剣術／剣法／合格／恋愛／攻略＋指南」など、仕方を教え導くこと。
　ガイド：観光地などを案内する＋こと／人。上の「案内」とともに使用語彙。
　＊エスコート：先立って、特に重要な人物の道案内や護衛を務める＋こと／人。
　マニュアル：機械などの扱い方。またはその扱い方を書いた「手引／指南書」。
3. 運：人が何かをするときについて回る、結果の吉凶を決定する超人的な働き。
　つき：何かをする人について回る良運。動詞で「今日は、ついて＋る／ない」。
　＊運勢：易者が占う「健康／金／結婚／仕事」などについての幸運不運の動向。
　縁起（えんぎ）：吉凶を占うための前兆や物事の始め。例えば「茶柱が立つと縁起がいい」
　　や「靴紐が切れると／四(死)と九(苦)は＋縁起が悪いよ」などと使う。
4. 運命：人の一生を左右する神秘的な力やその結果。意志と努力で変化させうる。
　＊命運：例えば「命運＋を決する試合／尽きて倒れる」など、勝負や生死の運命。
　宿命：決して変化させることのできない一生を左右する神秘的な力やその結果。
　＊定（さだ）め：和語的な「定められた運命＝宿命」で、演歌でよく使われる。☞ p.142
　巡り合わせ：前世の因縁が巡りまわって不思議なことが起きたときに使われる。
　＊回り合わせ：現世のすべては前世からの因縁で起きると考えた場合に使われる。
5. ゆとり：恒常的に「時間／空間／お金／力」が有り余って健康で安定した状態。
　余裕：一時的に「時間／空間／お金／力」があって心の落ち着いた状態。☞ p.29
6. 性能：善し悪しで判断される機器固有に認められる性質とその働きや活動能力。
　機能：機械や組織などに認められる働きや活動能力。その能力を発揮すること。

・・

―― Q71:「セール」と「バーゲン」――――――――――――――――
「セール」と「バーゲン」は、どう違いますか。

A どちらも英語から来た外来語ですから、まず英和辞典やカタカナ辞典などを調べてみましょう。

SALE： 販売／売却／安売り／大安売り／特売／売上高／売れ行き／競売
BARGAIN： 安い買い物／お買い得品／特売品／見切り品／売買契約／取引
　　　　　売買や使用契約を結ぶ／値引きを交渉する／値切る／値引く

「セール」は動詞 'sell' の名詞形で、主に「売ること」に関係しているようですが、これに対して「バーゲン」は、主に「安く売る物」か「安く買う物」を表し、動詞として「どれほど安く売るか買うか」を表しているようです。ただ日本語の「バーゲンする」には「値段を交渉する」という意味はありません。

例を集めて、互換性の有無を調べると、次のようになります。

互換性がない： セールス／×バーゲン＋マン／ウーマン／レディ／テクニック
　　　　　　　バーゲン／×セール＋市場／フェア

　　　　　　　開店／閉店／店じまい／店頭／ワゴン／特売／安売り／超特価／
　　　　　　　見切り／お買い得／蔵払い（くらばらい）／蔵浚え（くらざらえ）／クリアランス／スプリング
　　　　　　　＋セール／×バーゲン
　　　　　　　春／夏／秋／冬／○○○(会社名)＋バーゲン／×セール

互換性がある： 年末／歳末／サマー／ウィンター／婦人服／子供服／夏物／冬
　　　　　　　物／日用品／見切り品／訳あり／最終＋セール／バーゲン

もとの英語の名詞に限れば、外来語でも上のように「セール」のほうが広く使われます。しかも「バーゲン」には、もとの英語のまま「安く売る物」という意味が残っています。どちらかというと「バーゲン」のほうが新鮮な響きですね。
　ちなみに「バーゲンセール」というのは、和製英語だそうです。

📝 COLUMN •

〈類義語使い分けメモ (II)〉　　　☆以下の ☞ が示す参照ページは『類義語使い分け辞典』
　　　　　　　　　　　　　　　　「＊」がついているものは理解語彙

1. 体：動物の頭から足に至る活動可能な全体。善し悪しで判断される体格や体力。
   * ＊肉体：対比される「精神」から分離された人間の頭から足に至る活動する部分。
   * ＊身体：使い方が「身体＋検査／障害者」などに限られる人間の体。☞ p.237
   * ＊人体：人の体では「人体図」など。人の姿や品格では「人体怪しからず」など。
   * ＊五体：頭と両手両足といった体の5つの部分。つまり「五体満足」で健全な体。
2. 頭(あたま)：首から上の生物学的「頭部(とう)」の日常語。「頭脳／毛髪／頭頂(とうちょう)」や「最初」も表す。
   * ＊頭(かしら)：「文楽人形の頭／男を頭に5人の子」など古語表現で、長子や親方も指す。
   * ＊頭(かぶり)：「頭を振る」は、黙ったまま首を横に振って拒絶の意志を表す雅語的表現。
   * ＊頭(こうべ)：「頭を＋めぐらす／垂れる」や「正直の頭に神やどる」など、古語的表現。
   * ＊おつむ：「おつむ、痛い？」や「おつむ、てんてん」などと使う幼児語。☞ p.32
3. 目：見るための感覚器官を表す日常語。ほかに「目がきつい／編み目／怖い目に遭う／金の切れ目が縁の切れ目／人を見る目がない／ここで会ったが百年目／大きめのを買った」では「見るときの様子／目に似たもの／経験／区切りとなる瞬間／眼力や判断力／順序や順番／基準からの偏(かたよ)り」を表す。☞ p.656
   * ＊眼(まなこ)：「眉／睫毛／瞼(目蓋)／瞬(目叩)き／眦(目の尻)／眼差し／目の当たり」と同様、「目の子」が「まなこ」に転じたもの。「眼球(がんきゅう)」部分を表す。
   * ＊瞳(ひとみ)：目の玉(眼球)のなかの色のついた部分「瞳孔」を表す。詩的な表現で「黒い／淡い灰色の／円(つぶ)らな／潤(うる)んだ＋瞳」や「瞳を凝(こ)らす」などと使う。
   目玉(めだま)：慣用的に使われる「目の玉」で、例えば「お目玉をくらう／目玉商品／目玉焼き」などは「叱られる／客寄せ商品／卵を焼いた料理」を表す。
4. 肌(はだ)：人の全身を覆っている五官のひとつ。触感として日常生活に機能している。「肌の手入れ／肌着／肌触り」など。また「学者肌／肌が合う」で「気性」。
   皮(かわ)：動植物の表面を覆っているもの。例えば「リンゴ／蛇／化(ば)け＋の皮」など。
   革(かわ)：製品にするため、動物の皮をなめしたもの。例えば「革の＋ベルト」など。
   皮膚：生物学的医学的にみた動物の皮。例えば「皮膚＋病／科医／呼吸」など。

• •

── Q72: 誤解しやすい漢字語 ──

「酒屋」と「居酒屋」は、どう違いますか。

A 韓国には、日本語の「酒屋(さかや)」に相当するものが基本的になく、もしお酒の販売だけをする店を表すとすれば、漢字表記で「酒類百貨店」か、デパートやスーパーなどの「酒類コーナー」になるそうです。これに対して、韓国固有語の「술집」は「술＝酒」と「집＝家」からできていて、まるで「酒類販売店」を表す日本の「酒屋」のように錯覚しますが、実際は「お酒を＋飲ませる／飲む＋店」つまり「飲み屋／居酒屋(いざかや)」を表しています。

こういった学習者の母語の表現と、学習語の表現とが同じで、しかも意味が違うというのは、わかってしまえば笑い話になりますが、それまでは奇妙な感じのするものです。教師が学習者の母語を多少でも知っていれば避けることはできますが、そうでなければ誤解を生み、コミュニケーションが難しくなります。

このようなことは、同じ漢字を使った中国語と日本語に多く、あまりにも有名な例として「湯／手紙／単位／愛人／走／白酒」は、中国語で「スープ／トイレで使う落とし紙／勤め先や企業体／配偶者／歩いて出かける／強い焼酎」を表します。

文字や表記はともかく、漢字を共有する中国語、韓国語、ベトナム語では、同じ漢字を使っていても、それぞれの歴史や文化によって、意味にずれが起きている場合があります。漢字語ですから何となくわかるのですが、文脈をおさえると「やっぱりわからない」といったことが起こって、誤解を生みやすいので、注意が必要です。似ているものほど違いがわからないものですから、特に似ているといわれる韓国語との間では、微妙に違って戸惑うことがあります。

例えば、日本語の「来年／明日」は、中国語では「明年／明天」になり、韓国語では「来年／来日 (내일)」です。並べてみると、日本語に統一性が欠けるのですが、韓国語の「来日」は、日本語では「来日(らいにち)」になって「日本に来る」という意味になり、韓国の人が「来日」を「明日」と勘違いする可能性はあります。

「家の構造」といえば、日本語では「耐震／耐火／防音／防水／冷暖房／床暖房／給湯／換気／乾燥除湿」といったものを思い浮かべますが、韓国語では「部屋の間取り」をも含んでしまうので、通じなくなったりします。

ほかにも、居酒屋などで最初に出される「突き出し」は、有無を言わさず「突き出し」て代金をとる料理ですが、そのまま学習者の母語に訳されると怖いでしょうね。

✏️ COLUMN •

〈類義語使い分けメモ (Ⅲ)〉　　☆以下の☞が示す参照ページは『類義語使い分け辞典』
　　　　　　　　　　　　　　「＊」がついているものは理解語彙

1. 胃：生物学的医学的な消化器官のひとつ。例えば「胃＋痛／潰瘍／癌」など。
   腹（はら）：脊椎動物の胸部に続く腹部の日常語。例えば「腹が＋減る／痛い」など。
   おなか：例えば「おなかがすく」など、人やペットの腹。可愛く上品に響く。
2. 唾（つば）：下の「唾液」の日常語で、例えば「つばを＋吐く／かける／つける」など。
   ＊唾（つばき）：例えば「天を仰いで唾する」など、動詞「唾吐く」から来た「唾」の語源。
   涎（よだれ）：口から流れだして垂れた唾。また「垂涎の的」は「涎を垂らす」欲の対象。
   ＊唾液（だえき）：例えば「唾液は消化抗菌作用がある」など、口に生じる生物学的な液体。
3. 相手：「話／相談／結婚／喧嘩／対戦／競争＋相手」など、一緒に何かする人。
   先方：「当方(我々)」の相手となる、主に利害関係のある第三者を表す。☞ p.5
   パートナー：「共同経営者／配偶者／常にペアを組む人」など、固定した相手。
4. 意見：会議などの場で、あるテーマについて述べたり提案したりする内容。
   考え：ある問題に対する解決法など、頭を使ってまとめたこと。☞ p.246
5. 意図：主に私の場で使われる個人や組織の具体的目的や計画、その背景。☞ p.75
   意向：主に公の場で使われる個人や当局などの予定や計画、考えや判断、意見。
   意志：必ずやり遂げようとする気持ち。なお「意思」は心に抱いた考えや思い。
6. 生中継（なまちゅうけい）：メディアが球場や劇場、現場などの様子を、同時間帯に放送すること。
   生放送（なまほうそう）：準備しておいた録画や録音などではなく、現時点での放送であること。
   実況中継／実況放送：スポーツ大会などに使われる「生中継／生放送」のこと。
   生番組（なまばんぐみ）：録画や録音などではなく、スタジオなどで今まさに進行している番組。
7. 預金：特に「銀行」などの金融機関に預けたお金。または預けること。☞ p.233
   貯金：昔の「郵便局」に預けたお金。または預けること。銀行にも使われる。
   　　　また「郵便局」は「郵貯銀行」にかわっているので、区別ができない。
   　　　違いは「貯金箱／タンス貯金」で貯めたお金やへそくりにも使うこと。
8. 後戻り：来た道を、そのまま戻っていくこと。後退やバック、または退歩する。
   逆戻り：間違って、もとのところに戻ってくること。上の動作のマイナス評価。

Q73:「下りる」と「下がる」

「下りる」と「下がる」と「下る」は、どう違いますか。

A 次の表を見てください。使えるものは「○」か（　）で示しています。

	下りる	下がる	下る
河＋を			○
階段＋を	○	△	(高層ビル)
山＋を／から	○		○
役目／ゲーム＋を／から	○		
社長の座＋を／から	○		
木＋から	○		
二階＋から／に	○	○	
地下＋に	○		
後ろ＋に／へ		○	
南＋に／へ		(京都の街)	○
幕＋が	○	○	
年金／許可＋が	○		
気温／熱＋が		○	
物価／地位＋が		○	
命令／判決＋が	○		○
霜や霧＋が	○		
腕前／手／肩／頭＋が		○	
ズボン／額の右側＋が		○	

　一番わかりやすいのは「下がる」で「下へ少し移動」し、次が「下る」で「長い＋道筋／経路／経過」があります。ただ「階段」は「△」で1段ずつ、タワービルなら「下る」も可能、京都では「北へ上がる／南へ下がる」といいます。
　「下りる」は、到達点を目指して下へ移動するか、下にある目的地に到達したことを表します。つまり「ある役目を終える」という意味にもなります。
☞『類義語使い分け辞典』p.197

§2 語彙編

✎ COLUMN

〈類義語使い分けメモ（Ⅳ）〉 ☆以下の ☞ が示す参照ページは『類義語使い分け辞典』
「＊」がついているものは理解語彙

1. 尊敬する：身近に感じる人を「人生の師」として慕い、大切に思うこと。☞ p.13
   ＊敬（うやま）う：人格をもつ「父母／兄姉／夫妻／恩師／社長／老人／神様／仏様／目上の人」などを、自分よりも上位のものとして礼を尽くし、大切にすること。
   ＊尊（とうと）ぶ：抽象的な「命／生命／神仏／祖先／先祖／人権／自治／人の和／正義／礼節／平和／迅速／拙速／各人の自由意思」などを価値あるものとして大切にすること。具体的な「敬う」とは違い「形式／建前」になりやすい。「尊ぶ」は「貴ぶ」とも書き「たっとぶ」とも読むが、古語的な言い方。
   ＊崇（あが）める：絶対的と信じる「神仏／祖先／霊／教祖」などを大切にして拝むこと。
   ＊崇拝する：心酔する「スター／歌手／先輩」などが「崇める」の対象に加わる。
   ＊仰ぐ：顔を上にむけて「天／星／山の頂上＋を仰ぐ」などの使い方から、尊敬や依存の意味が出て「聖人や故人の徳を／父を師として／彼を会長に／社長に指示を／原料を国外に＋仰ぐ」といった使い方をする。やや古い表現。
2. 空（す）く：「おなか／車内＋がすく」と使い、いっぱいだった空間が疎（まば）らになる。
   減る：「腹／体重／給料＋がへる」と使い、以前と比べて数量が少なくなる。
3. 終える：これまで継続してきたことを予定時間通りに完成させる。☞ p.199
   済ます：心の負担になる問題や義務、責任などをやっとどうにか完成させる。
   仕舞（しま）う：「終える」に「片づける／もとの場所に置く／閉店」などが加わる。
4. 絞（しぼ）る：「タオル／頭＋をしぼる」など、力を入れて回しながら中のものを出す。
   締める：「ネクタイ／鍵＋をしめる」など、括ったり回したりして固定させる。
5. 倒れる：垂直だった縦長（たてなが）の「ビル／塀／樹木／タンス／人／棒／鉛筆／箸」などが安定を失い90°以内の回転角度で移動、横たわって動かなくなる。
   転（ころ）ぶ：移動中の「人／犬／箸」などが360°未満で回転して倒れ、再び動く。
   こける：90°以内の「転ぶ」で、倒れたあとは動かなくなる。方言色が強い。
   転（ころ）がる：縦に1回転だけする。または縦の回転を繰り返しながら移動していく。
   つまずく：歩く拍子に足先に物が当たって、前へ倒れかかる。もと「爪突く」。

— Q74:「知る」と「わかる」 —
「知る」と「わかる」の違いを、どう説明すればいいですか。

A 学習者の母語にも、これらに相当する語彙があるでしょうから、日本語学習者の母語と対照した辞書を見てもらえば、説明するまでもなく、およその意味は、わかるはずです。

例えば「そのことは知っていますが、まだよくわかりません」は言えても、逆にして「そのことはわかっていますが、まだよく知りません」が言えないことを理解してもらうだけで十分です。ただ「そのことはわかっていますが、私は知りません」が言えるといった使い方のほうが問題になります。この場合の「知りません」は「関係がない／関知しない」という意味です。

つまり「知る」は他動詞で、学習や経験、情報メディアを通じて、自分に「必要な／価値のある／関係する」ものを脳細胞にストックすることです。これに対して「わかる」は自動詞で、例えば「説明／調査／比較／分析」といった手段を通して、脳細胞にある不明な情報が納得できる形で明らかになることです。

どちらも実際の使い方に次のように制限があり、こちらのほうが重要です。

　　知ります／知っていません：×
　　知っています：情報が忘れられずに脳細胞に存在している状態。
　　知りません：情報が脳細胞に入っていない状態。
　　知りました：世の仕組みや苦労など、経験を通して教訓を得たときに使う。

　　わかります：愚痴を言う相手に理解を示して、話を続けさせるときに使う。
　　わかっています：すでに理解しているから、同じことを繰り返すなという合図。
　　わかりません：相手に「わかったか」と聞かれて、説明を求める場合。
　　　　　　　　　また、YesかNoか聞かれて、はっきり答えられない場合。
　　わかっていません：第三者がまだ理解していないことを相手に伝える場合。
　　わかりました：相手の説明や命令に対して「理解／承知」したことを示す。
　　　☆上にない「わかっていました／わかりませんでした／わかっていませんでした」は、過去の時点を振り返ったものになる。

☞『類義語使い分け辞典』p.725、『日本語類義表現使い分け辞典』p.633

§2 語彙編

✏️ COLUMN ••

〈類義語使い分けメモ（V）〉　　☆以下の ☞ が示す参照ページは『類義語使い分け辞典』

1. 試す：実際に「効果／価値／性能／実力／可能性／方法」などがあるかどうかを「試験／実験／測定／探査／発掘」などによって調べること。☞ p.504
   試みる：結果はともかく「可能性／方法」があるのかどうか「実験／抵抗／反論／登頂／逃亡／脱出」などを「始めて／チャレンジして＋みる」こと。
2. 触(ふ)れる：意志のない「言葉が心の琴線／満員電車で男の髪が首筋／法律＋に触れる」や、意志のある「展示物／問題の核心／冷たい夜風＋に触れる」など、何かと何かが軽く接してプラスマイナスの結果を生むことを表す。
   触(さわ)る：人の体の一部が、ほかの何かと接することを表すが、意志の働きが感じられて「汚い手で食器／子どもが犬／温かい手／得体のしれないものが背中＋を／に＋触る」など、意志のある「触れる」よりも、また「〜を」を使うほうが「〜に」よりも、意志力と接触する面が大きくなる。☞ p.199
   無意志の「鳩の鳴き声が気／無理をすると体＋に障る」は漢字が異なる。
   弄(いじ)る：基本の「陳列品／機械／道具／髪の毛／指／傷痕／水虫」など、必要もないのに手で触れたり触ったりすることから、趣味や道楽で事をしたり物を収集したり、規則や制度を気休めにかえる、といったことまでを表す。
3. 抱(だ)く：具体的な「赤ちゃん／人形／ペット」などを、両腕で囲んで引き寄せる。
   抱(いだ)く：具体的なものに使えば愛情深い様子。抽象的な「夢／希望／大志／野望／欲望／愛情／恐れ／不安／失意＋を＋抱く」に「抱く」は不可。☞ p.493
4. 追いかける：動く目標に向かって、後ろから「走って／駆(か)けて」いく。☞ p.153
   追いつく：目標とするグループを追いかけていって、それと並ぶか一緒になる。
   追い越す：追いついた目標をさらに後ろに残す。追われる側に競争意識はない。
   追い抜く：カーレースのように互いに競争意識をもって相手を追い越していく。
5. 汚(よご)れる：清潔なもの清らかなものに不要物がついて、そうでなくなる。☞ p.267
   穢(けが)れる：例えば「道徳／倫理／精神／宗教」的な清らかさが、そうでなくなる。
6. 食べる：生命の維持に役立ちそうなものを口に入れ、よくかんで胃へ送りこむ。
   食う：上の俗語か、慣用的「時間(とし)／歳／人＋を食った＋仕事／人／話」に使う。

••

---- Q75:「つつむ」と「くるむ」 ----

「包む」と「包む」の違いが、よくわかりません。

A まず、例をあげてみましょう。互換性のあるものには「◎」がついています。

「つつむ」	「くるむ」
お金を祝儀袋+に	赤ちゃんを布団+に
贈り物を包装紙+で	子どもをキルト+で
衣類を風呂敷+に／で	頭巾+で+顔を
野菜をラップ+で	布団+で+湯たんぽを
ミンチ肉を+ナス／ピーマン+で	◎包丁をタオル+で
◎魚をアルミホイル+に／で	◎カップを新聞紙+で
◎アスパラをロースハム+に	◎指輪をハンカチ+で
◎掛け軸を+紙／布+で	◎具を餃子の皮+で
顔を+ベール／スカーフ+に／で	◎ご飯をのり+で
スーツ+に+身を	◎餡とイチゴをお餅+で

どちらも「A」という何かを、それ以上に大きな「B」というものに入れて、最後に「AにBを被せる」または「AをBで覆う」ことを表しています。違いをまとめてみますと、次のようになるかと思います。

B	薄い／美しい／A＝Bが可	厚い／A＝Bは不可
動作	折る／畳む／巻く／重ねる	巻く
機能	保護する／隠す／飾る／装う	保護する／隠す

高級な「イチゴ大福」なら「つつむ」ですね。Bにつく「〜で」は手段、これを「〜に」にすると「バスに乗る／駅に着く」と同じ「入る」場所になります。

「つつむ」には「会場が熱気／街が霧／部屋が匂い+につつまれる」や「うれしさをつつみきれない／つつみ隠さずに言う」といった使われ方が、また「くるむ」には「毛布にくるまる／嘘で言いくるめる」といった派生語があります。

「覆う／被せる」は『類義語使い分け辞典』p.159をご参照ください。

§2 語彙編

✎ COLUMN •

〈類義語使い分けメモ（Ⅵ）〉　　☆以下の ☞ が示す参照ページは『類義語使い分け辞典』
　　　　　　　　　　　　　　　「＊」がついているものは理解語彙

1. 違う：基準に一致せず「答え／お釣り＋が＋間違っている／正しくない」など。
　　　　　比較して「2つの答えが異なっている」や「普通と異なって立派」など。
　　食い違う：2つ以上を比較して「違う」という場合にしか使えない。☞ p.505
2. 来る：話し手の「いた／いる／将来いる」ところへ人や物が移動する。
　　やって来る：聞き手の注意を、特に向けさせたい人や物が移動してくる。
3. 歩く：速度に関係なく、両足が同時に地面から離れないようにして進んでいく。
　＊歩む：親が「這えば立て、立てば歩め」と期待するように、ゆっくりと一歩ずつ
　　　　　前や未来に進む。比喩的に「我が社の歩み／自然と歩むエコツアー」など。
4. 着く：人「友だち」や物「荷物」が、移動して「駅／家」などの目的地に来る。
　　届く：こちらからあちらへ、または、あちらからこちらへ、差し出した物「手／
　　　　　髪／荷物／声／願い」が、向こう側「床／肩／家／相手／神様」に着く。
　　到着する：多義語である「つく：着く／付く／就く／突く／衝く／搗く／点く／
　　　　　　　吐く」などのうち、特に「目的地に着く」場合に限定して使われる。
5. 運ぶ：何かを、現在のところから別の場所や状態、状況へと移動させる。
　　届ける：差し出した物が、向こう側へ着くように移動させる。☞ p.594
　　送る：媒介手段「人／郵便／交通／電話線や光ファイバー／大気」などで、対象
　　　　　となるもの「人／物／心／声／合図」などを、目的地へと移動させる。
　　配る：複数の人や場所、その場の全員を対象に、物や心を運ぶ、届ける、送る。
　＊運搬する：人の力を使う自転車や台車などで、荷物などを近距離、移動させる。
　＊運送する：専門の業者が、トラックやバスで、荷物や客を遠距離、移動させる。
　＊輸送する：専門企業が、鉄路や空路や水路で、大量の物資や部隊を移動させる。
　＊配送する：専門業者が、トラックなどで、委託された荷物を各地に送り届ける。
　　配達する：主に「新聞／牛乳／郵便物／荷物」を、決められた各家庭に届ける。
　　宅配する：専門の業者が、トラックなどで、委託された荷物を各家庭に届ける。
　　出前する：料理の専門店が、注文されたものなどを、注文主のところへ届ける。

― Q76:「むなしい」と「はかない」 ―
「虚(むな)しい」と「儚(はかな)い」は、どう違いますか。

A 共通しているのは「いくら努力しても無駄だ」という気持ちですが、違いを見つけるために、まず、例を探してみましょう。使えるものには「○」を、使えないものには「×」をつけました。

	むなしい	はかない
人生／命	○	○
努力／試み	○	○
夢	○	○
弁舌	○	×
青春	○	○
敗北／失敗／苦労	○	×
恋／愛の言葉	○	○
喜び／幸せ	○	○
望み／希望	○	○
日々／毎日	○	×
望みを宝くじにかける	×	○
夢を抱いて結婚する	×	○

　次に、なぜ「無駄だと感じる」のかを考えますと、左側の「むなしい」は「見せかけだけで中身や内容がなく空虚だ／世間で言われているプラス評価は嘘で本当はそうではなくマイナスだ／これまでの努力が水の泡になってマイナスの結果に終わった」といったことが原因です。いわば「投げやりで虚無的、人や人のやさしさが信じられない態度」を表しています。

　これに対して、右側の「はかない」の原因は「束の間で移ろいやすく、頼りにならない」気持ちです。頼りにも当てにもできない「宝くじ／結婚」にかけざるを得ないのは人生の不条理、もしかすると「今の＋貧しさ／不幸＋が変化する」かもしれないと思う人間の弱さ愚かさ、楽天性なのでしょう。仏教的な「無常」を感じさせる言葉です。

✎ COLUMN

〈類義語使い分けメモ（VII）〉　　☆以下の ☞ が示す参照ページは『類義語使い分け辞典』
　　　　　　　　　　　　　　　「＊」がついているものは理解語彙

1. うるさい：音量の大小にかかわらず、人に「いやだ／煩わしい」と感じさせる。
   やかましい：音量が大きすぎるため、人に「いやだ／煩わしい」と感じさせる。
   騒がしい：複数ある音源が交錯して、人に「落ち着かない不安」を感じさせる。
   騒々しい：「騒がしい」状態が度を越し、不快と腹立ちを感じさせる。☞ p.139
2. うれしい：期待や欠如感が満たされ、マイナスからプラスへ転じた心の状態。
   たのしい：プラスの要因が加わり、平常よりも高揚した心の状態。☞ p.371
3. 悲しい：マイナスの要因が加わり、平常よりも落ち込んで泣きたい心の状態。
   ＊物悲しい：世のすべてにはかなさを覚え、何となく泣きたいような心の状態。
4. 寂しい：必要とする人や愛情、楽しさや賑やかさがなくて、心が沈みこむ状態。
   ＊孤独だ：話せる人、頼れる人、愛してくれる人が誰もいないと感じる心の状態。
3. 遅い：標準や平均、基準や期待に対して、時間が多く必要な状態。⇔「早い」
   ＊鈍い：話し方や動き、反応が期待を遥かに下回って遅く、人を苛々させる状態。
   ＊とろい：もと「火の勢いが弱い」こと。反応や頭の回転が異常に遅い。☞ p.177
   ＊鈍い：もと「刃物の切れ味が悪い」こと。頭の回転や反応が悪い。⇔「鋭い」
4. 甘い：「±」の評価のない糖分に対する味覚。または厳しさに欠ける声や態度。
   甘ったるい：過度の甘さを示し、マイナス評価の味覚。不快を感じる声や態度。
5. 暖かい：気候、室内、料理、人などが、適度に温度が高くて気持ちのよい状態。
   ＊温暖だ：地理的な温帯性気候の「暖かい」状態を表す場合に使うことができる。
4. あべこべ：身につけるものの左右、裏表、上下が逆の状態、または、常識的な方
   　　　　　向や順序などが反対「あっちがこっち、こっちがあっち」の様子。
   さかさま：倒立している状態を表すので、もし相手の「シャツがあべこべ」を指
   　　　　　摘する場合は「シャツの裏表がさかさま」と言うほうが通じやすい。
5. わがまま：人の都合よりも自分を優先させて言動する自己中心的な様子や性格。
   気まま：自分の気持ちを優先させて、他人のことに関心をもたない様子や性格。
   勝手：その場その時の自分の考えを第一にして気ままに振る舞う様子。☞ p.371

--- Q77:「はっきり」と「しっかり」 ---

「はっきり」と「しっかり」は、同じ文脈のなかで使えないのでしょうか。

A 例えば「はっきり／しっかり＋見る」といった場合があるのではないかという質問です。確かに互換性があるように見えますが、ただ「はっきり見る」という言い方は、日本語としては不自然で、普通は「はっきり見える」になります。

この2つの言葉は、もともと類義関係にはないのですが、韓国語では、どちらも「확실히／確実히」と訳されるそうです。こういった状況では、学生たちが混乱を起こすのは、いわば必然的です。韓国語の「確実히」のもつ意味が広すぎるのですね。

まず「はっきり／しっかり」が呼応する動詞を調べてみましょう。

	はっきり	しっかり
自動詞	する 聞こえる わかる 感じる 目覚める	する：意志動詞にもなる 固まる／締まる まとまる とまる：意志動詞にもなる つかまる：意志動詞にもなる
他動詞	言う 話す 答える 書く 知らせる 教える	つける／固める／締める 固める／締める／まとめる／巻く 打ち込む 立つ／歩く／食べる 勉強する／仕事する 運転する／操縦する

どちらも結果に重点がありますが、左側の「はっきり」は、自動詞であれば、その人自身の五感や意識に「ぼやけた／紛らわしい」点のない状態、他動詞であれば、聞き手や第三者にとって「ぼやけた／紛らわしい」点のない状態です。

「しっかり」は、自動詞なら「安定した／丈夫な」状態にあり、他動詞や意志動詞なら「安定した／丈夫な」状態になるように努力する意志を表します。

☞『類義語使い分け辞典』p.24、p.222

§2 語彙編

✐COLUMN •

〈類義語使い分けメモ（Ⅷ）〉　　☆以下の☞が示す参照ページは『類義語使い分け辞典』
　　　　　　　　　　　　　　　「＊」がついているものは理解語彙

1. 少し：ある範囲や状況での数量や程度が、あまり多くない、高くないことを表す。
　　ちょっと：上の口語的表現。また誘いを「すみません、ちょっと」と断ったり、程度の高さを「ちょっとした車を買った」と謙虚に言ったりもする。
2. いっぱい：ある容器、空間、心などに、何かが満ち満ちていると感じること。
　　たくさん：ある範囲内の数量が絶対的に多いと判断すること。直観的主観的。
　＊たっぷり：時間、金、容量などが、余裕を感じさせるほどあり余っている状態。
　＊なみなみ：容器に入れた酒などが、表面張力ぎりぎりに盛り上がっている状態。
　　おおぜい：「その他、大勢」など、人の多さを表す。☞ p.94、p.154
3. いつも：何かが起こる回数の多さ。過去や現在における習慣。☞ p.96、p.607
　＊日頃：「日頃、お世話になっている人」など、現在まで時期や変化のない習慣。
4. 今から：今「すぐ」に何かを「始める」という場合にしか使うことができない。
　　これから：上の「始める」場合にも、現時点から「続ける」場合にも使われる。例えば「これから頑張る」なら「これから＋すぐ／ずっと」が使えるが、これが「今から」なら「すぐ頑張る」という特殊な状況になる。
5. 思わず：予期しなかったことを見たり聞いたりして、反射的に反応する。
　　うっかり：失敗した原因が、ぼんやりして不注意だったことを形容する。
　　つい：失敗した原因が自分ではなく、周りの状況にあったと言い訳する。
　　ついうっかり：不注意で失敗した原因は、状況にもあったと言い訳する。
　＊無意識に：自分に目を向けず、自分の言動に気がつかない様子。☞ p.121
6. ますます：静的な状態が加速度的に変化していく様子をとらえて使われる。
　　どんどん：動的な状態が勢いよく加速していく様子をとらえる。☞ p.106
　　「ますます＋美しく／静かに／寂しく＋なった」は置き換え不可。
7. 飽くまで：①行き渡っている状態。「あくまで＋美しい横顔／生真面目な性質」。
　　　　　　②徹底してやり遂げる。「あくまで＋戦う／反対する／うそを通す」。
　＊頑として：②＋頑固に／片意地に／がむしゃらに／やたらに反対を押し切って。

• •

―― Q78:「きついめ」と「きつめ」 ――――――――――――――
「きついめ」と「きつめ」は、同じですか。違うなら、どう違いますか。

A 「め」を「目」と書く場合、右頁のように、およそ9つの使い方があります。これを「きついめ」に当てはめて、使える場合の番号と、その例文を作ってみると、次のようになります。数字「⓪②」は音声編 p.201 にあるアクセント記号です。

1. 怒ってるんだ。ずいぶんきつい目、してるもの、今日は。　②きつ⌉い目
3. 朝まで廃棄ゴミの処理でね。とんだきつい目に遭ったよ。　②きつ⌉い目
9. ゴム紐、ずれないように、きつい目にしておいたからね。　⓪きつい目

　上のうち「9」が「⓪きつ目」になり、辞書などでは「形容詞の語幹につく」とありますから、こちらのほうがオーソドックスですが、どちらも使います。また「いい目／濃い目／酸い目／憂き目」など、2モーラの形容詞は語幹につきませんし、一部の動詞「上がる／下がる／控える」にもついて「右肩が+⓪上がり目／⓪下がり目＋です」や「どちらかというと、控え目な人です」といった使い方があります。目尻の様子は「③上がり目／③下がり目」です。

1. 相対形容詞：大小／長短／高低／強弱／厚薄／深浅／広狭／早遅／甘辛
2. 絶対形容詞：痛い／面白い／楽しい／悲しい／うれしい／寂しい／切ない

　仮に形容詞を、意味の上でペアを組む「相対形容詞」と、ペアを組まない「絶対形容詞」の2つに分けてみると、上の「9」の使われる形容詞には「相対形容詞だけに限る」という制限があります。

小さい　←　小さめ　←　ニュートラル　→　大きめ　→　大きい
安い　　←　安め　　←　ポイント　　　→　高め　　→　高い

　制限があるのは、上の図のように、たとえば「大きくも小さくもない」といった「ニュートラル・ポイント」の設定が「〜め」には必要だからです。形容詞につきましては『日本語類義表現使い分け辞典』p.1157 以下もご参照ください。

✎ COLUMN

〈「～目(め)」の使い方〉

1. 5つの感覚器官のひとつで、見る働きをする:
   鵜(う)の目鷹(たか)の目／魚(さかな)の目／黒目(くろめ)／白目(しろめ)／両目(りょうめ)／片目(かため)／目尻(めじり)／薄目(うすめ)／細目(ほそめ)／奥目(おくめ)／寄り目／上がり目／下がり目／垂(た)れ目／引き目鉤鼻(かぎばな)／流し目／横目(よこめ)／伏し目／いい目／悪い目／近(ちか)目／夜(や)目／遠(とお)目／鳥(とり)目／爛(ただ)れ目／星(ほし)目／目脂(やに)／目糞鼻糞(めくそはなくそ)

2. 見たときの様子、外観: 見た目／表(おもて)目／裏(うら)目／余所(よそ)目／勝ち目／落ち目

3. 経験や体験:
   いい目／面白い目／楽しい目／うれしい目／愉快な目／役目＋をする
   悪い目／痛い目／ひどい目／辛い目／悲しい目／寂しい目＋に遭(あ)う／を見る

4. 形が目に似ているもの: 魚(うお)の目／縄(なわ)目／網(あみ)目／蛇(じゃ)の目傘(がさ)／鳩(はと)目／針(はり)目／駄(だ)目

5. 秤で計量した重さや容量: 目減(べ)り／目分量(ぶんりょう)／目方(かた)／桝(ますめ)目

6. 木材の表面に現れた模様: 木目(きめ)／木目(もくめ)／柾(まさ)目

7. 数量詞について順番を表す: ひとり目／ふたつ目／二枚目／3段目／4軒(よんけん)目

8. 形が目に似た点、または線状になって、ほかと区別できるところや状態:
   編み目／結び目／糸(いと)目／縫(ぬ)い目／裂け目／継(つ)ぎ目／綴(と)じ目／境(さかい)目／変わり目

9. AかAでないかというと、Aのほうの状態、またはAのほうの性質がある:
   大き目／小さ目／悪目／濃い目／薄目／太目／細目／長目／短目／×いい目
   上がり目／下がり目／(成績や株価が) 落ち目／控え目

☞『類義語使い分け辞典』p.354

―― Q79:「おもい」と「おもたい」 ――

「重い」と「重たい」は、どう違いますか。

A 「重い」は「軽い」とペアを組む、p.160 に示した相対形容詞なので、2つ以上のものを比べたり、常識や社会通念を基準にしたりして、あるものが「重い」のか「軽い」のかを決定した客観的な状態を表しています。

例えばスーパーで白菜を手にしている人が、一緒に来た人から、もうひとつの白菜を渡されて「これって、重い？ 軽い？ どっちが重い？」と聞かれたとします。聞かれた人は2つの白菜を、同時に左右の手に持つか、ひとつひとつ持ってみるかして、およその見当で結論を出し「どちらが重いか」を答えます。

つまり、誰が手に持って量ってみても、誰もが同じほうを「重い」と感じる場合、こうした結論を「客観的判断」と呼ぶとすると、相対形容詞が表している状態は、客観的判断の結果です。もちろん「重い」もそうです。

これに対して「重たい」は「主観的判断」の結果を表しています。例えば「重たいよ、この荷物、もう持てないよ」と言われた人が、実際にその荷物を手にしてみて「なんだ、軽いじゃないか。どこが重いんだよ。重たいというのは気のせいだろう。性根を入れて、しっかり持つんだ」と答える可能性はおおいにあります。つまり「重たい」は主観的な個人の感覚で、個人的な判断なのです。

日本語には、客観的な判断を表す相対形容詞と、ごく一部ですが、その相対形容詞から派生した主観的判断を表す形容詞とが存在しています。この場合の「重い／重たい」もそうですが、右頁にも代表的なものを並べておきました。

右頁最初の「眠い」は、ペアを組むものもありませんし、客観的判断の難しい状態ですから、相対形容詞ではありません。ただ「眠たい」が、動詞「眠る」と希望「〜たい」からできる「眠りたい」を圧縮した感じがあり、ただ「眠い」というよりも「今すぐにでも眠りたい／眠くてもう立ってもいられない」という強い気持ちや主観的な判断を表しています。

右頁からも、おわかりかと思いますが、相対形容詞に「〜たい」がついて主観的な判断を表すものは、ごくわずかです。むしろ「〜たい」以外のものがつくほうが多いのですが、いずれも規則的というまで普遍化できないものですから、それぞれを異なった語彙と考え、類義語として学習者に伝えるほうが、あとで問題が起こらないかと思います。

✏️ COLUMN ••

〈主観的形容詞「形容詞語幹＋たい」〉

〈～たい〉のつくもの

1. 形容詞からできているもの
   - 眠い　　眠たい
   - 煙い　　煙たい
   - 平たい　平べったい
   - 厚い　　厚ぼったい

2. 形容詞以外からできているもの
   - 野暮だ　　　野暮ったい
   - 腫れている　腫れぼったい
   - 焦（じ）れる　　じれったい
   - くすぐられる　くすぐったい
   - 　　　　　　　口幅（くちはば）ったい

〈～たい〉のつかないもの

3. 接頭辞をつけるもの
   - 偉い　　　ど偉い
   - でかい　　どでかい
   - きつい　　どぎつい
   - 厚い　　　分（ぶ）厚い
   - 太い　　　図（ず）太（ぶと）い
   - 浅い　　　底（そこ）浅（あさ）い
   - すごい　　ものすごい
   - 恐ろしい　空（そら）恐ろしい
   - 広い　　　だだっ広（びろ）い
   - だるい　　かったるい

4. その他の主観形容詞
   - 大きい　ごつい／ごっつい
   - 　　　　でかい／でっかい
   - 小さい　ちっちゃい／ちっこい
   - 狭い　　狭苦しい
   - 甘い　　甘ったるい
   - 狡（こす）い　狡っからい
   - 汚い　　汚らしい
   - 弱い　　弱ったらしい
   - 長い　　長ったらしい
   - 安い　　安っぽい
   - 薄い　　薄っぺらい
   - 浅い　　浅ましい

☆次のような名詞につく「ど」は程度の大きさを強調したもの。
　　真ん中／ど真ん中　　根性／ど根性　　性骨（しょうぼね）／ど性骨　　阿保／ど阿保

••

☞『日本語類義表現使い分け辞典』p.1157 以下「形容詞」

--- Q80:「いたさ」と「いたみ」---

「痛さ」と「痛み」は、どう違いますか。

A 「痛さ」は、漢語で書けば「疼痛(とうつう)」になります。この漢語を見て、直接、体や心に響いてくるような「疼(うず)いて痛い」といった感覚を覚える日本人はいません。つまり「痛さ」は「痛い」という感覚を消し去り、いわばデジタル化して抽象化した名詞です。もし皮膚の痛点への刺激を数値で表せるセンサーがあれば、この客観的な抽象名詞を使って「痛さ $5\mu g/mm^2$」といった測定が可能かもしれません。

これに対して「痛み」は、体や心に響いてくるような「疼(うず)いて痛い」といった感覚を丸ごとラップしたような感覚名詞です。次の例を見てください。

　　その+痛み/痛さ+は、頚椎(けいつい)の歪(ゆが)みから来ているようですね。
　　この+痛み/×痛さ+は、頚椎の歪みから来ているようなのです。

上のほうの話し手は医者で、聞き手は患者です。つまり「痛み/痛さ」は患者のものであり、医者は直接「痛み/痛さ」を、感じることはありませんから、どちらも使えます。むしろ「痛さ」のほうが科学的な響きがしますから、こちらのほうが「医者らしい」言い方かもしれません。もし患者に同情的な医者なら、共感する響きのある「痛み」を使う可能性もあります。

ところが下のほうの例は、話し手に障害があり、その話を聞いている人は誰でもよく、医者とはかぎりません。この場合は、話し手自身の感覚なので、抽象名詞「痛さ」では、他人事(ひとごと)のようになって、聞き手を戸惑わせることになります。

この障害が、もし病歴の長いもので、話し手にとって他人事であるかのように冷静に判断できるものになっているとすれば、科学的な態度で「痛さ」と言う人がいるかもしれません。ただ感覚が鈍磨しているかのように聞こえますが。

　　頭/足/胸/心+の+痛み/×痛さ+を感じる。
　　朝起きようとしたとき、心臓に+痛み/×痛さ+が走って、冷や汗をかいた。

上の2例にも「痛さ」が使えません。なお「痛い/痛さ/痛む/痛み」のほかに、動詞から派生して形容詞のない「傷(いた)む/傷み/悼(いた)む/悼み」があります。

COLUMN

〈便宜上の形容詞の分類〉　☞ 文法編 p.63

1. 相対形容詞：反意的にペアを組む形容詞
    例）長い／短い／高い／低い／深い／浅い／遠い／近い／広い／狭い／
    厚い／薄い／多い／少ない／大きい／小さい／早い／遅い／安い／
    強い／弱い／重い／軽い／明るい／暗い／鋭い／鈍い

2. 相対感覚形容詞：五官の反応した感覚で、反意的ペアが想像可能な形容詞
    例）赤い／青い／白い／黒い／丸い／四角い／うるさい／やかましい／
    臭い／暑い／寒い／冷たい／温い／暖かい／涼しい／熱い／温い／
    きつい／ゆるい／甘い／塩辛い／おいしい／旨い／まずい／危ない

3. 感覚判断形容詞：五官の反応した感覚で、反意的ペアが想像不可能な形容詞
    例）まぶしい／騒がしい／苦い／渋い／酸っぱい／唐辛子辛い／痛い／
    痒い／くすぐったい／香ばしい／焦げ臭い

4. 評価判断形容詞：他者に対する判断を表す形容詞
    例）よい／悪い／可愛い／可愛らしい／憎たらしい／美しい／逞しい／
    痛ましい／素晴らしい／望ましい／大人しい／厳しい／やさしい／
    乏しい／著しい／嫉妬深い／欲深い／よそよそしい／つれない／怪しい／卑しい／恭しい／乏しい／ひどい／睦まじい

5. 感情形容詞：気や心、神経や精神の働きによる感情を表す形容詞
    例）うれしい／寂しい／楽しい／悲しい／物悲しい／侘しい／恋しい／
    切ない／遣る瀬ない／むなしい／はかない／味気ない／やましい／
    悔しい／辛い／羨ましい／妬ましい／苦しい／怖い／恐ろしい／
    恥ずかしい／腹立たしい／憎い／おかしい／面白い／照れくさい

☞『日本語類義表現使い分け辞典』p.1157 以下「形容詞」

---- Q81:「−さ」と「−み」 ----
一般的に「−さ」と「−み」の違いを、どう説明すればいいですか。

A 右頁にもありますが、一般的に「−さ」は、すべての形容詞の語幹について、抽象名詞を作ります。p.160 に示したペアを組む相対形容詞の場合は、およそ次のようになっています。

高さ＝身長や高度	深さ＝深度	長さや遠さ＝距離	広さ＝面積
大きさ＝体積や容積	重さ＝重量	速さ＝スピード	安さ＝価格
多さ＝数量	厚さ＝幅	白さや黒さ＝明度	強さ＝強度
甘さ＝糖度	熱さ＝温度	暑さや寒さ＝気温	丸さ＝形状

感覚や判断、感情を表す「まぶしさ／苦さ／痒さ／よさ／可愛さ／勇ましさ／厳しさ／つれなさ／うれしさ／恋しさ／面白さ／恥ずかしさ」などは、p.164の「痛さ」を参考にしてください。

これに対して「−み」は、p.164 の「痛み」と同様に、形容詞のもつ意味に、感覚や感情を織り交ぜた名詞を作ります。相対形容詞の例を次にあげました。すべて「−さ」への変換はできません。

　またいつもの言い争い、君子危うきに近寄らず、高みの見物をしよう。
　心の深みから湧き出たような言葉に思わず耳をそばだてました。
　厚みのある人柄に魅かれて、結婚したのです。
　まずいところを見られちゃって、ちょっと弱みを握られたな。
　旨みが過ぎると、えぐみが出るから、かえってまずくなってしまったね。

ただ「−み」は、ごくわずかな形容詞の語幹にしかつきません。しかも感情を表す動詞の語尾が「む」である場合、例えば「哀れむ／悩む／恨む」などが「連用ます形」になって感情を表す名詞になると、形態上は同じになります。これらの動詞は、例えば「明るむ／明るい」や「憎む／憎い」とは異なり、ペアになる形容詞をもたないのです。さらに「憎しみ」は、対応するはずの「×憎しむ／×憎しい」という動詞も形容詞もありません。

COLUMN

〈形容詞語幹につく「−さ」と「−み」〉

−さ： すべての形容詞につき、その形容詞のもつ抽象的客観的な概念を表す。

　　　長さ／高さ／深さ／遠さ／広さ／多さ／安さ／厚さ／速さ／弱さ／寒さ／甘さ
　　　痛さ／痒さ／辛さ(つら)／厳しさ／面白さ／楽しさ／悲しさ／寂しさ／羨(うらや)ましさ

−み： 一部の形容詞につき、五官や心に響く感覚や気持ち、深い感情を表す。

　　　使えないもの： 1. 一部の例外を除く相対形容詞。
　　　　　　　　　　2. 一部の例外を除く感覚形容詞。
　　　　　　　　　　3. すべての評価判断形容詞。
　　　　　　　　　　4. 一部の例外を除く感情形容詞。

〈「形容詞語幹＋−み」の派生の仕方〉

1. 相応する動詞をもたないもの
   例） 高み／深み／厚み／重み／強み／弱み／軽(かろ)み／青み／赤み／丸み
   　　甘(うま)み／旨み／辛(から)み／酸っぱみ／苦(にが)み／渋(しぶ)み／えぐみ／臭(くさ)み
   　　温(ぬく)み／暖かみ／痒み／面白み／おかしみ／有難み

2. 相応する動詞をもつもの
   例） 明るみ／親しみ／痛み／苦しみ／楽しみ／悲しみ／凄(すご)み／緩(ゆる)み／憎み

3. 相応する形容詞も動詞ももたないもの
   例） 憎しみ／恨み辛(つら)み

4. 動詞の「連用ます形」でしかないもの
   例） 哀れみ／悩み／恨み／好み
   　　試み／頼み／歩(あゆ)み／弾(はず)み／睨(にら)み／泥濘(ぬかるみ)／つぼみ／はさみ／つまみ

☞『類義語使い分け辞典』p.354

Q82:「やすい」と「やすっぽい」

「安い」と「安っぽい」は、どう違いますか。

A 「安い」は主観的な相対形容詞です。p.162の「重い」は、比べれば「すべての人が納得する」という客観的な要素をもっていましたが、この「安い」は人によって、感じ方がまるで違います。例えば、宝くじで莫大なお金をしとめたばかりの人には、すべてのものが「安い」と感じるでしょうし、失業して生活に困っている人には、すべてのものが「高い」と感じるはずです。また「円高／ドル安」といった状況では、海外旅行をする日本人は「安さ」を満喫するでしょうし、逆に海外からの旅行客は、日本の物価の「高さ」に閉口するに違いありません。

```
軽い ←――――――――ニュートラル・ポイント――――――――→ 重い
安い ← ニ  ュ  ー  ト  ラ  ル  ・  ポ  イ  ン  ト → 高い
```

「重い」と「安い」の違いは、ニュートラル・ポイントの設定の仕方にあります。上のほうの「軽い／重い」に絶対的な要素があるのは、ニュートラル・ポイントがちょうど2つの真ん中「ラ」にあるからです。しかし「安い／高い」の場合となると、宝くじに当たった人や海外旅行する日本人のニュートラル・ポイントは「ニ」にあって、すべての値段が左に寄って安くなり、失業した人や海外から日本への旅行客のニュートラル・ポイントは「ト」にあって、すべての値段が右に寄って高くなります。

　　こんなの、どうして買ったの。安っぽいじゃない。高級ブランドでしょう？
　　ねえ、ねえ、見て、これ、100均で買ったの。安っぽく見えるでしょう？
　　あんな安っぽい男と結婚しようだなんて、おまえ、どこに目がついてんだ。

「安っぽい」も主観的な相対形容詞ですが、まだニュートラル・ポイントが明白な基準を示す「安い」とは異なり、何の根拠もない話し手の勝手なマイナスの価値判断が入ります。根拠はただ「いやだ／嫌いだ／ダメだ」という話し手の感覚や感情です。誰もが安いと感じるものにはもちろん、誰もが高いと感じるものにまで使うことができます。人に使うと偏見以外の何物でもないでしょうね。

☞『類義語使い分け辞典』p.523、p.653、p.680

COLUMN

〈「－っぽい」のつく形容詞〉

☆前に「◇」のある語は、プラスのニュアンスがあると考える人もいる。

「安っぽい」のイメージ
　　　高い ← 安っぽい ←——————— 高いブランド商品 ———————→ 高い
　　　安い ← 安っぽい ←——————— 安い100円ショップ商品 ——————→ 安い

「男っぽい」のイメージ
　　　男 ← 男っぽい ←——————— マッチョな感じを与える ———————→ 男
　　　女 ← 男っぽい ←——————— ボーイッシュな感じを与える ——————→ 女

「白っぽい」のイメージ
　　　白 ← 白っぽい ←——————— 濃厚な白塗り化粧／疲れた顔 ————→ 白
　　　黒 ← 白っぽい ←——————— 真っ黒な日焼けが褪めてきた顔 ————→ 黒

〈「－っぽい」の派生の仕方〉

1. 形容詞語幹＋っぽい
　　例）安っぽい／軽っぽい／荒っぽい／厚っぽい／熱(あつ)っぽい／いがらっぽい
　　　　赤っぽい／青っぽい／黒っぽい／白っぽい

2. 動詞連用ます形＋っぽい
　　例）飽きっぽい／忘れっぽい／怒りっぽい
　　例外）動詞語幹＋っぽい：湿っぽい

3. 名詞／状態名詞＋っぽい
　　例）水っぽい／埃っぽい／熱(ねつ)っぽい／◇色っぽい／◇艶(つや)っぽい／◇骨っぽい
　　　　子どもっぽい／◇男っぽい／◇女っぽい／◇大人っぽい
　　　　愚痴っぽい／理屈っぽい
　　　　俗っぽい／哀れっぽい／気障っぽい／◇婀娜(あだ)っぽい

―― Q83:「きたない」と「きたならしい」 ――――――――――――――
「汚い」と「汚らしい」は、どう違いますか。

A 状態や状況に対する判断を示す「汚い」という形容詞には、2つの意味があります。ひとつは「きれい」や「清潔」の反意語になって、感覚的に「不潔だ／水準以下の乱れ方だ／雑音や濁りのある状態だ」といったマイナスの判断をする場合で、もうひとつは「自己中心的態度／アンフェアな言動／ずるさ欲深さ／贈収賄や不正行為／潔さのなさ」に対して、マイナスの評価判断をする場合です。

　　汗だらけの体／洗っていない衣類／垂れ流しの水／排気ガス／散らかった部屋や
　　　引き出し／文字や言葉／格好／声／音／色＋が＋汚い／汚らしい
　　考え方／試合運び／金の使い方／やり口＋が＋汚い／×汚らしい
　　金／酒／食い物＋に＋汚い／×汚らしい

　「汚らしい」は「汚い」の感覚的判断の場合と互換性がありますが、p.168の「安っぽい」と同様に、話し手の勝手な「いやだ／嫌いだ／見ていられない／おぞましい」といった感覚や感情で増幅したマイナスの価値判断を示します。ただ「安っぽい」には、判断する根拠が話し手の主観だけで、客観性はありませんでしたが、この「汚らしい」には、まだ誰が見ても「不潔だ」と感じるほどの客観性は残っています。もちろん「汚い」ほどではありませんが。

　　国のために私財を投げうつような政治家らしい政治家はいなくなったね。
　　保険適用外の治療を勧めるのが、近ごろの医者らしい治療法なんだろう。
　　目立たないよう、さりげなく心配りをするとは、いかにも彼女らしいよ。
　　もう秋も半ばなのに、今年は台風らしい台風もやって来ませんでしたね。

　上のように「〜らしい」は、もともと名詞について、その名詞のもついろいろな性質のなかでも、特に「話し手が典型的だと考えた性質」を表す形容詞になります。この「典型」が「汚い」にも適用されて、話し手が「汚いなかでも特に汚い」と感じるものに「汚らしい」が使われると考えればいいでしょうね。

☞『類義語使い分け辞典』p.267、p.565、p.653

§2 語彙編

✏️ COLUMN •

〈「-らしい」のつく形容詞〉

　　X＋らしい：見るからに「いかにも X だ」と感じさせる様子

1. プラスの感覚的判断をするもの
　　例）人を表す名詞についたもの：男らしい／女らしい／子どもらしい
　　　　形容詞の一部になったもの：愛らしい／可愛らしい

2. マイナスの感覚的判断をするもの
　　例）形容詞の語幹についたもの：汚らしい／憎らしい／小憎（こにく）らしい
　　　　状態名詞についたもの：厭（いや）らしい／尤（もっと）もらしい／阿保らしい
　　　　その他についたもの：わざとらしい

3. 語尾が「-(っ)たらしい」になってマイナスの感覚的判断をするもの
　　例）形容詞の語幹についたもの：長(っ)たらしい／憎(っ)たらしい
　　　　状態名詞についたもの：貧乏(っ)たらしい／惨（みじめ）(っ)たらしい／
　　　　　　　　　　　　　　　厭味(っ)たらしい／自慢(っ)たらしい／
　　　　　　　　　　　　　　　助平（すけべえ）(っ)たらしい
　　　　動詞た形についたもの：好い(っ)たらしい

　接続に規則があるわけではないので、これらを別のひとつの語として覚えておくように説明しておくほうが、過剰な適応を防ぐことができる。
　また、次のような名詞につく場合も含まれると考えてもよい。文末では伝聞や状況判断を表すことが多い。

　　　　　「義を見てせざるは勇なきなり」だよ。男らしく金を貸してくれ。（典型）
　　　　　いじめに遭った子を助けたって？　へえ、すごく男らしいんだな。（典型）
　　　　　久しぶりに雨らしい雨が降って、少しは涼しくなったね。（典型）
　　　　　曇ってきたって？　へえ、午後は雨らしいんだな？（状況判断）

• •

☞『日本語類義表現使い分け辞典』p.926

--- Q84:「めんどうだ」と「めんどうくさい」 ---
「面倒だ」と「面倒臭い」は、どう違いますか。

A どういった場合やときに、どのような状況で、人が誰、何に対して「面倒だ」と感じるかは、その人の性格により、そのときの気持ちのあり方により、違いはあるかと思いますが、おそらくというところを次にあげてみます。

「面倒」を引き起こす原因:
 疲れているときに、眠っていた赤ちゃんが泣きだして、おむつを換える
 憂鬱なときに、買い物に行ったり、料理、洗濯、掃除などをしたりする
 気分の悪いときに「部屋を片付けろ／手伝え／風呂に入れ」と言われる
 言わなければ損とでも思っているのか「宿題したか／勉強は」と言う親
 何様と思っているのか「お茶／新聞／ご飯」と1語言葉しか言えない夫
 不眠が続いているのに、やっと寝入った日に限って、かかって来る電話
 出たくもない町内会に、わざわざ出席を求め家までやって来た近所の人
 約束のある日に、よりによって大嫌いな課長に、残業を言いつけられる
 周りから見捨てられ借金も子供の養育費も払えないまま生きていくこと

おおよそ日常生活のすべてが「面倒」の対象になります。お互いに面倒なことをすることで、家庭や職場の人間関係が成り立ち、それによって収入を得て社会生活を営み、経済が循環していきます。この面倒なことに耐えているのが人間であり、それから逃れるために、自由や快適さ便利さを求めて、これまで科学が進歩してきたとも言えます。

「面倒だ」は、もう少し忍耐力を示す類義語「煩わしい」の話し言葉なので、使いすぎると「怠惰／怠け者／物臭」といった印象を与えます。これを俗語のレベルまで落としたのが「面倒臭い」です。こちらは使いすぎると、不快感を与えますから、家庭内や友達同士、仲間内でならかまわないでしょうが、多少は気遣いの必要な隣近所や会社などでは、人間関係が損なわれるというより、信用をなくし、軽蔑される恐れがあります。

「面倒臭い!!」は、いわば感嘆詞のようなものですから、職場で「そんなの面倒ですよ」とは言えても、これを「面倒臭い」に換えることはできません。

§2 語彙編

📝 COLUMN •

〈「-くさい」のつく形容詞〉
　　X＋くさい：マイナスの程度が高くて「いかにも X らしい」と感じさせる

1. 気分の悪くなるような不快な臭いを表すもの
　　例）名詞についたもの：生臭い（なまぐさい）／酒臭い（さけくさい）／脂臭い（やにくさい）／乳臭い（ちちくさい）／土臭い（つちくさい）／泥臭い（どろくさい）／金臭い（かなくさい）／磯臭い（いそくさい）／黴臭い（かびくさい）／血腥い（ちなまぐさい）／白粉くさい（おしろいくさい）／抹香くさい（まっこうくさい）／小便くさい（しょうべんくさい）
　　　動詞についたもの：焦げくさい（こげくさい）（連用ます形＋くさい）
　　　派生語ではないもの：きな臭い

2. うんざりさせる過剰な X の不快な様子を表すもの
　　例）人を表す名詞についたもの：男くさい／人間くさい／素人くさい（しろうとくさい）／インテリくさい／学者くさい
　　　　　名詞についたもの：水くさい／日向くさい（ひなたくさい）／バタくさい／分別くさい（ふんべつくさい）／田舎くさい（いなかくさい）／洒落くさい（しゃらくさい）
　　　　状態名詞についたもの：七面倒くさい（しちめんどうくさい）／阿保くさい／馬鹿くさい／陰気くさい（いんきくさい）／辛気くさい（しんきくさい）／ケチくさい／鈍くさい（どんくさい）
　　　形容詞語幹についたもの：古くさい／青くさい（あおくさい）／とろくさい
　　　　派生語ではないもの：胡散くさい（うさんくさい）

3. あんまりで「いやだ／あきれる／話にならない」と感じる気持ちを表すもの
　　状態名詞につくもの：七面倒くさい／阿保くさい／馬鹿くさい

　「2」だけが、他者に対するマイナス評価と、他者に対して感じた感情を表すことができる。また名詞修飾専用の「真面目腐った＋顔（くさ）／態度」という言い方がある。
　例外は「照れくさい」で、他者に対する評価や判断ではなく、p.165 の感情形容詞に属している。

• •

☞『類義語使い分け辞典』p.653、p.737

― Q85:「あまり」と「あんまり」 ――――――――――――――――
「あまり」と「あんまり」は、どう違いますか。

A 撥音「ん」が挿入された「あんまり」というのは、もともと過剰なまでに程度が高いことを示す「あまり」を、さらに強調したものですから、書き言葉では使えませんが「これ以上はないほど程度が高い」という極限を表しています。

特に「それは、あんまりだ」は、例えば「ものの言い方／仕方／態度／考え方／状況」などのマイナス程度が、極限のひどさであることを表します。こういった場合に「あまりだ」を使うと、まるで「7÷3は2余り1だ」の「あまり」と共鳴して、どこか空気が漏れて迫力のない感じになり、あまり、というより、ほとんど使われることがありません。

「あ(ん)まり」の使い方をあげると、次のようになります。

1. あ(ん)まり／あまりに(も)＋おいしくて、つい食べすぎてしまいました。
2. あまりに(も)／あんまり／△あまり＋おいしいケーキで、食べすぎました。
3. これは、あまりに(も)／×あ(ん)まり＋おいしいケーキです。
4. これは、あ(ん)まり／あまりに(も)＋おいしくないケーキです。
5. あ(ん)まり／あまりに(も)＋おいしくないケーキで、食べ残しました。
6. あ(ん)まり／あまりに(も)＋おいしくないので、つい食べ残しました。
7. あまりに(も)／×あ(ん)まり＋おいしいけれど、あ(ん)まり／×あまりに(も)＋食べられません。

つまり「あ(ん)まり」は否定と相性がよく、呼応して「それほど〜ない」という部分否定を表します。しかし肯定とは、上の「1」や「2」のような、後続する部分と順接関係にある「原因／理由」の場合はいいのですが、最後の「7」のように、後続部分と際立った対立を示す逆接関係では使えなくなってしまいます。

これに対して「あまりに(も)」は、動詞の否定とは呼応しませんが、形容詞なら、全面肯定にも全面否定にも使われます。ただ「あんまりに(も)」は、過剰さがダブった強調になるせいか、あまり使われません。

「あまり」は、ほかに「あまりの〜に／〜のあまり」という表現があります。

☞『日本語類義表現使い分け辞典』p.687

§2 語彙編

✏️ COLUMN

〈程度を強める特殊音〉
　程度などを表す言葉は、3つの特殊音を使って強調されることがある。
　ただ、家庭や友だち同士、仲間内の話し言葉なので、みだりには使えない。

1. 促音「っ」
　　例）大きい　→　おっきい　　　　小さい　→　ちっちゃい／ちっこい
　　　　寒い　→　さっむい　　　　暑い／熱い　→　あっつい
　　　　温い　→　ぬっくい　　　　冷えた　→　ひゃっこい
　　　　高い　→　たっかい　　　　安い　→　やっすい
　　　　とても　→　とっても　　　　やはり　→　やっぱり
　　　　いつも　→　いっつも　　　　ひどく　→　ひっどく
　　　　すごく　→　すっごく　　　　こわい　→　こっわい
　　　　うそ　→　うっそ　　　　長たらしい　→　ながったらしい

2. 撥音「ん」
　　例）あまり　→　あんまり　　　　おなじ　→　おんなじ

3. 長音「ー」
　　例）非常に　→　ひじょーに　　　　長い　→　ながーい
　　　　冷たい　→　つめたーい　　　　高い　→　たかーい
　　　　面白い　→　おもしろーい　　　　寂しい　→　さびしーい
　　　　いやだ　→　やだー／やーだー　　　　本当　→　ほんとー

4. 促音＋長音
　　例）大きい　→　おっきーい　　　　小さい　→　ちっちゃーい／ちっこーい
　　　　長い　→　なっがーい　　　　高い　→　たっかーい
　　　　安い　→　やっすーい　　　　いやだ　→　やっだー

☞『類義語使い分け辞典』p.46

―― Q86:「気持ちが悪い」と「気分が悪い」――
「気持ちが悪い」と「気分が悪い」は、どう違いますか。

A どんなときに「気持ちが悪い／気分が悪い」と感じるか、人によって違いはあるでしょうけど、おおよそ次のようになるかと思います。

なお「気持ちが悪い」は「が」が省略されて、形容詞になります。しかし「気分が悪い」は、文の形を保留したまま形容詞のように使われます。

「気持ち(が)悪い」	「気分が悪い」
大嫌いな蛇や蜘蛛を見たとき	朝の目覚めが悪かったとき
ヘドロや濃厚な香水を嗅いだとき	便秘や下痢、風邪気味のとき
乗り物酔いをしそうなとき	二日酔いで胸がムカムカするとき
幽霊の出そうな音楽を聞いたとき	根も葉もない悪口が聞こえたとき
嘔吐されたトイレに入ったとき	部下から生意気なことを言われたとき
異様で異常なものに出会ったとき	責任を転嫁されて上司に叱られたとき
不潔で汚らしいものに触ったとき	足を踏まれて素知らぬ顔をされたとき

「気持ち(が)悪い」は「汚い／おぞましい／いやだ／やめて／来ないで／近寄らないで／あっち行って」と叫びたくなるような拒否反応、拒絶反応です。言い換えれば「スカッとした清潔感、浮き浮きして踊りだしたくなるような気分／抱きしめたくなるような気持ち」とは正反対の不快反応を表しています。

これに対して「気分が悪い」は「寝ていたい／誰とも話したくない／何も聞きたくない／独りにしてほしい／馬鹿野郎と叫びたい／ムッとする／ムカッとする／腹立たしい」といった不快な精神状態です。

特に気をつけていただきたいのは、韓国語で「気分がいい」といえば、およそ右頁に示しました「気持ち(が)いい／気分がいい」に相当するのですが、これが韓国語の「気分が悪い」となると、風邪気味や二日酔いには使うことができず、ただ「ムッとする／ムカッとする／腹立たしい」という心理状態を表し、誰かれかまわず「馬鹿野郎!!」と叫びだしたくなるような「気分」だそうです。

体の調子が優れないからといって、まだ日本語を習いはじめたばかりの韓国の人に、決して「気分が悪い」とは言わないでください。

§2 語彙編

✏️ COLUMN

〈「気持ちがいい」と「気分がいい」〉

　　キーワード：「気持ちがいい」＝「清潔／爽やか／癒し」
　　　　　　　　「気分がいい」＝「いい予感がする／元気が出る／踊りだしたい／心が浮き浮きする／ふと優越感が満たされる／嫌いな奴が失敗する」

「気持ち(が)いい」	「気分がいい」
新築の日当りがよく清潔な部屋	いいことが起こりそうな朝の目覚め
朝の爽やかな空気	好きな人に贈られた花の匂い
バスで高齢者に席を譲る光景	ハンサムな男性に席を譲られたとき
マッサージをしてもらうとき	アイデアが認められて褒められたとき
心身の疲れを癒す風呂やサウナ	思ったよりたくさんもらったお年玉
スポーツで汗を流したとき	片思いの人から「好きだ」と言われたとき
長く続いた便秘が治ったとき	嫌いな奴が先生に叱られたとき

　「気持ち／気分が＋いい」は、およそ上のように使われるが、上の例と左頁の例とを見比べてみると、必ずしも「気持ち(が)悪い／気分が悪い」と反意関係を示していない。つまり「大嫌いな蛇や蜘蛛を見たとき」に「気持ち悪い」と感じても、逆に「大好きなパンダやコアラを見たとき」に「気持ちがいい」ということはできない。また「朝の目覚めがよかった」からといって、必ずしも「気分がよい」と感じるわけではなく、もうひとつ心を浮き立たせるような予感めいたものが必要になる。

　つまり「気分がいい」と「気持ち(が)悪い」には、それぞれに対応するような反意関係がなく、どちらかといえば「気持ちがいい」と「気分が悪い」とが反意関係を示しているようなところがある。

　評価の点で「いい／悪い」は反意語なのに、複雑な心理では反意関係にならず、学習者を悩ませるが、さらに「気持ちいい」を冗談にした「気色いい」や、過剰な不快感の「気色(が)悪い」や、恐怖感の「不気味だ」が加わるのでなおさらである。

☞『類義語使い分け辞典』pp.278–280、p.336

── Q87:「〜きわまる」と「〜きわまりない」──────

肯定の「〜極まる」と否定の「〜極まりない」が、なぜ同じ意味になるのですか。

A どちらも、硬い書き言葉か、公式の挨拶文、スピーチなどで使われますが、出版されている文法や文型に関する本をみると、次のような例をあげて「〜極まる」と「〜極まりない」は、どちらも同じ意味だと述べられています。

 こんなところでライオンを飼うなんて、危険＋極まる／極まりない。
 遭難による死傷者を出した今回の登頂は、痛恨＋極まる／極まりない。
 あのような態度は、不愉快＋極まり／極まりなく、厳重に注意してほしい。
 親切＋極まる／極まりない＋もてなしを受け、恐縮の至りでした。
 憲法とは、政府や政治家が勝手なことをしないように、制限を設けたものであるから、政治家が憲法を変えようというのは、強盗殺人犯が自分の都合で刑法を変えようとするのと同じで、不届き＋極まる／極まりない。

　動詞「極まる」の連用名詞形は「極まり」で、ほぼ「極み」と同じ意味、つまり、実際に起こった物事の様子や状態、状況や事態などに使って、それの示す程度の「極限」を表しています。したがって「X＋極まる」は、Xの示している程度が「極限に達している」という意味になります。

　これに対して「X＋極まりない」は、Xの示している程度に「極まり／極み＋がない」と言っているのです。つまり「これ以上の程度の高さはない／この上なく程度が高い」ということを表していますから、こちらのほうが「X＋極まる」よりも「程度が高い」ということになります。

　ですから「X＋極まりない」は「X＋極まる」の誇張した表現と考えればいいでしょう。誇張したものは、話し言葉で多く使われますから、オフィシャルな記念行事、表彰式や慰霊祭、フォーマルな公式行事、婚礼や葬儀などの儀式、レセプションや記者会見などでは、むしろ「X＋極まりない」のほうがよく使われる可能性があり、年配の人なら、威厳をもたせるために、日常の会話においても使うかもしれません。また「X＋極まる」よりも、右頁に記しましたように、はるかに多様な使い方があります。

☞『日本語類義表現使い分け辞典』p.676

✏️ COLUMN ••••••••••••••••••••••••••••••••••••

〈「〜極まる」と「〜極まりない」〉
　「X+極まる」と「X+極まりない」は、Xに何が来るかで使い分けられることが多く、互換性のある場合は、後者「〜極まりない」が前者を誇張した表現になる。

1. 互換性がある
　　マイナス評価のX： 危険／迷惑／笑止千万（しょうしせんばん）／無念（むねん）／無謀（むぼう）／無意味／無礼（ぶれい）／無粋（ぶすい）／無愛想／無作法／悪逆無道／不愉快（ふゆかい）／不健全／不幸／不当／不届き（ふとどき）／不気味（ぶきみ）／不調法（ぶちょうほう）／野蛮／卑劣／貪欲（どんよく）／贅沢／猥褻（わいせつ）／痛恨／退屈／恐縮／貧困／荒廃…
　　プラス評価のX： 光栄／幸福／幸運／爽快／痛快／豪華／感激／光栄（☆1）
　　　　　　　　　　（ご）鄭重／（ご）丁寧／（ご）親切／懇切／丹念（☆2）
　　　　　☆1「〜極まりない」が多用される。
　　　　　☆2「有難迷惑（ありがためいわく）」になる場合が多い。特に「〜極まる」で多い。

2. 互換性がない
　　「〜極まる」のX： 進退／感
　「〜極まりない」のX： 状態名詞＋な(る)／たる＋こと
　　　　　　　　　　例） 静か／密（ひそ）やか／清らか＋な(る)こと極まりない
　　　　　　　　　　　　鮮やか／貧困／冷静＋なこと極まりない
　　　　　　　　　　　　傲然／平然／堂々＋たること極まりない
　　　　　　　　形容詞／動詞＋こと
　　　　　　　　動詞ます形＋たる＋こと
　　　　　　　　　　例） 大きい／美しき＋こと極まりない
　　　　　　　　　　　　うれしい／悲しい／寂しき＋こと極まりない
　　　　　　　　　　　　嘆き悲しむ／喜々（きき）として喜ぶ＋こと極まりない
　　　　　　　　　　　　堂々としたる／悄然と哀しみたる＋こと極まりない

　☆「〜極まりない」のほうが誇張した表現であるとはいっても、どちらにしろ、オーバーで過剰な表現なので、あまり使わないで、聞いて理解できるだけでよい。
••

— Q88:「起きる」と「起こる」—

「事故が起きる」と「事故が起こる」は、どう違いますか。

A どちらも「事件が発生する」という意味では同じですが、使った人の事件に対する気持ちが違います。例えば「交通事故が＋起きた／起こった」として、もし話し手が交通事故の「当事者／目撃者」だったとすると、間違いなく「さっき交通事故が起こったんです」のほうを選ぶと思います。

これが、もし噂で聞いた事故なら、おそらく「昨日この前の道で、交通事故が起きたそうです」になるはずです。もっと冷静に「交通事故があったそうです」と言うかもしれません。

しかし、この事故がもし死傷者の出た大事故か、何重衝突にもなった派手なものだったとすると、もちろん「あった」は使えませんが、普通の事故で、けが人の出た感じのない「起きた」も、まず使われることはないでしょう。

右頁に「起きる」と「起こる」の両方が使える例をあげておきましたが、上の「事故」のように「規模や程度の大きさ」によって使い分ける場合と、もうひとつ「突発性」があるかどうかで使い分ける場合があります。

例えば「戦争／伝染病」などが、リアルタイムで「ブレイクアウト＋する／した」と予測したり、現実化したりした場合は「起こる／起こった」が使われますが、歴史的事実となって突発性が感じられなくなると、規模や程度の大きさには関係なく、通常は「1914年に第一次世界大戦／1918年にスペイン風邪＋が起きた」といった使われ方になります。

この「起きる／起こる」は自動詞ですから、自然発生的な感じがしますが、他動詞「起こす」を使うと、人為的なものに変わります。ただ「地震」の場合、人工的な「爆発が地震を起こす」のではなく、自然現象としての地震は、まさか人間が起こせるはずはありませんから、例えば「ずれ動いた断層が地震を起こす／マグマの上昇が火山性地震を起こす」といった使い方をします。

また「頭痛／下痢＋を起こす」場合も、人為的ではありませんが、風邪をひいたとか冷たいものを食べたとか、原因がはっきりしている場合は、自動詞よりもよく使われます。

なお「父が怒る」は「×父を怒す」にはなりません。使役の「怒らす／怒らせる」です。人為的な「村や町を興す」や「火をおこす」は使えます。

§2 語彙編

✏️ COLUMN

〈「おきる」と「おこる」と「おこす」〉
　「Xが起こる」と「Xを起こす」は、一対になる自他動詞であるが、自動詞「Xが起きる」が「Xを起こす」とペアを組んで、一対の自他動詞になることがある。

1. Xが＋おきる／おこる

　　共通して使えるX: Xが＋起きる／起こる

　　　　　例）戦争／革命／国境紛争／無差別テロ事件／白色テロ／混乱／
　　　　　　　社会問題／労働争議／トラブル／頭痛／下痢／困ったこと／
　　　　　　　ガス爆発／大気汚染／公害病／光化学スモッグ／院内感染／
　　　　　　　伝染病／心臓発作／交通事故／地震／火山の噴火／山火事／
　　　　　　　考え／欲／食欲／欲望／野心／やる気／勝つ気／負けん気／
　　　　　　　行く気／死ぬ気／勉強する気／気持ち／相談したい気持ち／
　　　　　　　遊び心／好奇心／疑心／疑い／向学心／道義心／信仰心／
　　　　　　　ボランティア精神／チャレンジ精神

　　　　　　　☆突然性や突発性の場合か、規模や程度が大きい場合に、「Xが起こる」が使われる。

　　共通して使えないX: Xが起きる

　　　　　例）起きて顔を洗う／赤ちゃんが起きる／椅子から起きる
　　　　　　　Xが＋怒る／興る／熾る
　　　　　例）父が怒る／国や産業が興る（＝盛んになる）／火が熾る

2. 「Xをおこす」の使い方

　　「おきる」と一対になる場合: 上の「起きる」が使える例
　　「おきる」と一対にならない場合:

　　　　　例）企業／事業／訴訟／筆／文章／伝票＋を起こす　（＝始める）
　　　　　　　田や畑／廃案／テープ＋を起こす　　　　　　（＝中身をとりだす）
　　　　　　　顔／岩／札／将棋の駒＋を起こす　　　　　　（＝上や表を向ける）

☞『類義語使い分け辞典』p. 161、p. 166

── Q89:「もったいない」と「惜しい」──
「もったいないことをした」と「惜しいことをした」とは、どう違いますか。

A 「もったいない」と「惜しい」の互換性については、まず右頁をご覧ください。つまり「もったいない」が「価値」と関係する場合にしか、互換性はありません。
「価値あるものが＋それらしい扱いを受けない／無駄になる」といった状況を最も端的に表す言葉は、日本語のなかでも最も日本語らしい言葉のひとつに数えられ、まるで日本人のアイデンティティを表すと言われている、p.134の「せっかく」です。ですから「せっかく」と「もったいない」は、次のように相性がよくて、よく一緒に使われます。

　　せっかくの日曜日なのに、家でテレビを見てるなんてもったいないよ。
　　せっかく作ってくれたんだから、もったいないことしないでね。

上のような例は、聞き手に対する一種の働きかけ、つまり「禁止」を表していますから、もし実現すれば「残念」といった気持ちや、過ぎ去ったことに対する「悔しい」といった感情を表す「惜しい」を使うことができません。しかし、次のような例では、互換性があります。

　　そのグラスに花を生けるのは、もったいないよ。クリスタルなんだろう？
　　せっかく会えたのに、ケンカ別れか、もったいない／惜しい＋ことしたね。
　　逆転勝ちのチャンスだったのに、もったいなかった／惜しかった＋なあ。

最初の例は、もし「花を生けるのに使うな」という意味なら「惜しい」は使えません。置き換えて使うと「花を生けると＋後悔しない？／残念だなあ」という気持ちを表す文に変わります。
　最後の2例は、過去の出来事に対するものですから、どちらも使えます。使い分けは、何かが「無駄になった」場合は「もったいない」になり、心がむしゃくしゃして「腹立たしい／情けない」といった場合は「惜しい」になります。
　最後の例の「逆転勝ち」の場合、チャンスが無駄になって負けたのか、チャンスが生かせなくて負けたのかの違いにすぎませんから、大きな違いではありません。

§2 語彙編

📝 COLUMN •

〈「もったいない」の意味の広がり〉
　「勿体ない」は「ものものしい様子」を表す「勿体」から来ているが、以下の例のように、この「ものものしさ」が「畏れ多さ／威厳／価値」に変化する。

もったいない
　1. ものものしく畏れ多い神仏などに対して、相応しい態度や言動を示さない。
　　　例）神様に向かって、そんなもったいないことを言ってはいけません。
　　　　　ご仏像を逆さにもってハタキをかけるなんて、もったいないこと。
　　　　　ご先祖様のお墓に、そんなもったいないこと。この罰当たりめが。
　　　　　食べ残さないでね、もったいない／×惜しい＋から。お百姓さんが汗
　　　　　水流して作ってくれたのよ／ご飯は天からのいただき物なのよ。
　2. ものものしく威厳のある人が、人に対して相応しい態度や言動を示さない。
　　　例）もったいない／×惜しい＋お言葉、恐縮至極／畏れ多いこと＋です。
　　　　　このようなものをいただきまして、本当にもったいないことです。
　3. 価値あるものが、それにふさわしい扱いを受けない。
　　　例）このお茶碗、子どもに使わせるのは、もったいない／惜しい＋わね。
　　　　　運動会なんかに、もったいないよ、その服。ミラノで買ったんだろ？
　　　　　あんなに能力のある人がリストラ？　もったいないなあ。
　　　　　賞味期限くらい平気だよ。捨てたらもったいないよ。
　4. 価値あるものを浪費したり、せっかくのチャンスを無駄にしたりする。
　　　例）1点差で＋負けた／不合格？　もったいない／惜しい＋ことしたな。
　　　　　楽しみにしてたのに、行けなくなって、ホントもったいなかったよ。

　「もったいない」が、上の「3」と「4」で「惜しい」に換わると、価値が「無駄に＋なる／なった」という気持ちから、話し手の「使いたくない」や「着て／辞めて／捨てて＋ほしくない」という心残りな気持ち、また「勝って／合格して＋ほしかったのに」や「行きたかったのに」という残念な気持ちにかわる。

• •

☞『類義語使い分け辞典』p.171

Q90:「いつもの」と「例の」

「いつもの」と「例の」の使い分けを教えてください。

A 右頁にまとめましたが、この「いつもの」と「例の」には、話し手と聞き手、そのどちらもが知っていること、つまり「共通の情報／双方既知情報」を指す「あの」とよく似た使い方があります。p.104で引用した例文を、問題となっていたところを訂正した上で、もう一度、使ってみます。

> もし、いつもの／例の＋あの薬局でお買いになるのでしたら、いつでも送料はあちらの負担になると言われましたので、こちらがお薬代だけを銀行に振り込めば、宅急便で送ってもらえるそうです。

「あの薬局」は、話し手が聞き手と横並びになった形で具体的に指し示した「共通の話題」なので、この「あの」を「双方既知情報」を指すものと考えて「いつもの／例の／あの＋薬局」と書き換えても、意味上の変化は起こりません。

「例の」の「例」というのは、例えば「例文／例示／類例／例外／慣例／前例／凡例／条例」などの「見本／同類／標準／規定」といった意味の「例」ではなく、むしろ「定例／例年」や「人の顔を見ると＋例によって例のごとく／例の通り＋夫の愚痴／例の話＋を言いだす」として使われる場合の「例」を表しています。おおよそ「慣わしとなって決まっている／特に新しいことではなく＋いつもと同じ／いつも」という意味に近いものです。

しかし「例の」は、同じことを何度も繰り返す「頻度の高さ／反復性」を表す「いつもの」とは異なり、特に「反復性」を表す必要はありません。例えば「このまえ話した例の＋人／ところ／もの／事態」など、ただ一度だけ聞き手に話したきりの「特定の話題」であっても使うことができます。

反対に「いつもの＋人／ところ／もの／事態」は、話し手が「反復」して「会う人／行くところ／買うもの／目撃する事態」を表し、必ずしも聞き手の知っている情報でなくても使うことができます。例えば「お母さんの知らない人よ。ダンス教室で一緒になる＋いつもの／×あの／×例の＋パートナーなの」といった使い方ができます。この場合、聞き手である母親は、そのパートナーを知りませんから、聞き手も知っている「双方既知情報」を指す「あの／例の」は使えません。

☞『日本語類義表現使い分け辞典』p.96

§2 語彙編

✏️ COLUMN ••

〈双方既知情報「あの」と類義関係にある「いつもの」と「例の」〉

互換性の有無を調べる例文:
1. あの／×いつもの／×例の＋運動会の日、突然、雷に大雨で、大変でしたね。
2. 先月の＋あの／いつもの／例の＋会議、まだ覚えてるかな。
　　あの／×いつもの／×例の＋とき、頼んだ、あの／例の／×いつもの＋書類、
　　　すぐ持ってきてくれないか。あの／いつもの／例の＋部屋で、待ってるよ。
3. 知らないと思うけど、いつもの／×あの／×例の＋店へ連れて行くよ。

	あの	いつもの	例の
〈双方既知情報〉			
共通した特定の話題	○	○	○
現在と無関係な回想	○	×	×
現在と関係する記憶	○	○	○
頻度の高さ／反復性	○	○	○
反復しない話題	○	×	○
〈一方既知情報〉			
聞き手の知らない話題	×	○	×

　「あの」と「例の」は「あの⊃例の」という関係にあり、後者「例の」が使えれば、すべての場合で「あの」を使うことができるが、逆は必ずしも使えるとはいえない。

　両者に互換性のある場合、話題にするものが「まだ覚えていることを確認したい／覚えていなければ思い出してほしい／覚えていなければ大変なことになる＋特に重要な＋こと／もの」であることを、聞き手に喚起させる気持ちが働けば、話し手は「例の」を選ぶことになる。

　これに対して「あの」は、聞き手にとって「記憶にない／思い出せない／覚えのない」ことであっても、聞き手は知っているという前提で「まだ覚えているだろう／忘れてないと思うけど」といった気持ちで使われる。

••

─ Q91:「午前中」と「午後中」 ─
「午前中(ごぜんちゅう)」はあるのに、どうして「午後中(ごごちゅう)」がないのですか。

A 「午後中という言い方はない」というのではなくて、日本語で「午後中」といっても、いったい正午からいつまでの時間帯を指しているのか、はっきりしないものですから、ほとんど使われていないのです。

英語で書かれた小説の翻訳などでは 'in the morning' が「午前中」となりますから、同じように 'in the afternoon' が「午後中」と訳される場合があります。ただ、英語には 'in the evening' もあって、この 'in the afternoon' の指す時間帯は、おそらく「夕方まで」と想像できますが、始まりはわかっても、終わりのわからない日本語の「午後中」では、何となくしっくりこないのです。

「午後中」は、英語の 'in the evening' に相当する「×夕方中」などといった言い方があれば、使われるかもしれません。残念ながらありませんので、英語の 'in the afternoon' を「夕方まで(に)」と翻訳されると、わかりやすいのではないかと思います。

もともと「午前/午後」は、それぞれ「真夜中から正午まで/正午から真夜中まで」を指していますが、日常「午前中」がよく使われるのは、通常「朝、起きてから、正午まで」の人が活動する時間帯を表しているからです。始めと終わりがはっきりしているのですね。

同じように、もし「午後中」も「人が活動する時間帯」を表すとすれば、おそらく「正午から、夜、寝るまで」になるはずなのですが、この時間帯は、会社で仕事をしたり学校で勉強したりするだけの変化に乏しい単調な「午前中」とは異なり、自由と余暇を満喫する変化と多様性に富んだ時間です。

それに合わせるかのように「寝るまで」の時間帯には、よく使われる「夕方/晩/夜(よる)/夜中(よなか)」などのほかにも、例えば「夕刻(ゆうこく)/晩方(ばんがた)/黄昏時(たそがれどき)」や「宵(よい)/晩/夜+のうち」など、たくさんあって、いわば「夕方」以降は「午後中の出る幕がない」ということになります。

それでは「夕方まで」という時間帯が、どのように表されるかというと、開始時間は「正午」ということをはっきりさせるだけで、終了時間が「何時までか」は、季節によって変化する夕方の時刻など、聞き手の判断にまかせてしまう「午後から/昼から/昼下がり」といった言い方が使われています。

✎ COLUMN

〈「〜中」の読み方〉

◆「〜ちゅう」と読む:
1. 数量詞のあと：〜のうち
   例）10人中3人／100本中10本の当たり籤／24時間中の8時間
2. ものや場所を表す音読みの名詞のあと：〜のなか
   例）空中／水中／山中／土中／地中／池中／泥中／砂中／火中／渦中／雪中／雨中／敵中／章中／段落中／文章中／文中／語彙中／語中／書中／暗中／秘中／劇中劇／五里霧中／心中／胸中／腹中／意中／口中／眼中／脳中／身中／懐中／手中／掌中／海中／湖中／船中／機中／車中／社中／家中／市中／道中／途中／獄中／宮中／禁中／城中／殿中／陣中／洛中／空気中／嚢中
3. 特定の期間のあと：〜のあいだ
   例）午前中／(先週) 今週 (来週) 中／(先月) 今月 (来月) 中／(昨年) (×来年) 中／日中／夜中／暑中／寒中／閑中／忙中／旅中／病中／術中／忌中／喪中／戦時中／戦中／最中／真っ最中／四六時中／休暇中／連休中／夏休み中／授業中／仕事中／工事中／会議中／試験中／食事中／電話中／話中
4. そのほか：アル中／脳卒中／卒中／百発百中／命中／的中／必殺必中／南中／集中／熱中／夢中／御中／連中／座中／女中

◆「〜じゅう」と読む:
1. 地理的範囲を表す名詞のあと：〜のなか全部
   例）世界中／全国中／上海中／街中／村中／学校中／建物中／部屋中／家中
2. 一般的な期間のあと：〜のあいだ／〜のあいだずっと
   例）今日中／昨日中／明日中／今年中／年中／夏中／冬中／昼中／夜中／夜中中／一日中／一晩中／一週間中／一ヶ月中／一年中
3. そのほか：老中／一家心中／連中

☞『類義語使い分け辞典』p.358

--- Q92:「ありがとうございます」と「ありがとうございました」 ---
「ありがとうござい＋ます／ました」の違いを、どう説明すればいいですか。

A まず、いくつか例をあげてみましょう。

　お写真、ありがとうございます。あの日のことがとても懐かしいです。とってもよく撮れていますね。本当にありがとうございました。
　どうもありがとうございます。ええ、大丈夫だと思います。この道をまっすぐ行って、3つ目の信号を左ですね。ありがとうございました。
　いろいろお世話になりました。本当にありがとうございました。
　ご馳走さまでした。これで失礼します。ありがとうございました。
　どうもありがとう。午前中、ちょっと忙しくて、コピー、とる暇もなかったから、助かったわ。今度、ご馳走するね。ありがとう、じゃあ、これで。

　基本的に「ありがとうございます」は、すべての用事や用件がまだ終わっていない、話の途中でお礼を言うときに使われます。これに対して「ありがとうございました」は、すべての用事や用件が終わったあと、つまり「別れの挨拶」の代わりに使われます。

　日本語の別れの挨拶は、いろいろありますが、例えば「さよ(う)なら」は、しばらく会えないことがわかっているときに使われ、何となく悲しい響きがありますし、外来語の「バイバイ」では、ちょっと子どもっぽい感じがしますし、毎日のように会うクラスメートや同僚のあいだで使われる「明日ね／またね」は、親しい間柄でしか使えませんし、上司や同僚、顧客などに対して使われる「失礼します」は、ほかの部や課の事務室、訪問先の事務所や家庭を退出するときか、職場から退勤するときに限られていますから、使い分けが難しいのです。退勤するときには「お先に／お疲れさまでした」という言い方もあります。

　ですから、決まりきった別れの挨拶を避けて、礼を述べることで別れの挨拶の代わりをすることがよくあります。こういった場合に「ありがとうございました／すみませんでした／助かりました／お世話になりました／ご馳走さまでした」などが使われます。共通しているのは、文末が「た形」になることです。ただ、文末が「た形」に変化しない最後の例の「ありがとう」では、区別はできませんが。

COLUMN

〈誤解のある挨拶言葉 (I)〉

1. 「おはよう／ありがとう」

「おはようございます／ありがとうございます」を使うと、学習者のなかには「よそよそしい感じがするから」といって、上司や先生など目上の人に「おはよう／ありがとう」を使う人がいる。特に周りの目上の人たちが、学習者に「おはよう／ありがとう」を使っている場合はなおさらである。

こうした待遇上の誤解は、学校で日本語を習っている学習者には許容されることが多い。しかし、これが癖になってしまうと、のちに日本の社会生活に入ったときに問題が生じるが、なかなか治せないものである。日本語教師の方は、学習者が待遇法をマスターするまでは、学習者を目上とみなして話しかける「癖」をつけていただくと、こうした問題は起こらない。

2. 「すみません」

多くの学習者は「お詫び」専用と思っているが、3つの使い方「お詫び／お礼／話しかける相手の注意を引く前触れ」がある。最後の「前触れ」は「あのう」という呼びかけのあとに使われるのでわかりやすい。問題は「お礼／感謝」の場合で、入門で習った「ありがとうございます」との使い分けが難しい。

例えば、駅への道を尋ねた場合、手と口で「このまままっすぐ行って…」と教えてくれたのなら「ありがとうございます」でもいいが、もし「言ってもわからないか」と考えて、駅まで連れて行ってくれたのなら「どうもすみません」のほうが心のこもった言い方になる。

つまり「ありがとうございます」は「リップ・サービス」へのお礼、これに対して「財布を拾ってくれる／席を譲ってくれる／カップを持ってきてくれる／コピーをしてくれる」など、相手が「体を動かして＋手伝って／助けて＋くれたこと」へのお礼である。相手に「手数／手間暇／骨折り／世話／面倒／厄介／迷惑＋をかけた」とき、日本人は「すみません」を使って「お礼」を言う。

☞『類義語使い分け辞典』p.64

― Q93:「失礼します」と「失礼しました」―
「失礼します」と「失礼しました」の違いを、どう説明すればいいですか。

A この2つは、ときどき混乱が見られます。まず「失礼します」が使われるのは、おおよそ次の4つの場合です。なお、挨拶言葉のうち、誤解されて使われる可能性のあるものを、右頁にまとめておきました。

1. 所属していない部や課の事務室、取引先の事務所、何か用があって訪れた友人や知人の家に入るとき、ただ「失礼します」とだけ言って入室。
2. 同上のところを退出するとき、通常「これで、失礼します」と言って退室。
3. 職場から退勤するとき、通常「じゃ／お先に、失礼します」と言って帰途。
4. 急用ができたり、体の具合が悪くなったりして、少しの間その場を離れるとき、通常「ちょっと失礼します」と言って席を立つ。

「失礼しました」は「お詫び」の言い方です。次のような場合に軽く頭を下げながら使われます。ただ、文末は「た形」ですが、別れの挨拶ではありません。

1. すれ違った人が知っている人なのに、気づかずに行き過ぎようとしたとき。
2. 間違って、人の傘を持っていったり、相手の名前を呼んだりしたとき。
3. メールや報告を自分がすべきなのに、相手から連絡のあったとき。

つまり「勘違い／行き違い」で、迷惑をかけた場合に多く使われます。これ以上に、重大な誤りや過失のある「食事中にコーヒーをこぼして相手の服を汚す／満員電車で相手の足を踏みつける」場合や、また「商品管理が悪くクレームが出る／偽装や汚職がばれる」などの場合は、頭を深く下げながら「どうもすみません」や「申し訳＋ありません／ございません」や「どうか＋ご容赦ください／お許しください」などが使われ、この順で過ちが由々しいことを示しています。

これよりも軽い場合、例えば「すれ違いざまに肩が触れる／自分の持ち物が相手にあたる」や、また「エレベーターへ同時に乗りこもうとして道を譲られる／急いで人の前を通り過ぎる／道をふさぐ人に注意を与える」といったときは、簡単に「失礼／ごめん(なさい)／すみません」がよく使われます。

✏ COLUMN

〈誤解のある挨拶言葉 (II)〉

「ご苦労様」と「お疲れ様」

　この2つは、このまま使われて、次のような「でした／です」の続く2つの場合を兼ねるが、丁寧さが求められる状況では、使い分ける必要がある。使い分けは、待遇の問題が絡むせいか、ときどき日本人の間でさえ議論になる。

1.「ご苦労様でした」と「お疲れ様でした」

　「ご苦労様でした」は工事や修理、庭の手入れなどに来てくれた人、荷物を運んだり届けたりしてくれた人などに、その労を労（ねぎら）う「目上→目下」の場合に使われる。ほかに「ご苦労だった／苦労であった／ご苦労」などがあるが、いずれも「尊大さ／横柄さ」が響く。ただ「心がこもってさえいれば、目下でも『ご苦労様でした』は使える」という人もいる。

　「お疲れ様でした」は、何かを「一緒にやった」という上下関係を超えた気持ちがこめられ、カジュアルな場面や状況で、お互いの労を労い合いながら、すべての関係で使われる。特に仕事を終えたあとの別れの挨拶として多用される。

2.「ご苦労様です」と「お疲れ様です」

　「ご苦労様です」は「目下→目上／同等／目上→目下」という待遇のすべての場合で使うことができる。特に目上の人が外出先から、家庭や仲間、会社や組織のために、何らかの煩わしい用事や困難な仕事をして帰ってきたときなどは、敬意や敬服する気持ちをこめて使われる。目下や同等に対しては、その苦労を労（いた）わり労うという気持ちがこめられる。ただし、目上に対しては使わないという人もいる。

　「お疲れ様です」も、上と同じように使われるが、上下関係の厳しさが求められないカジュアルな場面や状況で多用される。つまり、イメージとして「ご苦労様です」のもつ「ものものしさ」がなく、上に対しては敬意が、下に対しては労わりの気持ちが、親しみをこめて表される。

☞『類義語使い分け辞典』p.335、p.537

— Q94:「お元気ですか」と「元気がありませんね」 —
「元気がありませんね」の意味を、どう説明すればいいですか。

A 「元気ですか」を「健康ですか／体は大丈夫ですか」といった意味で理解していますと、これを否定した「元気じゃない」や「元気がない」が、まるで「病気になった／病気をしている」ように勘違いしてしまいます。

「元気」は、日常生活や社会活動を行なう上で必要な「活力」を表しており、これを「元気な人」といった使い方をすると、イメージとしては「活力にあふれている人／気力に満ち満ちている人／やる気満々の人／何でも任せてくださいと言いそうな人」になります。

ですから「お元気ですか」は、日常生活や社会活動に必要な「活力が十分ですか」と尋ねていることになり、いわば平均的な心身の健康状態よりもレベルの高い健康を維持しているかどうかが問われているわけです。

この問いかけに「元気でーす」と答えると、例えば「普通以上の健康状態／陽気で明るく力いっぱい」というアピールをしていることになりますから、多くの人は「そんなメチャメチャ活力があるわけではない」という意味で、およそ「ええ、まあ何とか／まあまあ／何とかやってますよ」といった答え方をします。

ときに「それほどでも＋ないなあ／ありませんけど」や「ちょっと、元気ないなあ」という人もいます。ただ、そう答えたからといって、この人が病気かというと、そういうわけでもありません。ちゃんと「日常生活や社会活動」ができるほどの健康状態なのです。

もし誰かが、傍目（はため）にも「元気のない状態」にあるとき、心配を顔や態度に表して「どうしたんですか。元気がありませんね」と聞くことがよくあります。この「元気のない状態」というのは「普段の健康状態よりも低いレベル」にあることを表しますから、例えば「風邪気味／疲れ気味／頭痛／軽い熱／喉の不快／耳鳴り／下痢／二日酔い／睡眠不足／ストレス過剰」といった状態が考えられます。

もちろん、誰かと言い争って不機嫌になったり、悪い噂や陰口が聞こえたり、日常よくある「ムッとする／面白くない／いやな」ことが起こったり、また「失恋／失業／身内の不幸」などによって「落ち込んだ／フィールダウンした／しょんぼりした」状態のときにも使われます。

「元気がありませんね」は、人に対する「優しさ（やさ）／気遣い（きづか）」を示すものです。

✏️ COLUMN ・・・・・・・・・・・・・・・・・・・・・・・・・・・・・・・・・・

〈誤解のある挨拶言葉（Ⅲ）〉

「お大事に」と「お気をつけて」
　この2つは、ときどき使い分けのできない学習者がいて驚かされるが、特に旅立ちのとき、書き言葉の「一路平安(いちろへいあん)に」や、話し言葉の「どうかご無事で／どうぞお気をつけて」を言う代わりに「お大事に」と言われて、たじろいでしまうことがある。まるで「死出(しで)の旅路」につくかのように思ってしまう。

1.「お大事に」
　「自分自身を大事にする」という意味で、風邪を引いている人、花粉症の人や骨折した人、病気で寝込んでいる人、入院している人などに、別れるとき、電話をきるとき、お見舞いに行っての帰り際などの挨拶として「ゆっくり休んでね／お体お大切に／ご無理なさいませんように／全快をお祈りしています」や「治療に専念して／一日も早くよくなって＋ください」といった意味で使われる。
　つまり、これを日常的に最もよく使うのは、患者の治療が終わったときの医者である。学校や職場の健康な人や、旅立つ人に別れを告げるときは使うことができない。また、家族や身内のような友人が病気のときは「早く＋寝なさい／休めよ」などが使われるのに対し、こちらはやや改まった「よそ行き言葉」なので、いわば「健康な人から病気の人へ」といった少し距離のある関係で使われる。

2.「お気をつけて」
　「気をつける／注意する／用心する」ことを勧める別れの挨拶で、家に帰っていく人、暗くなってから出かける人、旅行や出張に行く人などに使われるが、どんな場合でも、聞き手は病人ではない。ただ「ゆっくり歩いていってください」という意味も含まれるので、足の不自由な人にも使われる可能性がある。また、道が凍っていたり水たまりがあったり足もとの悪いところや、低い天井や障害のある危険なところを通るときにも使われるが、この場合は別れの挨拶ではない。

・・・

☞『類義語使い分け辞典』p.399、p.508

---- Q95:「負けず嫌い」か「負け嫌い」か ----------

「負けず嫌い」ですか「負け嫌い」ですか。どちらを使うのですか。

A この混乱は、以前「負けず嫌い」というのは「語法的に合わない」というクレームの出たことがあって、その意見に賛同した人たちが「負け嫌い」という言葉を作ったことから始まっています。

昔は、性格を表すのに「この子は、負けず嫌いだから、なんでも必死でするんですよ」といったプラス評価の使い方をしていました。もちろん「競争心が強い／協調性がない／相手が負けないと泣きわめくほどわがまま」というマイナス評価も含まれていましたが、1960年代以降の高度経済成長期には、むしろ歓迎される人間像でした。

しかし最近は、言葉の混乱のせいか、そうした性格がグローバル化した国際社会や地球にやさしいエコロジーの考え方からすれば、時代錯誤のように感じられるせいか、あまり聞かれなくなってしまったように思います。ただ、教科書や参考書などの文献には出てくることがあって、先生を戸惑わせているようです。

ご質問をいただいた先生のご意見を、紹介しておきます。

「負けず嫌い」は「負け嫌い」と同じく使われているようですが、単なる習慣ですか。最も納得のできる説明は、まず「食べず嫌い」というのがあり、そのあと「〜ず嫌い」が独立したような形で「〜するのが嫌い」を表すようになり、これが「負けず嫌い／負けるのが嫌い」に適応されたというものです。

ただ「食べず嫌い」は「食べてもみないで嫌う」を表し、この意味では「負けず嫌い」が「負けてもみないで嫌う」となって、間違っているわけではありませんから、なぜ「負け嫌い」が存在するのかよくわかりません。

辞書では「負け嫌い」は「勝ち気で、特に負けるのを嫌う性質や態度」となっていますが、そうだとすると「食べず嫌い」が「食べないのを嫌う」になって整合性を失い、学生たちに説明できなくなります。

「食べず／負けず＋嫌い」が「食べても／負けても＋みないで嫌う」という解釈に賛成です。同じ意味で、同じ使い方をされる語が2つあれば、どちらかが淘汰されて消えます。どちらになるかは時間を待つよりほかないでしょうね。

COLUMN

〈誤解のある挨拶言葉（Ⅳ）〉

「大丈夫」
　「この建物は地震がきても／この残り物のご飯は食べても＋大丈夫＋です／でしょう＋か」など、ものに対して使われると「危険／心配＋がない」という意味になる。一方「そんな高いところに登って／明日の準備をしておかなくても＋大丈夫＋です／でしょう＋か」など、人に対して使われると「心配がない／安心できる」という意味になるが、学習者に何かしてもらって「ありがとうございます」とお礼を言うと、ときに「大丈夫です」という返事をされて、首をかしげてしまう。

1.「大丈夫です」
　上のような誤解の起こる最大の原因は、学習者が「大丈夫だ」を「問題ない／何ともない」に相当する母語で覚えていることである。特に中国語を母語とする学習者にとって、この「問題ない／何ともない」という言い方は、お礼を言われたときの挨拶言葉としても使われるので、混乱を起こしてしまう。
　お礼に対しては「いえ／いいえ／どういたしまして／とんでもありません」などがあるが、これらに相当する中国語訳は、意味をなさないか、人間関係が疎遠な場合に使われるので、親しみをこめて言おうとすると、どうしても「問題ない／何ともない」が口をついて出てきてしまうらしい。
　「大丈夫です＝心配しないで／安心して＋ください」という「公式」を覚えてもらうと、エラーが起こらなくなる。

2.「大丈夫ですか」
　顔色が悪くて気分の悪そうな人、困っているような様子をしている人、路傍にしゃがみこんで身動きできない人などに使われるが、よく「どうしましたか／どうしたんですか」とセットで使われるので、あまりエラーは出ない。念のための公式は「大丈夫ですか＝心配しなくても／安心して＋いいですか」である。

☞『類義語使い分け辞典』p.480

✏️ COLUMN •

〈誤解のある挨拶言葉（V）〉

「大変」
　文字通り「大きな変事／普通ではない事件や事故」といった意味から、程度の高さを表し、主に書き言葉で使われるが、少し改まった「お礼／お詫び」の話し言葉「大変＋お世話になりました／申し訳ございません／お暑うございますね」としても使われる。ただ、日常的な次の言い方に、適切な反応のできない学習者がいる。

1.「大変です」
　まさにマイナスの「変事／異変」の起こったとき、つまり突然の「地震／火事／事件／事故／喧嘩／盗難／騒ぎ／トラブル」などが発生したときに使われるが、こう言われたときの反応は、驚きの表情と心配そうな「えっ、何ですか／どうしたんですか」という言葉である。
　学習者のなかには、ただ黙ったまま、何が起こったのか話の続きを待つような様子を見せる人がいて、息せき切って「大変＋だ！／です！」と言った人の気持ちをくじいてしまうことがある。
　日本語の会話は、有名な「米つきバッタ／首振り人形」のような相槌を、たとえ電話での応対のときでも、およそ10秒～20秒おきに繰り返すほど、相手が言い終わらないうちに反応する習慣がある。こういった習慣のない学習者は、ともかくすべての情報を聞いてから返事をしようとして、誤解が生じてしまう。

2.「大変ですねえ」
　仕事のかたわら日本語を学んでいる研修生、夜遅くまで勉強している受験生、暑いときや寒いとき外で仕事する人、人のしたがらないことを進んでする人、残業する人など、一生懸命、頑張っている人に「敬意／励(はげ)まし」をこめて使われる。
　これに対する反応は、通常「謙虚さを示す恥じらいの笑み」か「いえ／大したことはありません／とんでもありません」など、褒(ほ)め言葉への反応と同じである。

• •

☞『類義語使い分け辞典』p.546

§3 音声編

　アクセントやイントネーションなどの音声面は、基本的には入門レベルのものなのですが、学習者が初級から中級、そして中級から上級へとステップアップするたびに、クラス全体から、グループ別、そして個人別へと細やかな指導が必要になります。
　母語の干渉を最も受けやすいのが音声ですから、学習者によっては、いくら自分の話し方がおかしいとわかっていても矯正できない人がいます。クラスレッスンで数か月も日本語を勉強すると、誰の発音が日本語らしく、誰のが一番ひどいか、ということがお互いにわかってくるものです。
　上手な人は聴解力が向上しますし、また先生からほめられたりもしますから、ますます勉強するようになるのですが、逆の場合はとんでもないことになり、学習意欲をなくし、泥沼に落ち込んでしまう可能性すらあります。
　先生方のなかには、学習者に自分の発音を繰り返し聞かせる人がいますが、学習者が母語を獲得する臨界期（10歳〜12歳）を超えていると、母語のもつ音声や音調から抜け出せないことがありますから、この場合は、いくら聞かせても矯正できません。自分が発音しているときの舌の位置、のどや唇の動き、舌と歯や口蓋との関係といったものを意識して、自分なりの工夫をして、音声指導の方法を身につける必要があります。
　正確で聞き取りやすい言葉には耳を傾けますが、聞きづらい発音には苛立ちを覚えるものです。音声の善し悪しは学習者の生活環境を左右すると言っても過言ではありません。

── Q96: モーラの等速性 ──

「おゲンき、でースか」と言われて困っています。

A 学習者から、冗談としてではなく、出会ったときの真面目な挨拶として言われると、日本語の先生なら「何とかしなければ」と思いますね。

「おゲンき、でースか」が、ふざけたように聞こえるのは、日本語の音声の特徴である「モーラの等速性」に違反しているからです。

「モーラ」というのは、例えばワルツが「3拍子」で、ブルースが「4拍子」といった場合の「拍」と同じもので、音の長さを単位としたものです。ただ「ブルースは4拍子」といっても「スロー・スロー・クイック・クイック」となりますから、長い「拍」と短い「拍」とがありますが、日本語の場合は、手拍子によく使われる「三三七拍子」のように、すべての「拍」が基本的に同じ長さになります。

これに対して中国語や韓国語、英語などは「音節／シラブル」といった、いわば「音の塊」を単位としてできていますが、特に「音節の長さは同じでなければならない」という法則性はありません。ですから学習者が母語の干渉を受けて、日本語のもつ「モーラの等速性」を失うと、冗談ぽく聞こえてしまいます。日本人のなかにも「コンちわあ」や「アンがと」と言う人はいますが。

「モーラの等速性」の習得には、まず日本語をゆっくり話すことが必要です。その場合、同じ間隔で手をたたきながら、そのリズムに乗せて、テキストを読んだり、覚えた会話を復唱したりすることです。そして等速で話すのが、もっとも明瞭な発音になり、もっとも聞き取りやすいということを納得してもらうことです。

等速で話しても日本語が不自然にならないのは、この「モーラ」が「子音＋母音」を基本単位にしているからです。もちろん母音のまえに子音のない「母音だけのモーラ」はありますが、逆に「母音」のあとに「子音」がついて、ひとつの「モーラ」になるといったことは絶対にありません。

「長音／促音／撥音」の3つは「特殊音」と呼ばれますが、長音「ー」がまえの母音を繰り返し、促音「っ」と撥音「ん」が、ひとつの子音でできているからです。しかも、この3つは「ひとつのモーラ」として独立しているだけでなく、前後のモーラよりも少し長くなります。ですから「子音＋母音＋子音」が基本単位の音節言語を母語とする学習者にとっては、非常に難しいものです。

§3 音声編

COLUMN

〈日本語の音声の特徴〉
1. 同じ長さになる「モーラ」または「拍」で構成されている。
2. アクセントの高低は、ふたつのモーラの間に発生する。
3. イントネーションは通常、文の切れ目か文末に生じる。
4. そのほか、話し手の気持ちを反映して、ときに強く発音される部分が存在する。

☆音節言語を母語とする学習者は、特に促音「っ」と撥音「ん」が不自然になります。例えば「キップ／kippu」や「ランプ／rampu」など、3モーラの言葉なら2音節化して、促音と撥音を前後のモーラ「キとプ／ラとプ」よりも極端に短くしてしまいます。これは「キッ／kip」や「ラン／ram」を1音節と考え、促音と撥音が十分にのびきらないまま、すぐに「ぷ／pu」を続けるからです。

☆日本語の音声の大きな特徴はアクセントです。音節言語では通常、ひとつの音節に強弱や高低のアクセントや声調がつきますが、日本語は、いくら高低アクセントをもつ言葉といっても、ひとつのモーラの上にアクセントがあるわけでは決してなく、ふたつのモーラの間に存在して、そのふたつが同じ高さになっているか、一方が高くて他方が低いかという関係になっています。

☆日本語は、いわば四分音符だけで書かれた、しかも音程差のきわめて小さい楽譜を、決められた通りにそのまま読んでいくような音声構造をしています。日本語が穏やかで単調に響くのは、この上がり下がりの非常に少ない等速運動を続けていくモーラのせいなのです。

☆ただ、いくら理屈でわかっても、実際に「等速運転」できるかどうかは別問題です。日本語の音声が、母語とまったくかけ離れている場合は、習得に時間がかかります。いくら時間がかかっても、マスターできれば問題はないのですが、時間がかかりすぎると、そのまえに挫折してしまうかもしれません。日本にいる学習者なら「いつかは」と期待がもてますが、海外の学習者の場合、マスターするまでの時間の短縮が、日本語教師の重大な責任のひとつと言えるでしょう。

Q97: アクセント・パターン

「初めまして」が、うまく言えない人が多いのですが。

A 次のような言い方になっているそうです。

　　はじめまして。どうぞ、よろしく　おねがいします。
　　ドドドミドド。ドミミ、ドドミド　ドドミドドミド。

　入門や初級の段階で身につけてしまった癖はなかなかとれないものです。中級レベルになって、上のような自己紹介をする学習者がいると、教師としてはやりきれなくなりますね。
　上のなかでは「どうぞ／ドミミ」だけが、日本語らしくなっていますが、いわゆる標準語では「どうぞ」は「ミドド」というアクセントになります。そのほかは、日本語のアクセントのもつパターンに違反していますから、意味はわかっても、日本人の耳には奇妙に聞こえてしまいます。いかにも「外人のしゃべり方」といった響きです。
　アクセントについては『新明解国語辞典』の巻末にある「アクセント表示について」が、比較的わかりやすいかと思います。慣れないうちは難しく感じますが、海外で出版されている日本語の辞書にも、見出し語のあとに「①／②／③」といった「アクセント記号」がつくようになりましたから、ぜひ習得してください。こうした辞書の多くは、数字を示すだけで、どのようなアクセントになるかの説明はありませんので、右頁の「アクセント・パターン」をコピーしてクラスレッスンに使うと、楽しく賑やかな授業ができます。
　ここでわざわざ「あかさたな」などの五十音図を使っているのは、第Ⅰグループ（五段）動詞の活用を連想させますし、意味のない音声パターンでアクセント練習をするためです。この「意味のない音声パターン」に慣れてくると、学習者自身が「うまくなった」と気づきますから、いろんな面で進歩が見られるようになります。
　自己紹介の標準的なアクセント・パターンは、次のようになります。

　　はじめまして。どうぞ、よろしく　おねがい　します。
　　ドミミミドド。ミドド、ドミミミ　ドミミミ　ドミド。

§3 音声編

📝 COLUMN

〈アクセント・パターン〉

記号		例
⓪	あかさたなはまやらわX ドミミミミミミミミミ	よろしく／お願い／食堂／会社／電話／鈴木／大阪 聞く／聞いて／聞かない／いて／する／して／固い
①	いきしちにひみいりい ミドドドドドドドド	どうぞ／ビール／社員／李白／スミス／佐藤／京都 持つ／読む／読んで／食べて／見る／見ない／来る
②	うくすつぬふむゆるう ドミドドドドドドド	ありがとう／カレンダー／李登輝／高橋／福島／株式 来ます／読まない／食べる／食べない／固くて
③	えけせてねへめえれえ ドミミドドドドドド	コーヒー／ハンバーガー／ところが／周恩来／淡路島 読みます／食べます／考えて／つまらない／京都市
④	おこそとのほもよろを ドミミミドドドドド	ラテンアメリカ／エレキギター／社員食堂／福島市 読みましょう／食べません／考える／やりきれない
⑤	あいうえおかきくけこ ドミミミミドドドド	アイスクリーム／デジタルカメラ／携帯電話 行ってきます／いてください／可愛らしい／株式会社
⑥	さしすせそたちつてと ドミミミミミドドド	チキンハンバーガー／ウインナーコーヒー いらっしゃいませ／お願いします／思い出します
⑦	なにぬねのはひふへほ ドミミミミミミドド	ハイブリッドカー／フランス語のテキスト 汚れていません／運んでいきます／お久しぶりです
⑧	まみむめもやいゆえよ ドミミミミミミミド	ベースボールプレーヤー／国際電話料金 おはようございます／結婚しています
⑨	らりるれろわいうえを ドミミミミミミミド	国際郵便はがき／オリンピック競技会 申し訳ありません／お召し上がりください
⑩	あかさたなはまやらわを ドミミミミミミミミド	アフターシェービングローション／お中元用商品券 申し訳ございません／よろしくお願いします

☆特に「ミ」から「ド」へ下降するところを「アクセントの滝」と呼びます。アクセント記号は「滝」が何番目のモーラの終わりにあるかを示しています。例えば、5番目の終わりなら「⑤」です。この「滝」のないのが「⓪」です。

☆「よろしくお願いします」は「よろしく／お願い／します」のように区切って言うと、左頁の最後に示したようになりますが、早く言うと⑩のアクセント・パターンになります。

Q98: アクセント違反

「いってらっしゃい」の言い方が不自然なのですが。

A おそらく「ミド・ドミミ」か「ミドド・ドドミミ」と言っているのでしょうね。これも〈アクセント・パターン〉に違反していますから、前頁を見ながら「⑥ドミミミミミド」になるように指導してください。また、最後の「しゃい」を長く「しゃあい」のようにして、⓪型で発音しても自然です。

　日本語のアクセントは「高低アクセント」と言われますが、むしろ「ミュージカル・アクセント」と、もう少し格好よく説明したほうが、学習者にはわかりやすいかもしれません。

　一番大きな特徴は、p.199 の「日本語の音声の特徴」でも触れましたが、アクセントが２つのモーラの間に存在していることです。連続する２つのモーラは、同じ高さになっているか、一方が高くて他方が低いかという関係になっています。つまり、楽譜にのせることができるわけですね。ただ、とても歌とは言えないような単調な音楽にすぎませんが。

　これに対して、音節言語である中国語や英語などは、ひとつの音節の上に、高低や強弱のアクセントがありますから、これを歌にすると、非常に起伏に富んだ情感豊かなものになります。学習者のなかには、母語の干渉を避けるあまり、日本語の単調さだけを真似る人がいて、まるで感情のない話し方になることがあります。

　ロボットのように話してくれるなら、まだ愛嬌はあるのですが、むしろ「日本語なんて面白くもおかしくもない」といった響きになり、悪気はないとはいえ、教えるほうの気分を害することもあります。

　方言や外国語を学習する場合、母語とは異なって、学習言語に感情がのせられなくて悩むという経験は、誰にでも起こることです。特に単調な日本語は、人を上手に罵る言葉が発達しておらず、相手を刺激するような冗談を言ったり、互いの興奮をかきたてるような口喧嘩を長く続けていったりするのに適した言語ではありません。

　ですから、ときには感情移入の練習をする必要がありますが、例えば「やさしさ」を表現すると、みんなから「気持ち悪い」などと言われて戸惑うことがあります。叫んだり怒鳴ったりの練習では、教えるほうが震え上がるほどの「凄み」が出ますから、音声練習はなかなか難しいものです。

§3 音声編

✎COLUMN

〈日本語のアクセントの特徴〉
1. アクセント・パターンの始まりは「ド」から「ミ」へ上昇するか、逆に「ミ」から「ド」へ下降する2つのパターンしかない。
2. 始まりが下降するのは、最初のモーラの終わりにアクセントの滝をもつ「①」型の場合だけである。
3. アクセントの滝をもたない「⓪」型は、始めに上昇すると、そのまま上がりも下がりもせずに、次にくる語の最初のモーラまで同じ高さが続いていく。
4. アクセントの滝をもつ「①」型以上のパターンでは、アクセントの滝でいったん下降すると、問いかけなどの文末イントネーションと重ならない限り、二度とふたたび上昇することがない。

☆アクセントの練習で、特に重要なのは「4」です。左頁のQ「いってらっしゃい」が不自然になるのも、最後の「しゃい」が「らっ」よりも高くなっているからです。もしも「ミドドドドドド」と、ひたすら下降したままなら、標準的ではないにしても、日本語らしく聞こえます。

☆ひとつの音節内で音調を上げたり下げたり、また低く抑えこんだり、同じ高さにしたりする「声調」のある言語、例えば中国語やベトナム語などを母語とする学習者や、ひとつの音節だけを強くする「強弱アクセント」のある言語、例えば英語やスペイン語などを母語とする学習者には、同じ音調を何モーラにもわたって維持したり、アクセントの滝で下降したものが、二度と上昇しなかったりするほうが、むしろ異常に感じられるようです。

☆特に声調言語を母語にする人は、母語の干渉を受けやすく、日本語の高低アクセントには馴染みにくいのですが、もともと上下する音程に対しては非常に敏感ですから、適切な指導さえすれば、強弱アクセントのある言語を母語にする人より、はるかに自然な響きを奏でることができるようになります。
例えば「普通話」といわれる中国語の場合、同じ「ma」という音節でも、声調によって「母/麻/馬/罵る」という4つの意味を識別できますし、ベトナム語には5〜6の声調があります。

― Q99: 体を使った音声練習 ―
「病院」が「美容院」になるのですが。

A 「病院／⓪びょういん／ドミミミ」が「①ミドドド」になって、まるで「美容院／②びよういん／ドミドドド」と言っているように聞こえるのでしょうね。

　日本語のアクセントを練習するときは、大きく分けて「⓪型／①型／②型以上」の3つのパターンで考えるといいでしょう。このうち「⓪型」が、いったん「ド」から「ミ」へ上げた音を、そのまま維持して上げ続ける力が必要ですから、最も習得の難しいものです。なお「②型以上」の語でも、例えば「⑤こんにちは／ドミミミミ」のように、語のモーラ数とアクセント記号の数字が一致している場合（☞p.216を参照）は、「⓪型」と同じように練習します。

　アクセントだけではなく、音声の練習には、体の動きに声を合わせて、まさに「音声を体得」する「VT法」（クロード・ロベルジュ、木村匡康『日本語の発音指導――VT法の理論と実際』凡人社）が役に立ちます。

　片手を使ってする練習はp.206に載せましたので、ここでは頭部を使った「①どうぞ＋⓪よろしく＋⑥おねがいします」の練習法をご紹介します。

　⓪型（上げて平ら）：⓪びょういん／よろしく／ドミミミ
　　はじめの「ドミ／びょう／よろ」で頭を上げ、天井を見上げるようになった首を、さらに後ろに倒して、真上まで上げながら「ミミ／いん／しく」を続けます。長い「⓪型／宇宙観測用望遠鏡／ドミミミミミミミミミミミミミ」では、少しずつ首を動かして、真上を見るまでの時間を長くするといいでしょう。

　①型（下げて平ら）：①どうぞ／ミドド
　　天井を見上げる状態から、ガクっと頭を下げて「ミド／どう」を言い、そのまま

顎を下に引く感じで「ド／ぞ」に移ります。長い「①型／食べてください／ミドドドドドド」は、後半「ドドドド／ください」で首も顎も動かしようがなく、喉を締めつけられたようになりますから、注意が必要です。

②型以上（上げて下げる）：⑥お願いします／ドミミミミミド
　前半「ドミミミ／おねがいし」を言いながら、天井を見上げるまで頭を上げていき、最後の「ミド／ます」で一気に頭を下げて力を抜きます。

　はじめは「①どうぞ＋⓪よろしく＋⓪おねがい＋②します」で練習し、慣れてくれば「①どうぞ＋⑩よろしくおねがいします」に変えてもいいでしょう。

COLUMN

〈アクセントの練習：片手を使って〉

⓪型（上げて平ら）：⑤こんにちは／ドミミミミ

　　自然体から、掌を下にして片手を腰のあたりに上げて構える。はじめの「ドミ／こん」の部分を言いながら、肘を立て、掌を前方に向ける。後半の「ミミミ／にちは」は、掌をゆっくりと前に押し出しながら、1モーラずつ「に・ち・は」と発声して、この部分の高さを維持し続ける。

　　いくら長い「⓪型」も同じで、長くなればなるほど、掌を前に押し出す動きを遅くしていく。

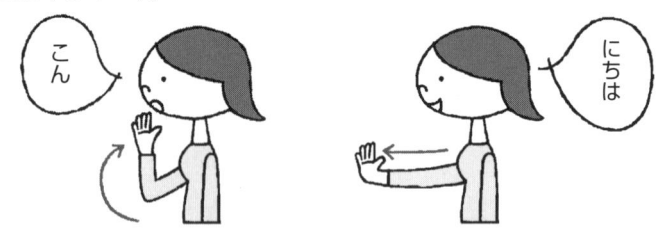

①型（下げて平ら）：①食べてください／ミドドドドドド

　　自然体から、指先を軽く上にのばした掌を前方に向けて、片手を頭の上あたりまで持ち上げる。前半の「ミドド／たべて」は、持ち上げた掌で机をたたくかのように振り下ろしながら、そして後半の「ドドドド／ください」は、腰のあたりから、腕を肩からぶら下げるかのように力を抜きながら発声する。

　　この「食べてください」は「①たべて＋③ください」と分けることもできるが、自然な会話では「①型アクセント＋文末イントネーション」になる。上のような練習をしておくと、ひたすら下降していくだけの「①食べてから来てください」といった少し高度な言い方へ、スムーズに移行できる。

長くなればなるほど、低く抑え続ける「ド」が難しくなるので、腕が後ろに振れるほど力を抜くデモンストレーションが必要になる。

②型以上（上げて下げる）：⑧国際電話料金／ドミミミミミミドドド

前半の「ドミミミミミ／こくさいでんわ」までは、下のイラストのように、ゆっくり片手を真上まで持ち上げていく。後半の「ミドドド／りょうきん」は、掌を振り下ろして力を抜く「①型」と同じ。

つまり「⓪ドミミミミミ」から、アクセントの滝で「①ミドドド」に切り換わるが、はじめの「⓪型」の最後の「ミ」と、あとの「①型」の最初の「ミ」とを比べた場合、音程はほんのわずか「①型」の「ミ」のほうが高い感じがする。この高さを、背伸びをするような感じで、踵(かかと)を上げてデモンストレーションするとわかりやすい。

☆「こんにちは」の場合、全体のモーラ数「5」とアクセントの滝の位置「⑤」が一致しているため（☞p.216を参照）、「⓪型」のアクセント・パターンと同じように練習します。

--- Q100: **外来語のアクセント** ---

「アイスクリーム」や「コーヒー」は、どう読みますか。

A 外来語は、母語の干渉を受けやすいものです。韓国語にも「アイスクリーム」や「コーヒー」という外来語がありますが、日本語よりもはるかに、もとの英語に近く、音が短くつまった感じで、日本語としては不自然に響きます。

「アイスクリーム／ドミミミミドド」は「⑤」型です。前半の「⓪アイスク／ドミミミ」は、下のイラストのように、肘を伸ばしたまま、ゆっくり片腕を持ち上げていきます。そして何かを叩きつけるように掌を振り下ろして、一気に後半の「①リーム／ミドド」を終えます。

このとき、前半の「ア」から「ク」を言いながら、背伸びをするようにゆっくり踵を持ち上げていき、後半の「リーム」は、地面を踏みつけるように力を入れて、一気に踵を下ろしてください。こうすると、手も足も同時に使って全身を動かせます。また、踵の上下だけでもかまいません。踵を使うと、後半「リーム／ミドド」の最初の「リ／ミ」が、前半「アイスク／ドミミミ」の最後の「ク／ミ」より少し高くなった感じがして、言いやすくなるのではないでしょうか。

「③コーヒー／ドミミド」なら、はじめの「コー」は、ゆっくり踵を上げていき、ポーズをとって「ヒー」で一気に踵を落とすと、リズムに乗って、ちょっと楽しい気分になります。

ところが「②ドミドド」型の場合、例えば「カレンダー／ロボット」では、踵を上げる間もなく下ろすことになって難しいですから、最初の「ド／カ／ロ」の時点で踵を持ち上げ、一気に地面を踏みつけて「ミドド／レンダ／ボット」を言うと、楽しくできます。

片手や踵の動きは、練習のたびに立ち上がるのも面倒ですから、p.204 のように、頭を動かす練習法でもいいでしょう。座ったまま頭をゆっくり持ち上げ、キーになる「アクセントの滝」の「ミ」で、首を折ってしまうかのように、一気に頭を下げる練習をすると、クラスが賑やかになります。

一方「①」型の外来語は簡単なようです。ただ力が入りすぎて、1 音階ほどの差をつけて「ミ」から「ド」へ下げる人がいますから、気をつけてください。

外来語は、3 つの特殊音「長音・促音・撥音」の前に「アクセントの滝」がきて言いやすいものが多いので、アクセントの練習には最適です。

📝 COLUMN •

〈長音「ー」のいろいろ〉

仮名表記	ローマ字表記	まえの音
おかあさん	OKAASAN	ア段音
おにいさん	ONIISAN	イ段音
熊のプーさん	KUMANOPUUSAN	ウ段音
おねえさん	ONEESAN	エ段音
おとうさん	OTOOSAN	オ段音

• •

☞ 長音の練習法については p.215

---- Q101: 促音の練習 ----

「⓪いっしょに」が「①いしょうに」になって「⓪一生に」に聞こえます。

A 「ド」から上がって「ミ」が促音になる一番難しい「⓪いっしょに」の練習法は、右頁を見てください。3つの「特殊音：長音（ー）／促音（っ）／撥音（ん）」のうちでも促音は、中国語やベトナム語、英語など、促音のない言語を母語とする学習者には非常に難しく、教える側もお手上げになってしまうことがあります。

学習者の勘違いは、促音は発音しにくく、また促音は「っ」と表記されますから、すべての「っ」が同じ音だと思ってしまう点です。

しかし、促音というのは「発声を促進する音」という意味で、あとの音との続きをスムーズにするものですから、本来は「言いやすい」はずなのです。これを実感してもらうには、第Ⅰグループ（五段）動詞の「て形」を導入するとき、例えば「書きます→書きて→書いて」や「待ちます→待ちて→待って」といったふうに、古語の「て形」をあいだに挟んで、練習するといいでしょう。

こうすれば発音もしやすく、もともと「ます形」も「て形」も同じ「連用形」なのが理解できるだけではなく、どうして語尾が「-つ／-る／-う」になる第Ⅰグループ（五段）動詞の「て形」が促音化するかも、自然と体得できます。

また促音「っ」は、右頁のように音の違いがいろいろあります。ローマ字表記のテキストを使っている学習者であれば、あとに来る子音によって促音が異なることを視覚的に知っていますが、仮名表記のテキストを使う漢字圏の学習者には理解できません。そのために苦手意識が働き、例えば「帰って」を「かえて」と言ったり、また「かえーて」と言ったりします。右頁の「子音名」は、音声学上の名称ではなく、便宜上、口のなかのどこを、どのように使うかを示したものです。

要領は、前の音からすぐに「閉鎖」し、閉鎖したまま少し我慢して、次の「破裂」または「摩擦」に移ることです。促音でも「両唇閉鎖破裂音」（パ行音の前）が最も視覚に訴えますから、例えば「きっぷ」で練習する場合、閉鎖して我慢する部分を1～2分ほど続け、息苦しさに耐えきれないといった表情を見せてから、次の音に移るデモンストレーションをすると「大受け、間違いなし」です。

なお韓国の人は、結果的に促音となる音が母語にありますから、問題はありませんが、この音は日本語の促音に比べて、短いと感じられるときがあります。

COLUMN

〈促音「っ」のいろいろ〉

③きっかり／kikkari／咽喉を使う閉鎖破裂音：「カ行音」が続く。
　　　　　咽喉（のど）を閉めて、息が出ないようにしてから、まるで苦しくて我慢できずに息を破裂させるように思いっきり吐き出す音。

③きっぱり／kippari／両唇を使う閉鎖破裂音：「パ行音」が続く。
　　　　　上と下の唇（くちびる）を閉じて、まるで怒ったときのように頬をふくらませて息が出ないようにしてから、息を破裂させる音。

⓪きっと／kitto／上歯茎裏を使う閉鎖破裂音：「タ・テ・ト」が続く。
　　　　　上歯茎裏に舌を押し当て、いったん息を止めてから、破裂させる音。

③きっちり／kicchiri／上歯茎裏を使う閉鎖摩擦音：「チ・ツ」が続く。
　　　　　上歯茎裏に舌を押し当て、いったん息を止めてから、少しずつゆっくりと息を出しながら、舌と上歯茎裏を摩擦させる音。

③きっしり／kisshiri／上歯茎裏を使う摩擦音：「シ」が続く。
　　　　　上歯茎裏に舌先を近づけ、摩擦させながら息を出し続ける音。

⓪きっさ店／kissaten／上歯裏を使う摩擦音：「サ・ス・セ・ソ」が続く。
　　　　　上歯裏に舌先を近づけ、摩擦させながら息を出し続ける音。

〈「⓪いっしょに」の練習〉

1. 立った状態で、隣の人に注意しながら、掌を下にして両手を思いっきり広げる。
2. 大きな声で「い」と言い、両手をたたくと同時に舌を上歯茎に近づけて我慢する。
3. ゆっくりと両手を広げていき、手首を使って掌を上向きにしたところで「しょに」と言う。

― Q102: 撥音の練習 ―――――――――――――――――
「簡単／かんたん」が、縮こまって「カンタン」となるのですが。

A 4モーラの「かんたん」が、前後で「かん」と「たん」に音節化して、2モーラになってしまっているのですね。練習の仕方は右頁を見てください。

撥音には3つの「ん」があります。これを大阪の地名で表したのが右頁です。これらの名称も音声学で認められたものではなく、口のなかのどこを使うかを示したものにすぎません。

ローマ字表記のテキストを使っていれば、非常にわかりやすいのですが、仮名表記のテキストの場合は、違いを示す必要があります。特に「あとに続く音」が影響していることに気づいてくれれば、自然と発音できるようになります。

撥音「ん」の場合も、促音「っ」と同じように、前後の音より長く引きのばす練習をしてください。また、撥音でも「両唇音」が最も視覚に訴えますから、最初は「てんま」を使って練習すると、わかりやすいでしょう。

ただ「本」や「カバン」など、語の最後が「ん」になる場合は、モーラ言語である日本語でも、前の音と1音節化して短くなり、もともと2モーラの「ほん／バン」が、1モーラのようになりますから、音節言語を母語とする学習者には、特に問題はありません。

しかし、これらの語のあとに別の語が続くと、例えば「本／カバン＋の／に／で／も／まで／から／が／は／を／より」などになると、語尾の「ん」は、後続音によって「N」や「M」や「NG」になりますから、注意が必要です。何も続かないときは、前の音と共に短く1音節化して言いやすかったのを、わざわざ長くしなければならないわけですから、かえって難しくなってしまいます。

撥音「ん」が文末にくる場合、例えば「〜ません」などの「ん」は、どの撥音を出しているか意識することのない日本人のことですから、好みで「N」にも「M」にも発音しますし、逆に「N」と言われても「M」と言われても、うるさく区別などしません。もし1モーラの「ん」に慣れて、文末の「ん」が長く尾を引いて聞き苦しいことがありましたら、唇を閉じて「M」にするように言ってください。こちらのほうが短くシャープになって、印象がよくなることがあります。ただし文末の「ん」に「NG」を使う学習者がいましたら、異様に響きますから、注意してください。

COLUMN

〈撥音「ん」のいろいろ〉

天下茶屋／Tenggachaya／咽喉を使う開放鼻音：「ア・カ・ガ・ハ・ヤ・ワ行音」が続く。舌をどこにもつけず、咽喉（のど）を広く開けて、鼻から息を出す。

天　満／Temma／両唇を使う閉鎖鼻音：「バ・パ・マ行音」が続く。上と下の唇を閉じたまま、鼻から息を出す。

天王寺／Tennooji／上歯茎裏を使う閉鎖鼻音：「サ・ザ・タ・ダ・ナ・ラ行音」が続く。上歯茎裏に舌を押し当てたまま、鼻から息を出す。

〈「⓪かんたん」の練習〉

1. 立った状態で、隣の人に注意しながら、掌を下にして両手を軽く広げる。
2. 両手を持ち上げて近づけながら、それぞれの親指の先と、残りの4本の指先とを合わせて、大きな声で「かん」と言って少し息を我慢する。このとき、唇を閉じるほうがそれらしくなる。
3. ゆっくり「たん」と言いながら、下向きにした掌を水平方向に、左右へ両手で漢字の「八」の字を描いていく。

☆中国語の「天」は、後続するのがどんな音であっても「TIAN」で、語尾は「N」です。韓国語では、次に「L」が続けば、語尾の「N」は「L」になりますが、それ以外は、中国語と同じですから、よく注意してください。

☆日本人は、促音「っ」でも、撥音「ん」でも、あとに続く音によって、出す音を使い分けていますが、聞くときは、すべて同じ音だと勘違いしています。視覚的な「っ」や「ん」という文字が、耳を悪くさせているようです。

— Q103:「おじいさん」と「おじさん」 ───────────

「おじいさん／おばあさん」と「おじさん／おばさん」は、どう区別しますか。

A この2組の使い分けが難しいのは、長音のある「②おじいさん／ドミドドド」と「②おばあさん／ドミドドド」に原因があるのではなく、短音の「⓪おじさん／ドミミミ」と「⓪おばさん／ドミミミ」のアクセントのほうにあります。

　p.204で示した「美容院／②びよういん／ドミドドド」と「病院／⓪びょういん／ドミミミ」との違いと同じなのですが、長音が「ミ」から移った「ド」にある場合、つまり、アクセントが下降するときに現れる長音「①ビール／ミドド」や「⑤アイスクリーム／ドミミミミドド」は、ほとんどの学習者の母語にも同じパターンがあって、それほど難しくないようです。

　これは促音「っ」や撥音「ん」の場合も同じで、一気に力をこめる下降アクセントなら、これらの特殊音は簡単に長くすることができます。

　むしろ難しいのは「ド」から上げた「ミ」を維持し続ける「⓪」のアクセントのほうで、特殊音を意識すればするほど力が入ってしまい、まるで英語などのアクセントのように、強いストレスがかかって下降してしまうという現象が多く見られます。

　例えば、すでにp.210で示した「⓪いっしょに／ドミミミ」が「①いっしょうに／ミドドドド」になったり、また、p.212の「⓪かんたん／ドミミミ」が「①カンタン／ミドドド」になったりすることです。

　この「⓪おじさん」と「⓪おばさん」は、言いやすいほうの「②おじいさん」と「②おばあさん」とペアを組んで一緒に練習しますから、なおさら「おじいさん／おばあさん」のほうに引きずられることになり、アクセントが完全に狂って「②おじさん」や「②おばさん」になってしまいます。こうなってしまうと、いくら短く言ってみたところで、日本人の耳にはどうしても「おじいさん／おばあさん」に聞こえます。

　先生のなかには「⓪おじさん」と「⓪おばさん」の「じ」と「ば」の音を短くしようと、何度も何度も「⓪おじさん／⓪おばさん」を繰り返して、学習者に言わせる練習をする人がいますが、学習者の間違いが音の長短ではなく、アクセントにあることに気づかないといったことがよくあります。

　右頁に「②おじいさん／ドミドドド」と「⓪おじさん／ドミミミ」の練習法を示しておきましたので、ご参照ください。

§3 音声編

✏️ COLUMN

〈「②おじいさん」の練習〉
　長音の「おじいさん」は「ドミドドド」で、2つ目に「アクセントの滝」が来ているので、次の3つの部分を連続させて練習する。

1. 立った状態で、軽く両手の指先を合わせながら「お／ド」と言う。
2. すぐさま「じ／ミ」と言って、音を引きのばしていく。と同時に、両手は漢字の「八」の字を描きながら下ろしていく。
3. 両手で「八」の字を描き終わってから、両手が横に下りた時点で、短く軽く「さん／ドド」と言う。

〈「⓪おじさん」の練習〉
　「⓪おじさん／ドミミミ」の場合は、p.204の「⓪びょういん」やp.206の「⑤こんにちは」と同じ方法で練習できる。

Q104: 後ろから数えるマイナスのアクセント記号

「花」と「鼻」のアクセントは、どう違いますか。

A まず、p.201の「アクセント・パターン」を見てください。これらのアクセント記号は、語頭から数えて、何番目のモーラのあとに「アクセントの滝」があるかを示したものです。このうち「⓪」型と「⑩」型とを見比べてみてください。次のようになっています。

　　⓪　あかさたなはまやらわ(X)　　⑩　あかさたなはまやらわ(X)
　　　ド ミ ミ ミ ミ ミ ミ ミ ミ ミ(ミ)　　　ド ミ ミ ミ ミ ミ ミ ミ ミ ミ(ド)

もしそれぞれの語が10モーラからできているとしますと、最後の「わ」のあとに続く別の語「X」が「わ」と同じ音程「ミ」のままか、音程を下げた「ド」になるかという違いが生まれます。つまり、最後の「わ」のあとに「アクセントの滝」がないかあるかという違いです。ここでいう別の語「X」とは「〜は／〜が／〜も／〜を／〜で／〜から」などです。

ご質問の「花」と「鼻」の場合、この部分のアクセントはどちらも「ドミ」なのですが、これに例えば「〜が」をつけて「花が咲いた」と「鼻が痛い」にしてみると、前者の「花が」は「②ドミド」で、後者の「鼻が」は「⓪ドミミ」になります。同じ「はな」でも、これに続く「X／〜が」が下がるか下がらないかで違いを生みだし、2つの「はな」を区別しているわけです。

これをアクセント記号で表しますと、2つの「はな」は「②花」と「⓪鼻」になって、違いがはっきりします。同じようなことは「橋／箸／端」という3つの「はし」にも現れますが、これに「X／〜を」をつけると、次のようなことが起こります。

　　橋：あの＋②はしを／ドミド＋渡りましょう。
　　箸：その＋①はしを／ミドド＋とってください。
　　端：この＋⓪はしを／ドミミ＋歩いてください。

ただ「X」が「〜の」のときは、すべての場合で「⓪ドミミ／花の香り／鼻の頭」や「⓪ドミミ／橋の／端の＋ほうへ行く」になって、区別ができなくなります。

こういった「はな」や「はし」は、2モーラの音を、語のはじまり、つまり語頭か

ら見ているのではなく、むしろ「はなが」や「はしを」という3モーラの音を射程に入れて、語の最後、つまり後ろから見て区別していると考えるほうが、わかりやすいでしょう。特にモーラ数が増えて、語が長くなると、前から数えるのが大変になりますから。

　語頭から読む「アクセント記号」の場合、下降点を示す「アクセントの滝」のない「⓪」型を原点として、数直線を想定してみると、最初のモーラの右側に、つまり1番目のモーラと2番目のモーラの間に、この「アクセントの滝」があれば「①」型になり、2番目と3番目の間にあれば「②」型になります。そのあと「アクセントの滝」が右方向、つまりプラスの方向へ移動していくにつれて、記号の数字が増えていきます。この場合の原点「⓪」型は、ほかの「アクセント記号」をすべてプラスにしますから、これを仮に「＋⓪」型としておきます。

　　前からの「アクセント記号」
　　　　「アクセントの滝」の位置は、前から2つ目、最後のモーラの右側
　　　　　　＋②花｢が：はな｢が／ドミ｢ド
　　　　　　＋②橋｢を：はし｢を／ドミ｢ド

　これに対して、後ろから読む「アクセント記号」の場合、例えば「鼻／よろしく／お願い／電話」など、語の最後に「X」が加わっても「ミ」から「ド」へとは下がらないものを「⓪」型として、数直線上の原点にすると、下降点を示す「アクセントの滝」は後ろから前へ、つまり左の方向、マイナスの方向へと移動しながら、記号の数字を増やしていきます。この場合の原点「⓪型」は、ほかの「アクセント記号」をすべてマイナスにしますから、こちらのほうは仮に「－⓪」型としておきましょう。

　　後ろからの「アクセント記号」
　　　　「アクセントの滝」の位置は、後ろから1つ目、最後のモーラの右側
　　　　　　－①花｢が：はな｢が／ドミ｢ド
　　　　　　－①橋｢を：はし｢を／ドミ｢ド

　もともと「⓪」型というのは、前から読んでも、また後ろから読んでも、同じように「アクセントの滝」をもたないアクセント・パターンですから、これを「±⓪型」とすると、すべての語の「アクセント記号」は、前から読むプラス記号「＋」の場合と、後ろから読むマイナス記号「－」の場合とがあります。

ただ、こうして語に「マイナスのアクセント記号」をつけた場合、特に紛らわしくて、勘違いするのは、いったい「−①」型のアクセントはどこにあるのかという点です。もちろん、語の最後から1番目のモーラの右側、つまり最後のモーラの右側なのですが、最後のモーラの右側には何もありませんから、つい「⓪」型と勘違いしてしまいます。

　右頁に、数直線上に並べた「アクセント記号」と、それに対応する語をいくつか並べてみました。慣れないうちは、ちょっと厄介ですが、動詞や形容詞の活用形のアクセントを考える場合、その便利さがわかってきます。

　厄介なのは、見かけは「±⓪型」と同じなのに、あとに何か「X／〜が」や「X／〜を」がつくと、例えば「木／花／言葉／草刈り」などは、それぞれアクセントの音程は「ミ／ドミ／ドミミ／ドミミミ」で、最後はどれも「ミ」なのに、最後のモーラ「き／な／ば／り」に「X／〜が／〜を」がくると、最後のモーラと「X」の間に「アクセントの滝」ができて「ミ」から「ド」へと下がることです。

　つまり「−①型」というのは、語尾のモーラの右側へ「アクセントの滝」がきて、例えば「き⌉／はな⌉／ことば⌉／くさかり⌉」のようになるものですが、この「⌉」の存在する最後の位置を、下降を示す「アクセントの滝」をもたない「−⓪型」と共有することになって紛らわしいのです。

　語の全モーラ数「P」と等しい「プラスのアクセント記号／＋P型」をもつ語は、すべて「−①」型になると覚えておいてください。

　実際に後ろからアクセント・パターンを数えるときは、語の最後の空白部分で「⓪・−①」と足踏みし、前にひとつずつ進んで「−②／−③／−④」と続けてください。例えば「②ひま⌉わり」や「①た⌉んぽぽ」なら、後ろから「⓪①り・②わ・③⌉まひ」や「⓪①ぽ・②ぽ・③ん・④⌉た」と数えて、それぞれにマイナスをつけて「−③／−④」としてください。

　この方法を覚えておかないと、せっかく苦労して理解した「マイナスのアクセント記号」が、結局使いものにならなくなって、無駄になってしまいます。

§3 音声編

✎ COLUMN

〈マイナスのアクセント記号〉

－④	－③	－②	－①	±⓪型	＋①	＋②	＋③
				木	葉	木	
				ミ	ド	ミ	
			箸	花	鼻	箸	花
			ミド	ドミ	ドミ	ミド	ドミ
	どうも	しかし	ことば	でんわ	どうも	しかし	ことば
	ミドド	ドミド	ドミミ	ドミミ	ミドド	ドミド	ドミミ
たんぽぽ	ひまわり	コーヒー	くさかり	よろしく	たんぽぽ	ひまわり	コーヒー
ミドドド	ドミドド	ドミミド	ドミミミ	ドミミミ	ミドドド	ドミドド	ドミミド

☆最後の段の「くさかり」は、全モーラ数が「4」で、プラスの「アクセント記号」も「④」なので、マイナスになると「－①」型になります。

☆この「マイナスのアクセント記号」は、動詞や形容詞の活用形のアクセント・パターンが、どのようになるかを考える場合に役に立ちます。活用形の場合は、あまり「－①」型にはならず、多くは「－②」型ですから、この位置を、よく理解しておいてください。

☆ただ、例えば「行った」や「食事して」に「ら」や「も」がつくと、通常は「③いった⌉ら」や「⑤しょくじして⌉も」になって、どちらも「－①」型になることがあります。もちろん「①たら」や「①ても」と覚えてもかまいません。特に「①〜たら」や「①〜ても」という文型を導入する場合は、こちらのほうがいいかもしれません。

☆困るのは「②食べる／②起きる」などが「①たべたら／①おきても／ミドドド」となって、どちらも「－①」型にはならないことです。p.231 と p.235 の、2語が1語になる場合に起こるアクセント変化の原則を参照してください。

--- Q105: 第Ⅱグループ（一段）動詞「て形」のアクセント ---
「②食べる」の「て形」は「①食べて」になりますが、どうしてですか。

A 活用形のアクセントは、動詞によって変化しているのではなく、すべての動詞に共通した一定の規則を持っています。ただ、p.201の語頭から読む「アクセント・パターン」では、語のモーラ数によって「アクセントの滝」の位置が異なり、不規則な印象を与えます。例えば、3モーラの動詞は「②食べる／②起きる」なのに、4モーラや5モーラの動詞では「③覚える／④考える」になるからです。

これを、p.216の後ろから数えて、どこに「アクセントの滝」があるかを示す「マイナスのアクセント記号」に変えてみると、規則が見えてきます。上にあげたすべての動詞は「−②型：食べ˥る／起き˥る／覚え˥る／考え˥る」です。

日本語の動詞辞書形のアクセントには、上の「−②」型のほかに、もうひとつ「−⓪／−①」型があります。これは「動詞の種類：第Ⅰグループ（五段）動詞／第Ⅱグループ（一段）動詞／第Ⅲグループ（カ変・サ変）動詞」に関係なく、あてはまります。つまり、すべての動詞に共通した一定の規則として成り立っているわけです。ただ「−⓪型／−①型」の辞書形は、名詞を修飾する場合には、すべて「−⓪型」になりますから、ここでは便宜上「−⓪型」と呼ぶことにします。

こうすると、ご質問の「て形：食べ」というのは、辞書形「−②食べる」から語尾の「る」をとったものですが、これを「マイナスのアクセント記号」で表すと「−②食˥べ」となって、辞書形と同じアクセントになります。

「て形」のアクセントは、右頁のように「マイナスのアクセント記号」で表せば、すべて「辞書形」と同じになります。ただ「〜て」をとった「活用語尾」だけで考えますから、モーラ数が「て形」になって1つ少なくなる「第Ⅱグループ（一段）動詞／第Ⅲグループ（カ変・サ変）動詞」は、混乱しないようにしてください。活用変化の激しい「第Ⅰグループ（五段）動詞」の「て形」は、モーラ数もアクセントも同じですから、かえって会話では聞きとりやすくなります。

少し長くなりますが、ほかの活用形のアクセントも載せておきます。

ただ「マイナスのアクセント記号」は学習者にはちょっと大変ですし、これを使って動詞活用形のアクセント規則を説明して、その練習をするとなると、目のまえが真っ暗になる気がします。活用形によってアクセントが変わるということに注意を向け、練習量を多くして慣れるようにしたほうが賢明かもしれません。

§3 音声編

✎COLUMN •

〈活用形のアクセント：動詞〉　　　　　☆(I)(II)(III)は動詞の種類を表す

1. て形／た形：「辞書形／−X」→「て形／−X」
　　☆「て形」も「た形」も「〜て／〜た」のない活用語尾で考えること。
例)
(I)　行く「−⓪／ドミ／+⓪」　　　　　行っ「−⓪／ドミ」+て／た
　　　読む「−②／ミド／+①」　　　　　読ん「−②／ミド」+で／だ
　　　歌う「−⓪／ドミミ／+⓪」　　　　歌っ「−⓪／ドミミ」+て／た
　　　話す「−②／ドミド／+②」　　　　話し「−②／ドミド」+て／た
　　　働く「−⓪／ドミミミ／+⓪」　　　働い「−⓪／ドミミミ」+て／た
　　　手伝う「−②／ドミミド／+③」　　手伝っ「−②／ドミミド」+て／た
　　☆「辞書形／+X」→「て形／+X」でも同じ。

(II)　着る「−⓪／ドミ／+⓪」　　　　　着「−⓪／ド」+て／た
　　　見る「−②／ミド／+①」　　　　　見﹈「−②→−①／ミ」+て／た
　　　消える「−⓪／ドミミ／+⓪」　　　消え「−⓪／ドミ」+て／た
　　　食べ﹈る「−②／ドミド／+②」　　食﹈べ「−②／ミド」+て／た
　　　並べる「−⓪／ドミミミ／+⓪」　　並べ「−⓪／ドミミ」+て／た
　　　調べ﹈る「−②／ドミミド／+③」　調﹈べ「−②／ドミド」+て／た
　　　考え﹈る「−②／ドミミミド／+④」考﹈え「−②／ドミミド」+て／た
　　☆「辞書形／+X」→「て形／+(X−1)」でも同じ(⓪型以外の場合)。

(III)　する「−⓪／ドミ／+⓪」　　　　　し「−⓪／ド」+て／た
　　　来る「−②／ミド／+①」　　　　　来「−②→−⓪／ド」+て／た
　　☆「−②来」では(II)の「見る」と同様、モーラ数の関係でひとつ下がって「−①来」
　　　になるが、p.240の「母音の無声化」を起こして「アクセントの滝」がなくなるの
　　　で、もうひとつ下がって「−⓪来」になることがある。

• •

✎ COLUMN

〈活用形のアクセント：動詞〉　　　　　　☆(I)(II)(III)は動詞の種類を表す

2. ます形：「辞書形／－⓪／－②」→「〜ます／－②」
　　☆「〜ます」のついた形で考えること。
例）

(I)　行く「－⓪／ドミ／+⓪」　　　　　行きます「－②／ドミミド／+③」
　　読む「－②／ミド／+①」　　　　　読みます「－②／ドミミド／+③」
　　歌う「－⓪／ドミミ／+⓪」　　　　歌います「－②／ドミミミド／+④」
　　話す「－②／ドミド／+②」　　　　話します「－②／ドミミミド／+④」
　　働く「－⓪／ドミミミ／+⓪」　　　働きます「－②／ドミミミミド／+⑤」
　　手伝う「－②／ドミミド／+③」　　手伝います「－②／ドミミミミド／+⑤」

(II)　着る「－⓪／ドミ／+⓪」　　　　　着ます「－②／ドミド／+②」
　　見る「－②／ミド／+①」　　　　　見ます「－②／ドミド／+②」
　　消える「－⓪／ドミミ／+⓪」　　　消えます「－②／ドミミド／+③」
　　食べる「－②／ドミド／+②」　　　食べます「－②／ドミミド／+③」
　　並べる「－⓪／ドミミミ／+⓪」　　並べます「－②／ドミミミド／+④」
　　調べる「－②／ドミミド／+③」　　調べます「－②／ドミミミド／+④」
　　考える「－②／ドミミミド／+④」　考えます「－②／ドミミミミド／+⑤」

(III) する「－⓪／ドミ／+⓪」　　　　　します「－②／ドミド／+②」
　　来る「－②／ミド／+①」　　　　　来ます「－②／ドミド／+②」

　☆「〜ません」や「〜ましょう」では、撥音「ん」や長音「う」のまえに「アクセントの滝」がくるので、同じ「マイナスのアクセント記号」でも、上の「－②／〜ま」す」とは異なり、後ろへずれて「－②／〜ませ」ん」や「－②／〜ましょ」う」になりますから、注意してください。
　これはアクセントの滝が、長音「ー」と促音「っ」と撥音「ん」という3つの特殊音のまえで起こりやすいという性質によっています。

§3 音声編

✎ COLUMN

〈活用形のアクセント：動詞〉　　　　　　　☆(I)(II)(III)は動詞の種類を表す

3. ない形：「辞書形：－⓪／－②」→「ない形：－⓪／－①」
　　☆「～ない」のつかない活用語尾で考えること。
例）
(I)　　行く「－⓪／ドミ／+⓪」　　　　　行か「－⓪／ドミ」+ない
　　　　読む「－②／ミド／+①」　　　　　読ま「－①／ドミ」+⌐ない
　　　　歌う「－⓪／ドミミ／+⓪」　　　　歌わ「－⓪／ドミミ」+ない
　　　　話す「－②／ドミド／+②」　　　　話さ「－①／ドミミ」+⌐ない
　　　　働く「－⓪／ドミミミ／+⓪」　　　働か「－⓪／ドミミミ」+ない
　　　　手伝う「－②／ドミミド／+③」　　手伝わ「－①／ドミミミ」+⌐ない

(II)　　着る「－⓪／ドミ／+⓪」　　　　　着「－⓪／ド」+ない
　　　　見る「－②／ミド／+①」　　　　　見「－①／ミ」+⌐ない
　　　　消える「－⓪／ドミミ／+⓪」　　　消え「－⓪／ドミ」+ない
　　　　食べる「－②／ドミド／+②」　　　食べ「－①／ドミ」+⌐ない
　　　　並べる「－⓪／ドミミミ／+⓪」　　並べ「－⓪／ドミミ」+ない
　　　　調べる「－②／ドミミド／+③」　　調べ「－①／ドミミ」+⌐ない
　　　　考える「－②／ドミミミド／+④」　考え「－①／ドミミミ」+⌐ない

(III)　　する「－⓪／ドミ／+⓪」　　　　　し「－⓪／ド」+ない
　　　　来る「－②／ミド／+①」　　　　　来「－①／ミ」+⌐ない

☆(II)と(III)は「+X」→「+X」のままのほうが、わかりやすいでしょうか。
　「±⓪」型が、すべて「±⓪」のまま、
　「－②」型が、すべて「－③／+⌐ない」になる、と覚えるのもいいですね。

☆学習者によっては、例えば「⓪勉強しない」が「⑤べんきょうし⌐ない」や、形容詞「①な⌐い」に引きずられて「⑥べんきょうしな⌐い」になりますが、聞き慣れてくるとよくなりますから、あまり気にしないでください。

COLUMN

〈活用形のアクセント：動詞〉　　　　　　　　☆(I)(II)(III)は動詞の種類を表す

4. ば形：「辞書形：−⓪／−②」→「ば形：−①／−②」
　　☆「〜ば」のつかない活用語尾で考えること。
例）
（I）　行く「−⓪／ドミ／+⓪」　　　　行け「−①／ドミ」+⌐ば
　　　読む「−②／ミド／+①」　　　　読め「−②／ミド」+ば
　　　歌う「−⓪／ドミミ／+⓪」　　　歌え「−①／ドミミ」+⌐ば
　　　話す「−②／ドミド／+②」　　　話せ「−②／ドミド」+ば
　　　働く「−⓪／ドミミミ／+⓪」　　働け「−①／ドミミミ」+⌐ば
　　　手伝う「−②／ドミミド／+③」　手伝え「−②／ドミミド」+ば

（II）　着る「−⓪／ドミ／+⓪」　　　　着れ「−①／ドミ」+⌐ば
　　　見る「−②／ミド／+①」　　　　見れ「−②／ミド」+ば
　　　消える「−⓪／ドミミ／+⓪」　　消えれ「−①／ドミミ」+⌐ば
　　　食べる「−②／ドミド／+②」　　食べれ「−②／ドミド」+ば
　　　並べる「−⓪／ドミミミ／+⓪」　並べれ「−①／ドミミミ」+⌐ば
　　　調べる「−②／ドミミド／+③」　調べれ「−②／ドミミド」+ば
　　　考える「−②／ドミミミド／+④」考えれ「−②／ドミミミド」+ば

（III）　する「−⓪／ドミ／+⓪」　　　　すれ「−①／ドミ」+⌐ば
　　　来る「−②／ミド／+①」　　　　来れ「−②／ミド」+ば

☆「−②」型が、すべて「+X」→「+X」のまま、
　「−⓪」型が、すべて「−②／+⌐ば」になる、と覚えるのもいいですね。

☆「〜ば」は入門や初級では、目にはしますが、主に「〜たら」や「〜と」のほうで話しますから、ほとんど必要ありませんが、初級後半から中級レベルで導入するときには、気をつけてください。なお、活用形のアクセントは「ます形」以外のひとつができれば、ほぼ自動的にすべてができるようになります。

§3 音声編

✎ COLUMN •

〈活用形のアクセント：動詞〉　　　　　　　☆(I) (II) (III)は動詞の種類を表す

5.　意向形／〜(よ)う：「−⓪／−②」→「−②」(p.222「ます形」と同じ)
　　☆「〜(よ)う」のついた形で考えること。
例)
(I)　行く「−⓪／ドミ／+⓪」　　　　　行こう「−②／ドミド／+②」
　　読む「−②／ミド／+①」　　　　　読もう「−②／ドミド／+②」
　　歌う「−⓪／ドミミ／+⓪」　　　　歌おう「−②／ドミミド／+③」
　　話す「−②／ドミド／+②」　　　　話そう「−②／ドミミド／+③」
　　働く「−⓪／ドミミミ／+⓪」　　　働こう「−②／ドミミミド／+④」
　　手伝う「−②／ドミミド／+③」　　手伝おう「−②／ドミミミド／+④」

(II)　着る「−⓪／ドミ／+⓪」　　　　　着よう「−②／ドミド／+②」
　　　見る「−②／ミド／+①」　　　　　見よう「−②／ドミド／+②」
　　　消える「−⓪／ドミミ／+⓪」　　　消えよう「−②／ドミミド／+③」
　　　食べる「−②／ドミド／+②」　　　食べよう「−②／ドミミド／+③」
　　　並べる「−⓪／ドミミミ／+⓪」　　並べよう「−②／ドミミミド／+④」
　　　調べる「−②／ドミミド／+③」　　調べよう「−②／ドミミミド／+④」
　　　考える「−②／ドミミミド／+④」　考えよう「−②／ドミミミミド／+⑤」

(III)　する「−⓪／ドミ／+⓪」　　　　　しよう「−②／ドミド／+②」
　　　来る「−②／ミド／+①」　　　　　来よう「−②／ドミド／+②」

• •

　☆(II)と(III)は、プラスの場合も「ます形」と同じになります。
　　この活用形を練習するころになると、学習者は「日本語のアクセントというのは、まえから数えるのではなく、後ろから数えているのだ」ということが、はっきりとした言葉ではなく、直感として理解できるようになります。

　☆「意向形」は「ます形」と並んで、最もシンプルなアクセントですし、感情移入もしやすいパターンですから、できるまで練習してください。

── Q106:「よかった」のアクセント ──

形容詞「いい」の「た形」は「①よかった」ですか「②よかった」ですか。

A 標準アクセントでは「①よ￢かった」です。ですが「②よか￢った」が間違いかというと、p.201の「アクセント・パターン」を踏まえていますから、日本語らしい音調で、このパターンで話す日本人も少なくありません。

いわゆる「標準アクセント」の使える人というのは、実際、日本人のなかでは少数派で、ほとんどの人が古里の「方言アクセント」を使っていますから、学習者にはアクセント・パターンに則って話すことを要求しても、それ以上の過度な要求はしないほうがいいでしょうね。ただ、日本語の先生は「標準語」を教えることになっていますから、やはり「標準アクセント」が求められているのが現実ですが。

日本語の形容詞も動詞と同様、語尾が「-い」の「ク活用：高い／大きい／面白い／暗い」か、語尾が「-しい」の「シク活用：うれしい／悲しい」かに関係なく、すべて「-⓪／-①」か「-②」のアクセントをもっています。ただ動詞とは異なり、これには例外があって「多い／つまらない／やりきれない」などは「-③」のアクセントになります。

また「-⓪型／-①型」の辞書形は、これも動詞と同様に、名詞を修飾する場合は「-⓪型」だけですから、形容詞の場合も「-⓪型」と呼ぶことにします。

「マイナスのアクセント記号」を使って、右頁に「-②型」の活用変化を示しました。そのあとに「-⓪型」と「-③型」がありますので、ご参照ください。

動詞活用形のアクセントは、動詞の種類に関係なく統一が見られましたが、辞書形が「-⓪」になる形容詞の活用形では、その一部が「ク活用」か「シク活用」かで異なるアクセントになる場合があります。

辞書形の「-⓪型」も「-②型」もかなりの数になる動詞とは異なり、形容詞の辞書形は「-②型」が圧倒的に多いので、教師にも学習者にも負担が高いと思われる場合は、思い切って「-⓪型」も「-③型」も「-②型」として扱ったほうがいいかもしれません。特に形容詞のアクセントは日本人でも個人差が大きく、標準アクセントを使わなければ誤解が生じるということはありません。

学習意欲を高めるために大胆な言い方をすれば、動詞も形容詞も、辞書形はすべて「-②型」と言っておくほうが無難です。例外はあとでわかります。

§3 音声編

✏️ COLUMN •

〈活用形のアクセント：形容詞〉　　　　　　　☆(Ⅰ)(Ⅱ)(Ⅲ)は形容詞の種類を表す

（Ⅰ）　辞書形が「−②型」になるもの
　　☆「−￣い」になると考えること。
例）
1. −(し)く形:「−②」→「−③」
　　　　　　　いい「−②／ミド」　　　　　　　　よく「−②／ミド」
　　　高い／惜しい「−②／ドミド」　　　　高く／惜しく「−③／ミドド」
　　　短い／楽しい「−②／ドミミド」　　　短く／楽しく「−③／ミドドド」
　　　面白い／珍しい「−②／ドミミミド」　面白く／珍しく「−③／ミドドドド」

2. て形:「−②」→「−③」
　　☆「〜て」のない活用語尾で考えること。
　　　　　　　いい「−②／ミド」　　　　　　　　よく「−②／ミド」＋て
　　　高い／惜しい「−②／ドミド」　　　　高く／惜しく「−③／ミドド」
　　　短い／楽しい「−②／ドミミド」　　　短く／楽しく「−③／ミドドド」
　　　面白い／珍しい「−②／ドミミミド」　面白く／珍しく「−③／ミドドドド」

3. た形／ば形:「−②」→「−④」
　　☆「〜た／〜ば」のない活用語尾で考えること。
　　　　　　　いい「−②／ミド」　　　　　　　よかっ「−③／ミドド」＋た
　　　高い／惜しい「−②／ドミド」　　　　高／惜し＋かっ「−④／ミドドド」
　　　短い／楽しい「−②／ドミミド」　　　短／楽し＋かっ「−④／ドミドドド」
　　　面白い／珍しい「−②／ドミミミド」　面白／珍し＋かっ「−④／ドミミドドド」
　　☆「ば形」は「た形／〜かっ＋た」が「〜けれ＋ば」になる。
• •

　☆「いい」の場合は、モーラ数が足りずに「−②／−③」になり、すべて「①よ＋く／くて／かった／ければ」になっています。

　☆そのほかは「く／くて／かった／ければ」のまえに1拍「○」おいて、「−￣○＋く／くて／かった／ければ」とするほうが、覚えやすいでしょうか。

　☆例外は「−②大きい」で、すべての活用形で「①／お￣おき」型になります。

227

✏️ COLUMN

〈活用形のアクセント：形容詞〉　　　　　　　　☆(Ⅰ)(Ⅱ)(Ⅲ)は形容詞の種類を表す

(Ⅱ)　辞書形が「-⓪型」になるもの
例）
1.　-(し)く形：無変化「-⓪」→「-⓪」
　　　　固い／軽い「-⓪／ドミミ」　　　固く／軽く「-⓪／ドミミ」
　　　　黄色い／悲しい「-⓪／ドミミミ」　　黄色く「-⓪／ドミミミ」
　　　　　　　　　　　　　　　　　　　　悲しく「-⓪／ドミミミ」

2.　て形：「辞書形／-⓪」→「ク活用／-②」「シク活用／-③」
　　☆「～て」のない活用語尾で考えること。
　　　　固い／軽い「-⓪／ドミミ」　　　固く／軽く「-②／ドミド」+て
　　　　黄色い／悲しい「-⓪／ドミミミ」　　黄色く「-②／ドミミド」
　　　　　　　　　　　　　　　　　　　　悲しく「-③／ドミドド」

3.　た形／ば形：「辞書形／-⓪」→「ク活用／-③」「シク活用／-④」
　　☆「～た／～ば」のない活用語尾で考えること。
　　　　固い／軽い「-⓪／ドミミ」　　　固／軽+かっ「-③／ドミドド」+た
　　　　黄色い／悲しい「-⓪／ドミミミ」　　黄色かっ「-③／ドミミドド」
　　　　　　　　　　　　　　　　　　　　悲しかっ「-④／ドミドドド」
　　☆「ば形」は「た形／～かっ+た」が「～けれ+ば」になる。

　　☆「ク活用」の「2」と「3」は「アクセントの滝／￣|」の直後に活用語尾がきて、「いい」と同じ「-￣|+くて／かった／ければ」になっています。

　　☆「シク活用」の「2」と「3」は「-②型」と同じ活用変化「-￣|○+くて／かった／ければ」になっています。例えば「②悲￣|し+くて／かった／ければ」です。

　　☆この頁の「(Ⅱ) 辞書形が「-⓪型」になるもの」と、右頁の「(Ⅲ) 辞書形が「-③型」になるもの」は、語彙数が少ない割には、非常に複雑なので、どちらも「-②型」として扱ってもよいように思われます。

§3 音声編

✏ COLUMN ••••••••••••••••••••••••••••••••••••••

〈活用形のアクセント：形容詞〉　　　　　　☆(I)(II)(III)は形容詞の種類を表す

(III)　辞書形が「−③型」になるもの
例）
1. -(し)く形: 無変化「−③」→「−③」
　　　　　　多い「−③／ミドド／+①」　　　　　　　　多く「−③／ミドド」
　　　つまらない「−③／ドミミドド／+③」　　つまらなく「−③／ドミミドド」
　　やりきれない「−③／ドミミミドド／+④」やりきれなく「−③／ドミミミドド」

2. て形: 無変化「−③」→「−③」
　　☆「〜て」のない活用語尾で考えること。
　　　　　　多い「−③／ミドド／+①」　　　　　　　　多く「−③／ミドド」+て
　　　つまらない「−③／ドミミドド／+③」　　つまらなく「−③／ドミミドド」
　　やりきれない「−③／ドミミミドド／+④」やりきれなく「−③／ドミミミドド」

3. た形／ば形:「辞書形／−③」→「た形／−④」
　　☆「〜た／〜ば」のない活用語尾で考えること。
　　　　　　多い「−③／ミドド／+①」　　　　　　　　多かっ「−④／ミドドド」+た
　　　つまらない「−③／ドミミドド／+③」　　つまらなかっ「−④／ドミミドドド」
　　やりきれない「−③／ドミミミドド／+④」やりきれなかっ「−④」
　　☆「ば形」は「た形／〜かっ+た」が「〜けれ+ば」になる。

••

　☆動詞辞書形が「−②型」の「読ま／食べ／考え+⌐ない」なども、語尾が「−⌐ない」の「−③型」形容詞と同じアクセントで、活用変化は「読ま／食べ／考え+⌐なく／⌐なくて／⌐なかった／⌐なければ」となります。

　☆活用変化だけを考えると、辞書形「−③型」と「−②型」は同じものになります。例えば「−②せつな」い」は「せつ+⌐なく／⌐なくて／⌐なかった／⌐なければ」です。

―― Q107:「食べちゃった」のアクセント ――――――――――――――――
「食べてしまった」は上手なのに「食べちゃった」の発音がおかしいのです。

A　「食べちゃった」が、どのようにおかしいかというと、どうも「食べちゃ⌉った」になっているらしいのですが、アクセント・パターンに合った「③ドミミドド」ではなく、パターンにはない「ドドミドド」と言っているようです。

　何度も「食⌉べちゃった」と繰り返して言ってみたところで、学習者はどうしても「食べちゃ⌉った／ドドミドド」になって直せないとのことです。ところが「食べてしまった」のほうは、ちゃんと日本語らしく聞こえるそうです。

　では、なぜ「食べてしまった」のほうは日本語らしく聞こえるかというと、おそらく学習者は「①食⌉べてしまった／ミドドドドドド」と1語化して言っているわけではなく、もとの「①食⌉べて／ミドド」+「⓪しまった／ドミミミ」という2語のまま言っているのでしょう。別々に2語で言っていれば、アクセント・パターンには違反しませんから、不自然には聞こえないのです。

　しかし「食⌉べちゃった」のほうは、完全に1語化していますから、2語にして言うことができません。それで「①食⌉べて」か「⓪しまった」か、どちらかのアクセントを選ばなくてはなりませんが、促音のまえにアクセントの滝をおくと言いやすいので、こうなっているのでしょう。

　ただ、動詞の「て形」に、ほかの動詞が続いて1語化する場合は、右頁のようなアクセントになりますから、この場合は、あとの「しまった」のアクセントが「①食べて」に吸収されて消えてしまいます。

　したがって発音矯正には、アクセント・パターン「①型」の練習 (☞p.206) が必要になります。例えば、上にあげた利き手を振り下ろすのですが、はじめの「食べ」のところを、手を上げた状態の「た」から、思いっきり手で机を叩きつけるように振り下ろしながら「べ」を言うことを繰り返すと、この「①型」が体得できます。

　少しできるようになれば、あごを上げて天井を見ている状態から、頭を下ろして床を見る練習 (☞p.204) にかえ、どちらの場合でも、手を振り下ろしたり、頭を下ろしたりした余力を使って、まるで惰性のように小さな声で「ちゃった」を加えるといいでしょう。

　「はじめま⌉して／わかりま⌉した」などを「ドドドミドド」で言う癖のある学習者は、特に間違いやすいので注意してください。

§3 音声編

✏️ COLUMN ••••••••••••••••••••••••••••••••••••••

〈「て形動詞＋動詞」のアクセント〉

1. て形⓪型動詞＋動詞：あとの動詞のアクセント・パターンが現れる
例）⓪飛んで＋⓪／−⓪いく＝⓪／−⓪飛んでいく
　　⓪買って＋⓪／−⓪おく＝⓪／−⓪買っておく
　　⓪行って＋①／−②くる＝④／−②行ってくる
　　⓪やって＋①／−②みる＝④／−②やってみる
　　⓪売って＋⓪／−⓪しまう＝⓪／−⓪売ってしまう
　　⓪聞いて＋③／−②ください＝⑥／−②聞いてください

2. て形①型以上：あとの動詞は、て形のアクセント・パターンに吸収される
例）①持って＋⓪／−⓪いく＝＋①／−⑤持っていく
　　①読んで＋⓪／−⓪おく＝＋①／−⑤読んでおく
　　①食べて＋①／−②くる＝＋①／−⑤食べてくる
　　②作って＋①／−②みる＝＋②／−⑤作ってみる
　　②覚えて＋⓪／−⓪しまう＝＋②／−⑥覚えてしまう
　　③手伝って＋③／−②ください＝＋③／−⑦手伝ってください
　　③考えて＋②／−①きて＋⓪／−⓪もらう＝＋③／−⑧考えてきてもらう
　　④思い出して＋①みて＋⓪ごらん＝④／−⑧思い出してみてごらん
　　①持って＋②きて＋⓪あげて＋③ください＝＋①持ってきてあげてください

　「ます形」の場合は、例えば「読みま⌐す／食べま⌐す／来ま⌐す」など、すべて「⓪型：読み／食べ／来」になるので、あとの動詞のアクセントが現れる。
••

　☆ます形＋はじめる／おわる／おえる／あがる／あげる／きる／ぬく／とおす／
　　　かかる／かける／つくす／はてる／そこなう／そんじる／そびれる

---- Q108:「いやらしい」は1語？ 2語？ ----
1語である「いやらしい」と、2語になる「いやらしい」の区別の仕方は？

A 　1語の「④いやらしい／ドミミミド」は「－②型」の形容詞ですから、p.227の「活用形のアクセント」をご覧ください。

　2語の「いやらしい」は、状態名詞の「②いや(だ)／ドミ(ド)」と、伝聞や状況判断を表す「②らしい／ドミド」からできています。この「らしい」も語尾が「-い」なので、形容詞「－②型」と同じアクセント変化を起こします。

　　☆名詞修飾以外は、名詞とまったく同じ活用変化をする「な形容詞」を「状態名詞」としています。

　p.201の「アクセント・パターン」で示しましたように、標準アクセントでは1つの語に1つのパターンが対応しますから、1語か2語かは、パターンが1つしかないか、2つあるかで区別ができます。標準語が「語と語の切れ目が明瞭で聞き取りやすい」といわれているのは、このためです。

　「いやらしい」が2語からできている場合は次のようになります。

　　　「②いや」+「②らしい」→「②+②　いやらしい／ドミドミド」
　　　　　　　　　　　　　　→「②　いやらしい／ドミドドド」

　この「いやらしい」をゆっくり話すと、上のほう「②+②」のように、2つの「②型」がもつ「アクセントの滝」がはっきり響いてわかりやすいのですが、普通の会話の速さ（ナチュラル・スピード）になると、下のほう「②」のように、アクセントの滝が1つだけになって、1語のように聞こえます。ただ、1語のように聞こえても、形容詞の「④いやらしい」とはアクセント・パターンが違いますから、本当に微妙ですが、区別することはできます。

　ところが「語と語の切れ目」がはっきりするのは、それぞれの語に「アクセントの滝」がある場合で、まえの語が「⓪型」の場合、アクセントの滝がないまま次の語につながっていきますから、切れ目がわからなくなることがあります。例えば、もし「いや(だ)」を「⓪型／ドミ(ミ)」で言う人がいれば、2語として発音しても、次のように、1語の「④いやらしい／ドミミミド」と区別できなくなることがあります。

「⓪いや」+「②らしい」→「⓪+②　いやらしい／ドミミソミ」
　　　　　　　　　→「④いやらしい／ドミミミド」

　厳密にいえば、たとえ「いや」が「⓪型」でも、あとの「らしい」は「②型」なので、まえの「⓪いや／ドミ」の最後の音程と同じ「ミ」から始まって、2つ目が「ソ」に上がり、また「ミ」に下がって「らしい／ミソミ」になりますから、2語とわかるはずですが、特にナチュラル・スピードの会話では1語化してしまいます。
　これは、話し言葉では会話の背景や文脈がありますから、1語か2語か聞き手にわかる場合、2語という意識が働いても「アクセントの滝で、いったん下がってしまうと、二度と上がらない」というアクセントの原則が優先し、もう一度、上げなおすという面倒なことをしなくなるからです。
　例えば「ご飯を食べてください」は「①ごはんを／ミドドド+①食べて／ミドド+③ください／ドミミド」という3つの部分からできていますが、通常の話し言葉では「ミレレレ・レドド・ドドドラ」となって、ひたすら下降していき、このほうがむしろ日本語らしく聞こえます。
　これを一気に話して、1語化すると「①ごはんを食べてください／ミドドドドドド+ドドド」になってしまい、非常に平板で、まるで「口のなかでモグモグ言って」いるかのように聞こえます。
　大阪、京都、奈良、神戸など、近畿地方で使われる関西方言は、語と語の切れ目を際立たせる「アクセントの滝」のある語彙がきわめて少ないものですから、なおさら区別ができないということが起こります。
　ここの「らしい」や、次に述べる「そうだ」のように、ほかの語のあとにつく「文末になれる語のアクセント」は、次のようになっています。

　　「⓪型」につくと、文末になれる語のアクセント・パターンが現れる
　　「①型」以上につくと、前の語のアクセント・パターンに吸収される

　例えば「⓪鼻／②花」に「－②らし⌐い」がついて、1語化すると「－②鼻らし⌐い／②花⌐らしい」になり、上の「いやらしい」の変化が理解できます。

― Q109：2つの「食べたそうだ」 ―
「①食べたそうだ」と「④食べたそうだ」は、どう違うのですか。

A 「①食⌐べたそうだ／ミドドドドド」は2語で、p.221「活用形のアクセント：動詞／1.て形／た形」に示した「①食⌐べて／①食⌐べた」に、伝聞の「①そ⌐うだ」が続いたものです。

厳密には「①型」の「アクセントの滝」が2つありますから、p.201の「アクセント・パターン」にしたがって「ミドド・ドララ」になるはずですが、あとの「そうだ」は「アクセントの滝」が消えるか、それが「滝」とは感じられないほど、落差が薄れてしまいます。これは「①型以上」の語につくと、あとの「そうだ」は、前の語「食べた」のアクセント・パターンに吸収されるという原則によるものです。

一方「④食べたそ⌐うだ／ドミミミドド」は、次の3語からできています。

1. 「②食べ⌐る／ドミド」の「ます形：⓪食べ／ドミ」（☞p.231）
2. 希望「①た⌐い／ミド」（☞p.227 辞書形「-②型」形容詞）
3. 様態・予想「①そ⌐うだ／ミドド」

上の「1」と「2」が一緒になって「③食べたい／ドミミド」ができます。これは「⓪型」につくと、あとの「〜たい」のアクセント・パターンが現れるという原則によっています。

この「③食べた⌐い」に「3」がつくわけですが、様態や予想を表す「①そ⌐うだ」は、形容詞の語尾「-い」を奪うか、語尾「-い」と入れかわりますから、前の「③食べた⌐い」が「⓪食べた」になって、あとに「①そ⌐うだ」が続きます。

ここでも「⓪型」につくと、あとのアクセント・パターンが現れるという原則によって「⓪食べた＋①そ⌐うだ」になり、全体として「④食べたそうだ／ドミミミドド」という、まるで1語のようなアクセントにかわるわけです。

p.232の「②らしい」や、ここの「①そうだ」など、主に文末にくる語のアクセントを、右頁にまとめておきました。全体として非常に長いアクセント・パターンとなり、ますます平板な調子になることに、ご留意ください。

✏️ COLUMN ••

〈文末になれる語のアクセント〉

1. 「⓪型」につくと、文末になれる語のアクセント・パターンが現れる
2. 「①型」以上につくと、前の語のアクセント・パターンに吸収される

例)

文末語	「⓪型」につく	「①型」以上につく
「−⓪」型	鼻だ／ドミミ	花﹇だ／ドミ﹇ド
「−②」型	鼻で﹇す／ドミミ﹇ド	花﹇です／ドミ﹇ドド
	鼻であ﹇る／ドミミミ﹇ド	花﹇である／ドミ﹇ドドド
	鼻でございま﹇す	花﹇でございます
	鼻だろ﹇う	花﹇だろう
	鼻でしょ﹇う	花﹇でしょう
	鼻らし﹇い	花﹇です
	行くだろ﹇う	読﹇むだろう
「−③」型	鼻な﹇のだ／ドミ﹇ドド	花﹇なのだ／ドミ﹇ドドド
	鼻のよ﹇うだ／ドミミミ﹇ドド	花﹇のようだ／ドミ﹇ドドドド
	行く﹇のだ／ドミ﹇ドド	読﹇むのだ／ミ﹇ドドド
	行くよ﹇うだ／ドミミ﹇ドド	読﹇むようだ／ミ﹇ドドドド
	行くそ﹇うだ／ドミミ﹇ドド	読﹇むそうだ／ミ﹇ドドドド
	行ったそ﹇うだ	食べたそうだ
	行きたそ﹇うだ	行きた﹇いそうだ
	食べたそ﹇うだ	食べた﹇いそうだ
「−④」型	鼻み﹇たいだ／ドミミ﹇ドドド	花﹇みたいだ／ドミ﹇ドドドド
	行くよ﹇うです／ドミミ﹇ドドド	読﹇むようです／ミ﹇ドドドドド

Q110: 複合語のアクセント

「①パーティー＋⓪会場」が、なぜ「⑤パーティー会場」になるのですか。

A 上のように、2つ以上の語がつながって、1つの語になったものを「複合語」といいますが、この1語になった「複合語」の場合でも、日本語のアクセントは、いったん「アクセントの滝」で下がると、二度と上がらない、という大原則が働きます。そのため、上のような「①パーティー」と「⓪会場」というそれぞれ独立した語であっても、一緒になって1語になったと感じられると、アクセントも合体して変化を起こします。

　もし「⑤パーティー会場」と言わずに、このまま「①パーティー＋⓪会場」と言うと、2つがバラバラに並んでいる感じになり、いろいろある「会場」のなかでも「パーティーをするための会場」という意味を表せなくなります。

　このため、アクセントや声調が、語によって固定している英語や中国語などを母語とする学習者には、日本語は、動詞や形容詞が活用変化によってアクセントを変えるだけでなく、名詞までもが変化しますから、まるで「悪魔の言語」のように思えるそうです。

　ただ、1語になってアクセントが変化するといっても、右頁のような一定の規則がありますから、そんなに悪魔的というわけではありません。

　このうち最も多いのが、もとのアクセントのパターンが何であっても、最後の語が「①型」に、そのほかは「⓪型」に変化する次のパターンです。

　　　X語の複合:「⓪型」＋…＋「⓪型」＋「①型」（全部でX個の型）
　　　　→「⓪型×Y」＋「①型」（Y＝X－1）

　　　例）ラ┐ジオ＋カセ┐ット＋テ┐ープ＋シーディ┐ー＋プレ┐ーヤー＋⓪情報
　　　　→ラジオ・カセットテープ・CDプレーヤー・じょ┐うほう

　これを簡単にして「⓪＋①」型とします。一方、前の部分が「⓪」に変わり、最後の1語がもとのまま変化しない場合を「⓪＋無変化」型としておきます。

　また、もともと「⓪型」と「①型」なら、複合語になっても変化しないので、これは「無変化」型としておきましょう。

§3 音声編

✏ COLUMN・・・

〈複合語のアクセント〉

1.「⓪+①」型：
①パ⌐ーティー+⓪会場 → ⓪パーティー+①か⌐いじょう → ⑤パーティー会場
①科学+①技術+⓪開発 → ⓪科学+⓪技術+①開発 → ⑦科学技術か⌐いはつ
科学+技術+開発+⓪機構 → ⑪科学技術開発き⌐こう
科学+技術+開発+⓪研究 → ⑪科学技術開発け⌐んきゅう：科学技術開発の研究
　　　　　　　（※④科学ぎ⌐じゅつ+⑤開発け⌐んきゅう：科学技術の開発研究）

2.「⓪+無変化」型：
①ア⌐イス+②クリ⌐ーム → ⓪アイス+②クリ⌐ーム → ⑤アイスクリ⌐ーム
（※①アイス+③コーヒ⌐ー → ⓪アイス+①コ⌐ーヒー → ④アイスコ⌐ーヒー）
①チ⌐キン+③ハンバ⌐ーガー → ⑥チキンハンバ⌐ーガー
②にほ⌐ん／①ちゅ⌐うごく／②スペ⌐イン／⓪アラビア+－⓪語
　　　→ ⓪日本語／⓪中国語／⓪スペイン語／⓪アラビア語
①中国／②スペイン／⓪アラビア+－③人
　　　→ ④中国⌐人／④スペイン⌐人／④アラビア⌐人
①神戸／⓪大阪／①京都／①名古屋／⓪横浜+－②市　（※⓪東京 → ③東京都）
　　　→ ③神戸⌐市／④大阪⌐市／③京都⌐市／③名古屋⌐市／④横浜⌐市

3.「無変化」型：
⓪携帯+①テ⌐レビ → ⑤携帯テレビ
⓪携帯+⓪通話+①料金 → ⑧携帯通話りょ⌐うきん

・・

　　☆上の「2」のうち「②日本 → ④日本人／にほんじ⌐ん」は例外です。

　　☆上の「⓪+無変化」型には、地名や建物を表す「－②市(し)／－③町(ちょう)／－⓪村(むら)／－③駅(えき)／－③館(かん)／－⓪署(しょ)」などがあります。しかし「山(さん／やま)／川(かわ)／橋(ばし)／島(しま)」などは、まえの語によって「⓪+無変化」型の「－③」や「－⓪」になったり、まえの語のアクセントに吸収されたりして、まるで「悪魔のように」一定しません。

Q111: 日本語学習者の名前

「李志強」は「②」アクセントなのに、なぜ「李強」は「①」になるのですか。

A 「李志強」といった漢字3文字の場合は、姓と名が複合して1つになったと考えて「李＋志強」になり、アクセントは姓が「⓪」で、名が「①」になります。つまり、いったん上がって、後半の名で下げればよいわけです。

ただ「李」という姓は、短音「リ」になる場合と、長音「リー」になる場合がありますから、姓名を続けると「②リシ ̄ミン／ドミドド」と「③リーシ ̄ミン／ドミミドド」の2通りがあります。これは「李」という姓が、短音でも長音でも、ほかの姓を表すことがないためで、どちらも許容されています。

ところが「高」という姓は、中国語では長音「コー」になり、韓国語では短音「コ」になるという違いがありますが、中国語で短音にできないのは「胡」という姓があって「コ」と読むためです。

これは「周／シュー」と「朱／シュ」といった場合も同じで、長音と短音で使い分けます。こうした場合、ときに長音と短音の区別ができない学習者がいますから、特に自分の姓が該当する場合は、たとえ時間がかかっても、矯正してあげてください。

また「司馬／シバ」や「欧陽／オーヨー／オーヤン」など、漢字2文字が姓になる「複姓」の場合、名が1文字なら「－①姓＋名」つまり「姓 ̄名」で、名が2文字なら「⓪姓＋①名」になります。例えば「司馬遷」は「②シバ ̄セン／ドミドド」ですが、名が2文字の「司馬江漢」は「③シバコ ̄ーカン／ドミミドドド」になります。

ところが姓名が漢字2文字の場合は、短すぎて姓と名が複合して1つになったとは考えられず、あたかも漢字2文字を漢字1文字の姓のように「①型」で読みます。

漢字の姓名でない場合は、おおよそのところは原音主義になりますが、基本的に前半の姓か名は「⓪型」にします。

まとめると右頁のようになりますが、学習者の姓名を日本語式に読むのは、なかなか複雑です。日本人は意識もせずに言っていますが、学習者には「怪奇」の一語に尽きるようです。

特に声調をもつ中国語やベトナム語では、声調が変われば意味が変わってしまいますから、どんな言葉でも、その語のもつ声調は変化しません。ですから日本語式に自分の名前を呼ばれると、自分の名前という気がしなくなるそうです。逆に中国では、日本人姓は中国語読みですから、自分の名前でない気がしますが。

✎ COLUMN •

〈日本語学習者名の日本語式読み方〉

（Ⅰ）漢字姓名
1. 漢字2文字:「①」型
　　　　　①李(リ￢)＋①強(キョ￢ー)→①リ￢キョー
　　　　　①李(リ￢ー)＋①磊(ラ￢イ)→①リ￢ーライ
　　　　　①張(チョ￢ー)＋①磊(ラ￢イ)→①チョ￢ーライ
　　　　　①金(キ￢ム)＋①一(イ￢ル)→①キ￢ミル

2. 漢字3文字以上:「姓⓪＋名①」型: p.236の「複合語」と同じ
　　　　　①李(リ￢)＋①志民(シ￢ーミン)→②リシ￢ーミン
　　　　　①李(リ￢ー)＋①志民(シ￢ーミン)→③リーシ￢ーミン
　　　　　①周(シュ￢ー)＋①蕾娜(ラ￢イナ)→③シューラ￢イナ
　　　　　①朱(シュ￢)＋①蕾娜(ラ￢イナ)→②シュラ￢イナ
　　　　　①林(イ￢ム)＋①日沢(イ￢ルテク)→③イミ￢ルテク
　　　　　①司馬(シ￢バ)＋①江漢(コ￢ーカン)→③シバコ￢ーカン
　　　　　①グ￢エン＋①ミ￢ンフー→④グエンミ￢ンフー

（Ⅱ）非漢字姓名: 基本的に「⓪＋無変化」型
　　　　　①ジョ￢ン＋①ジョ￢ンソン→③ジョン・ジョ￢ンソン
　　　　　①ス￢ミス＋②ウイ￢リアム→⑤スミス・ウイ￢リアム
　　　　　①ヨ￢アヒム＋①ケ￢ーラー→⑤ヨアヒム・ケ￢ーラー
　　　　　②ドナ￢ルド＋③アルマ￢ーニ→⑦ドナルド・アルマ￢ーニ

　☆名のほうを省略した「漢字姓」だけの場合、すべて「①」型になります。これに「さん」をつけても、通常は「①」型のままですが、例えばまれに「①リ￢ーさん」などの場合は、平板化して「⓪リーさん」になることがあります。

　☆「非漢字姓名」は、基本的に、アクセントをもつ原音の音節のあとに「アクセントの滝」がきます。ただ、長音や撥音を含む音節では、長音や撥音の前にきます。

--- Q112: 母音の無声化 ---
「来て」が「きって」になるのですが。

A 「②／①来て」に促音「っ」が入ってしまうと、別の語「⓪切手／①切って」に聞こえますから、促音が入らない練習をする必要があります。

　p.214でも触れましたが、促音のまえに「アクセントの滝」がなく、逆に「ドミ」となって上がっていく場合は、言いにくいものです。そのため、自然と促音が消えて「②きて／ドミ」になる可能性があります。

　もうひとつの重要なポイントは、この「来て／KITE」は、語頭の「き／KI」が母音「I」を脱落させ、まるで「K・TE」のような音になることです。母音のない音にアクセントを置くことはできませんし、そのあとに「アクセントの滝」が生まれることはありませんから、これも自然と「②K・TE」になります。ただ、存在していた「I」を消して「K」だけを言うのは、語頭に子音が並ぶ英語などを母語とする学習者には簡単なようですが、日本語と同じように、語頭が「(子音)＋母音」となる言語を母語とする学習者には難しいことがあります。

　この母音の脱落現象を「母音の無声化」といいます。右頁で示した「閉鎖破裂音」や「閉鎖摩擦音」という子音（☞p.211も参照）に挟まれる「い」と「う」の2つの母音が聞こえなくなる現象です。

　この2つの日本語の母音は、外国語と比べると非常に特殊で、ほとんど唇に緊張がありません。唇だけではなく、舌もダラッとしたままです。そして、舌と口蓋とでつくる隙間がほとんどなくなるほど、口のなかを狭くして発音されるために、閉鎖破裂音や閉鎖摩擦音などの強い子音に挟まれると声にならなくなってしまうのです。

　右頁に例をあげておきましたから、ご自分で言ってみてください。早く言えば言うほど、母音の脱落していくのが感じられると思います。教室で緊張している場合は、知らず知らずに「きって」になってしまいますから、注意してください。

　「〜ている」が「〜てる」になったり、文末にくる「〜ます／〜です」が「〜mas／〜des」になったりするのも、同じ現象と考えてもいいでしょう。

COLUMN

〈母音無声化の例〉

「母音の無声化」というのは、次にあげた3種類の子音のどれかに挟まれる平唇母音の「い」と「う」が、やや早めのスピードで話されるときに、発音されることなくドロップし、あたかも子音が連続するような感じになることで、日本語としては特殊な音声現象である。

ただし、アクセントの滝のあるところでは起こらない。

1. 閉鎖破裂音：k・p・t
2. 閉鎖摩擦音：ch・ts
3. 摩擦音：s・sh

例）

⓪スピード：supiido → spiido　　②スクール：sukuˉuru → skuˉuru
　　⓪力：chikara → chkara　　①キャプテン：kyaˉputen → kyaˉpten
③カスピ海：kasupiˉkai → kaspiˉkai
②啄木鳥：kitsuˉtsuki → ktsuˉtski
　①知識：chiˉshiki → chiˉshki
　②近い：chikaˉi → chkaˉi　　⓪吉祥寺：kichijooji → kchijooji
　⓪父親：chichioya → chchioya　　②少し：sukoˉshi → skoˉshi

②包ˉんでください：tsutsuˉndekudasai → tstsuˉndekudasai
⓪聞きながら：kikinagara → kkinagara
⑦お疲れさまでˉした：otsukaresamadeˉshita → otskaresamadeˉshta

②ピタˉッと：pitaˉtto → ptaˉtto
①ぷˉちぷち：puˉchipuchi → puˉchpchi
①ぴˉくぴく：piˉkupiku → piˉkpk
①しˉくしく：shiˉkushiku → shiˉkshk

---- Q113:「ちゅ」になってしまう「つ」 ----
「お疲れさまでした」が「おちゅかれさまでした」になってしまいます。

A ベトナム語や韓国語を母語としている学習者のなかには、上歯に舌先の裏側をベタっと当て、一瞬、音が出ないように閉鎖させた音「t」から、摩擦音「s」によく似た音に移る「つ／tsu」のできない人がいます。できないので、類似した「ちゅ／chu」ですませてしまうのですが、日本人の耳には、ちょっと「子どもっぽく」響きますから、教師としては頭痛の種になります。

　母音のなかでも、特に口腔内を狭くして、舌と口蓋に隙間のない状態で発音する「い」が、上歯を使う子音「s/t」などにつくとき、わざわざ舌を歯のほうに押し出す「si/ti」の代わりに、舌を口蓋につけるだけでいい「shi/chi」にしてしまう現象を「口蓋化」といいます。日本語も口蓋化傾向の強い言語ですが、この傾向が強いのに、母語に「つ」が存在しない人には「つ」は難しいのです。

　日本語の「か／く／こ」などが「きゃ／きゅ／きょ」などに「拗音化」するのも「口蓋」を使った結果ですが、これは「口蓋化」とはいいません。ところが日本語の「う」は、口腔内を狭くして「い」と同じように発音しますから、特に「tu」は口蓋化しやすいのですが、口蓋まで上がると拗音化して「tyu/chu」になってしまうので、これを避けるために、舌を上歯茎裏に一瞬だけ当てて摩擦させたものが「つ/tsu」です。

　ですから「ちゅ」を「つ」に矯正する方法は、箸かピンセットを口に入れ、舌がもち上がらないように押さえておいて「つ」を出すことです。学習者はいやがりますが、こうして出した音は「つ」に聞こえますから、何とか努力すれば、自分も「つ」が出せるという自信につながります。

　学習者がいやがらない「ちゅ」を避ける最も簡単な方法は、p.240 で述べたように「つ」の母音「う」が無声化しやすいという性質を生かすことです。例えば「お疲れさま」の「つ」を、ただ歯をカチッと噛み合わせるだけにして、すぐさま次の「か」にスキップするだけです。日本人の耳には「つ」と聞こえます。

　原則的には、あとに閉鎖音「k/p/t」が続くときに無声化が起こるのですが、どんな場合でも、1 モーラ分の長さだけ歯を噛み合わせておくと、それらしく聞こえます。語頭に「つ」のきたときが、ちょっと難しいのですが、やはり同じ感じでスキップしてみてください。

Q114: 語頭の濁音

「画家」が「加賀／かが」に聞こえるのですが。

A 「画家」の「画」も「家」も「か」と読むのは、中国語を母語にする人で、ご質問のように「画家」が「かが」となるのは、韓国語を母語にする人ではないかと思います。どちらの言語も、語頭に濁音がくるということはありませんが、韓国語では、次のページの〈連濁現象〉が起こりますから、清音の「家／か」が「が」になってしまう人がいます。

　日本語の清音は「カ／サ／タ／パ」行で、濁音は「ガ／ザ／ダ／バ」行です。子音部分だけを、おおよそのアルファベットで表すと、それぞれ「k/s/t/p」と「g/z/d/b」になります。ところが中国語や韓国語のこれらの音を聞くと、日本人の耳には、どちらも清音に聞こえ、強い息の出ている有気音と、息を抑えている無気音との違いが、教えられて何となくわかるにすぎません。

　ですから日本人が中国語や韓国語を習うときは、無気音「g/z/d/b」を濁音にしてしまいます。逆に中国や韓国の学習者は、声帯を震わせて出す有声音ともいわれる濁音を、声帯の動かない呼気を抑えた無気音にしてしまいます。

　韓国の人は〈連濁〉ができますから、違いがわかって、少し訓練すれば、語頭と語中の清濁の違いが出せるようになります。しかし中国語には、濁音そのものがありませんから、まず「声帯を震わせる練習」からしなければなりません。

　練習の前に、必ず「母音は声帯を震わせて出すが、子音は声帯を震わせなくても出る」ということを実感しておいてください。例えば、片方の掌で喉仏のあたりを軽くおさえ、ゆっくり「さ／SA」を言いながら「S＋A－」に分けていき、掌の感触を確かめてください。

　次は同じ要領で、例えば「た」と「だ」の違いです。おそらく清音「た」は、先ほどの「A－」と同じ軽い震えが続くだけなのに、濁音「だ」は、最初に激しい震えが起こって、軽震に変わるのがわかると思います。そしてこの激震が、喉のどこをおさえれば、一番はっきりするかを記憶しておいてください。

　最後は、濁音のできない学習者のために、もしよければですが、ご自分の喉に学習者の片方の掌をあてがわせ、もう一方を学習者自身の喉におかせて、お好きな清音と濁音を言ってみてください。ものの数分も練習して学習者が納得すれば、次回からは、間違いなく濁音が出せるようになっているかと思います。

― Q115: 連濁現象 ―

「韓国」と「中国」は、どうして「国」の読み方に違いがあるのですか。

A 確かに「韓国」は濁らず「かんこく」ですが、同じ「国」が「中国」では「ちゅうごく」と濁ってしまいます。

韓国語には、語頭では濁らない「g/d/b」などが、母音や鼻音「n/m/ng」のあとにくると、濁音「g/d/b」になるという決まりがあります。

母音や鼻音などのあとにきて、無声清音が有声濁音になることを「連濁現象」と呼びますが、韓国語では例外なく起こり、中国語では基本的に起こりません。ところが日本語では、なぜか同じ言葉でも起こったり起こらなかったりします。

また、韓国語では「s/h」は「連濁」しませんが、日本語ではします。日本語の「h」の「連濁」は「b」ですが、これは現代の日本語の「h」音が、大昔は「p」音だったそうで、いわば「p→b」という「連濁」が起きていると考えればいいでしょう。

つまり、日本語では「か／さ／た／は」行音が、ある場合に「連濁」するという可能性があるわけです。そして、この「連濁」は、例えば「株式会社／かぶしき＋がいしゃ」のように、2つの語が複合していることを示しています。音声的には、p.237〈複合語のアクセント〉の「⓪＋①」型、つまり「②かぶ┐しき＋⓪かいしゃ→⑤かぶしきが┐いしゃ」として現れます。

問題は、日本語の「連濁」が、どんな場合に起こって、どんな場合に起こらないかということです。結論からいうと「まだはっきりしていない」というのが現状です。

基本的に言えるのは「古い言葉ほど連濁が起こっており、新しいほど起こりにくい」ということです。例えば、古くからある東京の「両国／りょうごく」は連濁し、アクセントも時代を感じさせる「⓪」型ですが、2つの近代国家を表す「両国／①りょうこく」は濁りません。ご質問の2つの場合も同じなのではないかと思います。

ただ、大阪の地名にある「橋」は「鶴橋」では濁りませんが、そのほかの「淀屋橋／天満橋／京橋／日本橋／心斎橋」などは、すべて濁ります。これでは漠然として役に立ちそうもありませんから、やはりひとつひとつ覚えていくよりほかないでしょう。

「もっと詳しく」とお考えなら、インターネットで、フリー百科事典『ウィキペディア（Wikipedia）』で「連濁」を検索してみてください。

§3 音声編

✏️ COLUMN・・

〈連濁の不思議〉

(1) 東南(とうなん)　(4) 西南(せいなん)　(7) 南北(なんぼく)　(10) 北南(×)
(2) 東北(とうほく)　(5) 西北(せいほく)　(8) 南西(なんせい)　(11) 北西(ほくせい)
(3) 東西(とうざい)　(6) 西東(×)　(9) 南東(なんとう)　(12) 北東(ほくとう)

　上の12通りの並べ方で、連濁を起こしているのは「⑤東西南北」だけであるが、アクセントも、この2つだけが「①東西／①南北」で、ほかは「⓪型」である。
　連濁は「東：とう(もとの漢字音はdong)」と「南：なん(nan/nam)」という鼻音に続く「西／さい」と「北／ほく」に起こっていると考えられる。しかし、同じ条件にある「東北／とうほく」と「南東／なんとう」は連濁を起こしていない。
　漢字音のもつ「ng」という鼻音は、日本語では母音「い／う」として伝わり、例えば「生／青」が「せい／しょう」になる。では「西／せい」が鼻音かというと、そうではないので、中国語か韓国語、ベトナム語の漢字音を知っておくと便利かと思う。
　確かに「東西南北」という言葉は古くからあり、その他の10通りの並べ方は、例えば昔は「辰巳／たつみ」といった干支で表していた方角の、いわば新しい言い方である。また「東西南北」は、ほかの10通りが1方向を表すのに対して、例えば「横と縦」や「水平と垂直」と同じように、双方向や双方向への広がりを表している。
　上のような理由で「東西南北」だけが連濁するのか、と聞かれれば「さあ？」としか答えようがない。双方向を表す「北南」と「西東」は、訓読みしても、音読みはしない。ただし音読みをする「西東」は、日本人の苗字を表すことがある。
　10通りのうち「北」と「南」で始まるものは、風の向きや羅針盤の方角を表し、これには「北北東／北東／北北西／西北西」や「南南東／東南東／南南西／西南西」という言い方があり、どれも連濁しない。
　「東」と「西」で始まるものは、中心や中央から見て、その方向にある土地の広がりや地方を表し、特に有名なのは「都の西北(＝江戸の西北部にある)早稲田の森」や「西南(＝鹿児島)の役(えき)」に「東北地方」などがあるが、方向方角を表す場合は濁らないので、慣習に従うよりほかないというのが結論である。

・・・

主要参考文献

磯貝英夫、室山敏昭 1989 『類語活用辞典』東京堂出版
遠藤織枝ほか 1994 『使い方の分かる類語例解辞典』小学館
大阪YWCA日本語教師会 2000 『くらべてわかる日本語表現文型ノート』大阪YWCA日本語教師会出版部
大野晋 1999 『日本語練習帳』岩波新書
北原保雄 1990 『日本語逆引き辞典』大修館書店
金田一京助 1987 『例解学習国語辞典』小学館
金田一京助ほか 1991 『新明解国語辞典』三省堂
金田一春彦 1994 『学研現代新国語辞典』学習研究社
金田一春彦、秋永一枝 2001 『新明解日本語アクセント辞典』三省堂
国広哲弥 1982 『意味論の方法』大修館書店
国広哲弥 1997 『理想の国語辞典』大修館書店
グループ・ジャマシイ 『日本語文型辞典』くろしお出版
クロード・ロベルジュ、木村匡康 1990 『日本語の発音指導――VT法の理論と実際』凡人社
小泉保ほか 1989 『日本語基本動詞用法辞典』大修館書店
柴田武ほか 1976、1979、1982 『ことばの意味1～3』平凡社
新村出 1991 『広辞苑』岩波書店
寺村秀夫 1982、1984、1991 『日本語のシンタクスと意味I～III』くろしお出版
時枝誠記 1956 『例解国語辞典』中教出版
徳川宗賢、宮島達夫 1985 『類義語辞典』東京堂出版
西尾実ほか 1982 『岩波国語辞典』岩波書店
仁田義雄ほか 2000 『日本語の文法1～4』岩波書店
仁田義雄 1991 『日本語のモダリティと人称』ひつじ書房
野田春美 1997 『「のだ」の機能』くろしお出版
林巨樹 1985 『現代国語例解辞典』小学館
古田東朔 1991 『旺文社標準国語辞典』旺文社
三上章 1960 『象は鼻が長い――日本文法入門』くろしお出版

三上章 1963 『日本語の論理——ハとガ——』くろしお出版
三上章 1963 『日本語の構文』くろしお出版
三上章 1975 『三上章論文集』くろしお出版
水谷修、水谷信子 1988、1988、1989、1989 『外国人の疑問に答える日本語ノート1〜4』ジャパンタイムズ
南不二男 1974 『現代日本語の構造』大修館書店
森田良行 1989 『基礎日本語辞典』角川書店
山田小枝 1990 『モダリティ』同学社
ルース・ベネディクト 1967 『定訳菊と刀日本文化の型』長谷川松治訳　社会思想社
ルース・ベネディクト 1997 『日本人の行動パターン』福井七子訳　日本放送出版協会
渡辺実 1971 『国語構文論』塙書房

泉原省二（いずはら・しょうじ）

大阪市生まれ。京都大学教育学部社会教育課程卒、大阪外国語大学中国語科卒、関西大学大学院文学研究科修士課程（日本語アジア言語教育研究）修了。（中国）ハルビン工業大学客員教授、（中国）黒龍江大学東語学院客員教授、（韓国）長安大学日本語講師等を経て、帰国後は執筆活動のほか、日本語教師として活躍。著書は『日本語能力試験応試輔導』（ハルビン理工大学出版社）、『大学日語予備級Ⅰ～Ⅲ』（高等教育出版社、共著）、『類義語使い分け辞典』（研究社、共著）、『日本語類義表現使い分け辞典』（研究社）など。

日本語教師のためのＱ＆Ａ

2009年11月1日　初版発行

著　者　泉原省二
発行者　関戸雅男
印刷所　研究社印刷株式会社

KENKYUSHA
〈検印省略〉

発行所　株式会社　研究社
〒102-8152
東京都千代田区富士見2-11-3
電話　（編集）03 (3288) 7711 (代)
　　　（営業）03 (3288) 7777 (代)
振替　00150-9-26710

Copyright © Shoji Izuhara, 2009
Printed in Japan / ISBN 978-4-327-38454-8 C1081
http://www.kenkyusha.co.jp/
装丁：株式会社イオック（目崎智子）